O que as pessoas estão falando sobre
O preço é o lucro

"Este é um livro que merece destaque po[...] se destacar, mas a fazê-lo lucrando. Antes de tudo, trata-se de uma ótima leitura, generosamente temperada com variados e relevantes estudos de caso. Você se perceberá acenando afirmativamente durante a leitura. Também se pegará dizendo 'Sim, podemos fazer isso!'. E, talvez, o mais importante, você se verá levando estas ideias à prática, graças à forma como Peter Hill escreveu este livro. Este conteúdo não é apenas uma aula. Pelo contrário, é um livro do tipo 'venha nesta jornada comigo'. E que jornada gratificante. Aceite. Faça. Aproveite. Lucre."

Paul Dunn, Chairman da empresa Buy1GIVE1 Pte. Ltd.
e coautor de *The Firm of the Future*

"Como *Regional Director Commercial Banking*, tenho me reunido com muitos consultores de gestão e participado de inúmeros seminários e eventos, além de ler muitos livros de negócio que pretendem ajudar as empresas a melhorar sua lucratividade. Mas, da minha perspectiva pessoal, a visão, a simplicidade e clareza entregues por Peter Hill ao seu público são absolutamente de primeira linha. Ele aborda ideias complexas em linguagem simples e 'prática', que permite aos leitores entenderem como eles podem realmente aplicar essas ideias em seus próprios negócios. Ele oferece uma riqueza de exemplos da vida prática a partir de suas próprias experiências de trabalho com seus clientes, para mostrar exatamente como essas ideias podem ser implementadas — e até que ponto elas funcionam. Encontrá-lo pessoalmente deixa a todos, onde quer que estejam, completamente envolvidos, então, se você tiver a chance de participar de um de seus seminários, não perca!"

David Beaumont, Regional Director Commercial Banking
do Lloyds Banking Group e Non-Executive Director
do South West Investment Group

"Se você ler este livro e pensar que tudo nele não passa de uma boa teoria, e que não funcionaria no mundo real, você está errado! Peter Hill trabalhou nos meus negócios ao longo de vários anos e eu posso dizer que sua forma de ver as coisas é realmente simples, prática e funciona de verdade. Adotar e adaptar muitas das ideias desenvolvidas por Peter Hill produziu um efeito profundo sobre meus negócios; problemas que as pessoas da minha empresa estavam perto demais para ver foram revelados. Meu conselho é comprar o livro e implementar as ações sugeridas, mas talvez o mais importante seja convidar Peter Hill, ou alguém como ele, para ajudar você a conduzir as mudanças que são quase impossíveis de realizar para quem já está dentro da própria empresa."

Stuart Morrison, CEO da Western Electrical Limited

"Há muitas formas de melhorar a rentabilidade do seu negócio, mas revisar seus preços tem o maior e mais rápido impacto, embora a maioria dos empresários e de seus consultores ainda ignorem esta estratégia, supondo que em um ambiente competitivo há pouco que se possa fazer a respeito. Nada poderia estar mais longe da verdade. Se aumentar o lucro é o objetivo, então este livro é o melhor guia que eu já vi. Peter Hill tem mais experiência no campo de precificação que qualquer outra pessoa que eu tenha encontrado. Em *O preço é o lucro*, ele apresenta as descobertas realizadas ao longo de muitos anos ajudando clientes a melhorarem seus lucros. Este livro não é cheio de jargões de negócio. Ao invés disso, ele explica o processo de precificação em uma linguagem clara e acessível a todos. Esta é uma 'leitura obrigatória' para todos os empresários, contadores e consultores de gestão."

Mike Sturgess, Chairman da empresa SWAT UK

"Como presidente da Associação Brasileira de Pricing e professor da área, posso dizer que a leitura deste livro pode ser de fundamental importância para todos os profissionais de empresas que buscam um direcionamento para seus processos de precificação estratégica. Nele, Peter Hill nos dá uma visão moderna e prática de como aplicar o *pricing*, direcionando seus negócios para a lucratividade. Com certeza, indicarei para todos os meus clientes e alunos."

Ricardo Fernandes, professor e
presidente da Associação Brasileira de Pricing

O PREÇO É O LUCRO

EDITOR *Marcelo Amaral de Moraes*	REVISÃO TÉCNICA *Marcelo Amaral de Moraes*
EDITORA ASSISTENTE *Vanessa Cristina da Silva Sá*	PREPARAÇÃO DE TEXTO *Vanessa Cristina da Silva Sá*
ASSISTENTE EDITORIAL *Luanna Luchesi*	REVISÃO *Luanna Luchesi*
CAPA *Diogo Droschi*	DIAGRAMAÇÃO *Waldênia Alvarenga*

Dados Internacionais de Catalogação na Publicação (CIP)
(Câmara Brasileira do Livro, SP, Brasil)

Hill, Peter
   O preço é o lucro : como multiplicar a lucratividade do seu negócio por meio da gestão profissional dos preços / Peter Hill ; tradução Marcelo Amaral de Moraes e Paulo de Castro. --1. ed.; 1. reimp. -- Belo Horizonte : Autêntica Business, 2023.

   Título original: Pricing for profit how to develop a powerful pricing strategy for your business.

   ISBN 978-85-513-0785-4

   1. Marketing 2. Gestão de preços 3. Precificação 4. Pricing 5. Negociação I. Título.

20-32671   CDD-658.1552

Índices para catálogo sistemático:
1. Custos : Gestão : Empresas : Administração financeira 658.1552

Iolanda Rodrigues Biode - Bibliotecária - CRB-8/10014

A **AUTÊNTICA BUSINESS** É UMA EDITORA DO **GRUPO AUTÊNTICA**

São Paulo
Av. Paulista, 2.073 . Conjunto Nacional
Horsa I . Sala 309 . Bela Vista
01311-940 São Paulo . SP
Tel.: (55 11) 3034 4468

Belo Horizonte
Rua Carlos Turner, 420
Silveira . 31140-520
Belo Horizonte . MG
Tel.: (55 31) 3465 4500

www.grupoautentica.com.br
SAC: atendimentoleitor@grupoautentica.com.br

PETER HILL

O PREÇO É O LUCRO

Como **multiplicar** a **lucratividade** do seu negócio por meio da **gestão** profissional dos **preços**

TRADUÇÃO Marcelo Amaral de Moraes e Paulo de Castro

1ª REIMPRESSÃO

autêntica
BUSINESS

SUMÁRIO

AGRADECIMENTOS

Obrigado à minha esposa, Sarah, e aos nossos filhos, Oli, Charlie, Sophie e Georgia, que me acompanharam durante os vários meses necessários para escrever este livro.

Agradeço também às várias empresas que depositaram confiança em mim para trabalhar com elas em vários diversos. Estas vivências formaram os estudos de caso e experiências que são a espinha dorsal do conteúdo deste livro. Obrigado também a Sonja Jefferson, Robert Watson e Liz Gooster, que foram inestimáveis no processo de colocar tudo no papel.

INTRODUÇÃO

Aumente seus preços – aumente seus lucros. É realmente simples assim. Este livro mostra como fazer isso e dá a você a confiança necessária para lidar com este assunto crucial para o sucesso do seu negócio. E, por isso, tentarei ser o mais claro possível com você. Funciona! Ao adotar essas ideias simples, todas as organizações com as quais trabalhei viram melhorias significativas em seus negócios. Melhorias essas que vão de aumentos relevantes em sua lucratividade até a diferença entre a sobrevivência e o fracasso.

Nesta introdução, abordaremos:

- Quem deve ler este livro.
- Qual a melhor forma de conduzir sua leitura para garantir que você aproveite ao máximo.
- A relevância do conteúdo deste livro para o mundo real.
- Por que as pessoas nem sempre focam as questões principais.
- A diferença entre vender produtos ou serviços.

Quem deve ler este livro

Como um manual, este livro foi escrito com os seguintes profissionais em mente: CEOs, diretores financeiros, gestores de vendas, analistas de marketing, contadores e planejadores estratégicos, e qualquer um que venda diretamente para clientes, em organizações que tenham entre 1 e 10 mil funcionários. As técnicas e ideias analisadas são aplicáveis para *indústria, varejo, logística, transporte, serviços profissionais, construção* em todos os tipos de negócios. Esses conceitos são também cada vez mais necessários dentro de órgãos governamentais, escolas, universidades, hospitais e organizações sem fins lucrativos que estão se vendo forçadas a desenvolver características do setor privado em suas atividades.

Há organizações de todas as formas e tamanhos. Existem microempresas, muitas vezes formadas apenas por uma única pessoa ou uma equipe de marido e mulher realizando seus negócios em casa ou em uma pequena loja. *Todos* nessa categoria aprenderão algumas ótimas técnicas e ideias para ajudá-los a melhorar significativamente sua gestão de preços e, como resultado, seus lucros. Estatisticamente, mais de 80% das microempresas falham nos primeiros três anos. Um foco nos preços seria extremamente benéfico para elas, mas, infelizmente, a atenção é quase sempre colocada em questões que não envolvem a precificação.

Por outro lado, há muitas empresas estabelecidas, tratadas como PMEs (Pequenas e Médias Empresas). Contando apenas com um punhado de funcionários ou com dúzias, são negócios predominantemente administrados pelo proprietário, em que um líder empreendedor as conduz. Esses proprietários de empresas receberão algo muito valioso por meio da leitura deste livro, não apenas em termos de ideias e técnicas que podem aplicar, mas também no entendimento que permite identificar em que ponto a questão da precificação se perde nos processos das suas organizações. Além disso, os membros da sua equipe, como gestores financeiros ou gestores de produção, serão profundamente recompensados pela leitura do livro e pela aplicação de suas ideias. Certamente, qualquer pessoa na linha de frente, do gerente de vendas à equipe de chão de loja ou os vendedores externos, todos receberão dicas e técnicas excelentes para usar de imediato.

Vamos chamar a categoria final de *grandes empresas*. Você pode ser o CEO (*Chief Executive Officer*) de uma empresa muito grande, ou o diretor financeiro, de vendas ou de marketing, por exemplo. Este livro o ajudará a enxergar a simplicidade de algumas questões de precificação que muitas vezes se perdem quando as organizações alcançam uma certa escala. Essa abordagem básica da precificação será um bom lembrete ou pode ser um incentivo para que sua organização volte à ativa nesse assunto tão importante.

Na realidade, se você estiver envolvido em qualquer área de negócios, quiser melhorar suas habilidades e investir no seu desenvolvimento pessoal para agregar valor à sua organização, a compreensão e a aplicação das ideias contidas neste livro irão te beneficiar enormemente.

Não importa o que você vende. Embora os exemplos do livro sejam específicos, os conceitos e ideias explorados se aplicam a todos os tipos de serviços ou de produtos em geral. Você precisa ler e compreender para além das especificidades dos exemplos e enxergar como o(s) princípio(s) pode(m) ser adaptado(s) e adotado(s) no seu negócio.

Há mais uma categoria que vale a pena mencionar. Se você trabalha para um governo local no papel de funcionário público, ou talvez em educação, ou ainda no terceiro setor pode achar que alguns dos detalhes abordados aqui são frustrantes, pois pode ser muito mais difícil implementar tais mudanças nesses setores. Ou se o preço do que você faz é regulado de alguma forma, então, claramente, sua capacidade de efetuar a mudança pode ser limitada. Por exemplo, a prestação de cuidados para os idosos é frequentemente financiada por autoridades locais ou indiretamente pelo governo, fazendo com que a flexibilidade dos preços seja limitada, mas muitas empresas que sentem que não têm capacidade de afetar seus preços podem realmente tomar atitudes nas áreas de suporte de suas operações. Nessas empresas, você deve concentrar sua atenção em aumentar o valor que oferece aos consumidores finais, em vez do preço cobrado.

Cada vez mais hospitais, escolas, universidades e outras organizações desse tipo estão sendo obrigadas a tornarem-se mais responsáveis e mais independentes do financiamento do governo, e a se comportarem de forma muito mais consciente comercialmente. Estudantes universitários submetidos a pagar mensalidades caras são, hoje, muito mais exigentes em relação ao valor recebido do que os alunos da educação pública. As inscrições para os cursos de graduação no Reino Unido caíram, enquanto o preço das mensalidades simplesmente triplicou, sem que mudanças significativas no que os alunos recebiam fossem notadas. As universidades ainda precisam compreender muito melhor o processo de precificação daquilo que oferecem. Aplicar as lições deste livro dará a qualquer profissional dentro de um desses tipos de organização uma perspectiva muito mais clara deste assunto, que se tornará cada vez mais importante para eles.

Como ler este livro

Os primeiros cinco capítulos abrangem os princípios e os conceitos básicos de precificação e, portanto, oferecem uma atualização valiosa a todos os leitores. Os capítulos 6 a 15 abordam questões específicas de áreas individuais da gestão de preços e, assim, você poderá escolher ler primeiro os que se aplicam diretamente a você. Entretanto, meu conselho é começar do início e ler até o final, porque *todos* os capítulos têm algum conteúdo que pode levar ao aumento nos seus lucros.

Cada capítulo fecha com um tópico chamado "Colocando em prática". Peço a você que se detenha um pouco aí e certifique-se de ter absorvido os pontos fundamentais e, então, *parta para a ação!* Reserve um tempo para refletir sobre cada capítulo antes de prosseguir, relendo tudo, se necessário. Você poderá empregar muitas dessas ações com benefícios imediatos para o seu negócio. Por isso, não espere até você terminar para começar a implementar as ideias e técnicas deste livro. Comece já! É possível que várias pessoas no seu trabalho leiam o livro ao mesmo tempo e, sem dúvida, seria muito interessante se vocês discutissem como as lições aprendidas poderiam ser aplicadas na empresa.

Você obterá o máximo deste livro se fizer anotações sobre os tópicos "Colocando em prática", registrando o que deseja investigar e aplicar. Quando as pessoas leem um livro de capa a capa, há sempre o risco de chegarem ao fim e lembrarem-se apenas dos tópicos abordados nos últimos capítulos. Por isso, faça uma pausa a cada capítulo e garanta que você avaliou adequadamente como irá se apropriar dos temas abordados e como irá adaptá-los a você e ao seu negócio.

Recursos adicionais

Ao longo do livro você encontrará referências a várias planilhas e materiais para download que o ajudarão a calcular o impacto das questões-chave da precificação nos seus lucros e, portanto, irão esclarecê-lo sobre a sua gestão de preços. Muitas vezes você será solicitado a coletar informações sobre seu negócio ou seus clientes. Alguns dados serão usados imediatamente, enquanto outros serão úteis nos próximos capítulos. Visite nosso site em **www.markholt. co.uk** e baixe os arquivos, ou use o *QR code* mostrado no item "Colocando em prática", ao final de cada capítulo.

É só um livro teórico?

Os resultados em precificar corretamente são quase instantâneos, sempre benéficos e, às vezes, chegam a mudar a vida das empresas, mas as ações necessárias não são nem de perto tão complexas quanto as pessoas pensam que são. É por isso que o uso de palavras simples aqui é *tão* importante. Se usarmos palavras como "estratégias" ou "programas de implementação", existe o risco de que algumas pessoas abandonem a leitura. A verdade, de fato, é que as ideias e mensagens se aplicam tão bem à Apple quanto ao sacolão da esquina. É por isso que uso uma linguagem acessível em todo o livro.

Este não é um livro teórico sobre a economia da oferta e da demanda, ou sobre a psicologia da tomada de decisão. Pretende-se simplesmente que os tomadores de decisão nas empresas pensem um pouco mais sobre a grande oportunidade de aumentar o desempenho financeiro dos seus negócios, aplicando várias ideias e técnicas às suas próprias atividades de precificação. Este livro explora algumas reações humanas básicas e processos de tomada de decisão para descobrir como eles podem ajudar no processo de "venda" e, portanto, nas decisões de precificação em relação ao que se pretende vender. Embora seja absolutamente baseado na realidade prática, por favor, não cometa o erro de pensar que este livro não tem amparo conceitual, ou que não seja apoiado por ampla experiência, evidências e fatos.

Você pode realmente aplicar essas ideias ao seu negócio?

Sim. As ideias exploradas e técnicas utilizadas vêm *de exemplos reais*. Elas foram usadas em negócios reais, com clientes reais e problemas reais. São ideias *práticas* que podem ser aplicadas *imediatamente* em qualquer negócio. Seu desafio ao trabalhar com este livro é identificar as que se aplicam a você e à sua empresa e, depois, adaptá-las e adotá-las adequadamente. O maior desafio de todos é, claro, *implementá-las*!

Enquanto escrevia este livro, me baseei nas experiências que aprendi trabalhando com os meus próprios clientes (embora eu tenha mudado seus nomes por razões óbvias), ampliando-as com exemplos de importantes empresas e companhias globais bem conhecidas, a fim de poder apresentar aspectos mais diversos. Os exemplos de empresas menores ajudam a demonstrar a simplicidade de alguns problemas, e os outros exemplos enfatizam o fato de que os princípios se aplicam a quem quer que você seja e ao que quer que você venda. A lógica por trás de todas as ideias se aplica a qualquer um que venda algo, seja uma empresa de pequeno porte, ou uma empresa complexa de £50 milhões (mas ainda administrada pelo proprietário), ou mesmo empresas como a Tesco ou outras gigantes multinacionais. Então, por favor, não leia este livro e pense que "isso pode funcionar em grandes empresas, mas não no meu pequeno negócio", ou vice-versa. Leia e pense "como posso usar isso na minha empresa?".

No entanto, para aplicar este conteúdo, é crucial reconhecer que tudo no universo dos negócios é como um alvo em movimento. Por mais bem-sucedido que você seja, o mundo está sempre avançando. As expectativas dos níveis de serviço ao cliente estão sempre aumentando, a tecnologia evolui a uma velocidade cada vez maior, e a legislação, a tributação e a economia em geral também estão mudando aceleradamente. As empresas simplesmente não avançaram na abordagem de como definem seus preços. Elas não investem tempo pensando nisso, dedicam pouco ou nenhum recurso ao assunto, e se preocupam mais com problemas relativamente pequenos de administração do que com questões que têm maior impacto no seu futuro financeiro. O ponto é que você precisará voltar a este livro várias vezes para revisitar suas ideias e conceitos. Não há uma solução mágica.

■ Por que as pessoas nem sempre focam as questões principais

Algumas questões de precificação são realmente simples, e muitas vezes escuto meus clientes dizendo: "meu Deus! Nós fazemos isso!" ou "nós cometemos esse erro o tempo todo!". No entanto, essa reação revela simplesmente a percepção de que, muitas vezes, falhamos em ver o que está bem diante de nós.

Portanto, se você está lendo este livro e procurando por uma resposta mágica, ou um *software* do tipo *plug and play*, você ficará desapontado. Embora as ideias sejam simples, baseadas no senso comum e às vezes óbvias, todas exigem *ação!*

Você precisa aceitar a ideia que se aplica a você e, então, partir para a ação.

Vamos começar com o primeiro "Meu Deus!".

> **VAMOS IMAGINAR** uma empresa típica que queira melhorar seus lucros. Com que frequência eles discutiram sobre precificação no último ano? Quantas horas gastaram revisando suas estratégias de preços, pesquisando seus concorrentes e ajustando seus preços para maximizar a lucratividade?
>
> Agora compare isso com as horas que passaram discutindo se a equipe de vendas deveria ter ou não um iPad. Esse debate, provavelmente, envolveu cada vendedor, cada gerente de vendas, cada gerente de filial e a equipe de TI. Demorou a maior parte do ano para ser resolvido, e abordou até a política interna sobre se os executivos deveriam

receber um primeiro iPad, independentemente de precisarem ou não!

Agora pense sobre o que aconteceu em seu negócio no ano passado. Quantas horas sua empresa dedicou à importante questão da precificação, em comparação com o tempo gasto em assuntos como o debate sobre o iPad? Para a maioria dos leitores, a resposta sincera é que a precificação nem figurou na lista das questões a serem discutidas. Meu Deus!

Se a decisão foi, em última instância, determinada por aspectos técnicos, restrições financeiras, políticas ou preferências pessoais, muitos elementos devem ter sido levados em conta no processo de tomada de decisão, o que demandou tempo. Isso é compreensível, já que a tecnologia pode ser cara, muda frequentemente e é, em si mesma, uma declaração sobre o indivíduo e a organização. Não importa qual tenha sido a sua conclusão, ou qual ela seria agora – o processo é a chave.

Este não é um problema apenas com a tecnologia. Muitos proprietários e gestores de empresas gastam um tempo irrisório analisando sua estratégia de preços porque ficam sobrecarregados com problemas como:

- Os detalhes da festa de Natal.
- A cor das paredes da sala de reuniões.
- O recrutamento do assistente administrativo.
- Qual carro o vendedor deve receber da empresa.
- A temperatura do ar condicionado.

Produtos ou serviços

Este livro é sobre precificação. Desta forma, muitas vezes precisarei me referir ao que está sendo vendido. Definimos, então, dois temas distintos – *produtos ou serviços* –, e eu incluí exemplos de ambos para destacar as ideias-chave de cada um. Há ainda o perigo de que, se você vender essencialmente produtos, possa pensar que uma determinada ideia só se aplica a serviços e vice-versa. É fundamental manter a mente aberta sobre como você adota e adapta uma ideia, independentemente se o que está sendo vendido é um produto ou um serviço.

Se *você vende produtos*, eles são muito mais tangíveis para os clientes. Eles podem tocar o produto e senti-lo, ver o tamanho da caixa, a criatividade do design da embalagem e, às vezes, ainda se tem a chance de mostrar os recursos e benefícios do produto na própria embalagem. Se for o caso, você pode considerar a importância das imagens, das cores e da tipografia das palavras, que podem influenciar na decisão do cliente em comprar ou não. A desvantagem é que os clientes talvez vejam a compra de um produto como um evento isolado, em vez de parte de um relacionamento contínuo, e, com isso, estejam mais dispostos a considerar a compra de itens similares da concorrência.

Já os *serviços*, esses são intangíveis na essência. Dependendo dos serviços que você vende, o cliente pode nem mesmo compreender o que você faz. Eles sabem, por exemplo, que a oficina mecânica realizará a manutenção do carro, mas o que realmente acontece no processo é um tanto obscuro. Estenda esse raciocínio para serviços como a prestação de consultoria jurídica, contábil, fiscal ou de saúde, e as lacunas na compreensão do cliente se tornam ainda maiores.

No entanto, este livro é sobre precificação e como as decisões de compra dos clientes são afetadas pelos preços cobrados e pela forma como essa questão é direcionada e apresentada aos compradores atuais e potenciais. Em algumas áreas, ele explora como os recursos e os benefícios de qualquer produto ou serviço são demonstrados, e que isso pode ser diferente a depender se você está vendendo uma caixa ou uma ideia.

É importante, contudo, salientar um ponto. Se você vende produtos, eles estão mais frequentemente relacionados a uma decisão única de compra, por exemplo: "devemos comprar aquele carro hoje?". Isso coloca ainda mais pressão sobre a empresa para fazer dinheiro com essa transação e corre-se o risco de que o cliente nunca retorne e nunca gere oportunidades futuras de receita.

Por outro lado, quando uma empresa vende serviços, há um nível de incerteza inerente ao fornecimento de algo sobre o qual muitos clientes realmente não conhecem ou compreendem, além da falta do toque e da sensação proporcionada por um produto tangível. Quando os clientes não compreendem totalmente o que estão recebendo pelo dinheiro que desembolsam, ou quando são forçados a aceitar o fato de que não podem se arrepender e pegar algo de volta — por exemplo, um decorador não tem como remover e enrolar novamente um papel de parede que já fora colado —, o comportamento mais comum é evitar a compra. A incerteza causa paralisia e, consequentemente, uma "não-venda".

A METRO SOFTWARE LIMITED (MSL) era, na essência, uma empresa desenvolvedora de *softwares*. Sua receita provinha do desenvolvimento de projetos customizados de *softwares* para clientes individuais, que não sabiam realmente o que estavam recebendo pelo dinheiro investido. Eles também vendiam produtos como terminais de computador, impressoras, equipamentos para armazenamento de dados, etc., além de serviços de instalação e treinamento. Uma grande mudança que fizeram foi "produtizar" (tratar como se fosse um produto) os serviços que ofereciam, e incorporar "serviços" a alguns dos produtos físicos oferecidos.

Treinamento e suporte eram cobrados por hora de serviço prestado, variando entre £20 e £50 a hora, o que causava incerteza, uma vez que os clientes nunca sabiam exatamente quantas horas precisariam, ou se o problema havia sido causado por eles mesmos ou se era uma falha do *software*. A MSL desenvolveu um *produto* chamado *First Year Training and Support Package* (Pacote de Treinamento e Suporte do Primeiro Ano), apresentado como um pacote contendo um manual sobre como usar o *software*, programas de treinamento para os usuários, folhetos detalhando *o que fazer quando você tem um problema*, com os contatos do suporte técnico e orientações do tipo "faça você mesmo". O pacote custava £5.000, com base no número de usuários, entre outros aspectos. Isso reduziu as possíveis áreas de conflito com o cliente, mas também ajudou a conseguir um preço muito mais alto por um produto simples e transparente.

Sempre que vendiam um *hardware*, ofereciam um programa de suporte de acompanhamento chamado *Hardware Management Package* (Pacote de Gestão de *Hardware*). Cada visita de acompanhamento ajudava a efetivar vendas adicionais de *hardware*. Com isso, ao criar um programa de visitas, eles acabaram somando um valioso serviço às vendas do produto principal e, como resultado, conseguiram aumentar o preço cobrado.

A mensagem é bem simples: se você vende *serviços*, tente transformá-los em produtos tangíveis, ou seja, tente "produtizá-los". E se você vende *produtos*, tente adicionar serviços ao seu produto, capazes de criar um relacionamento de longo prazo com o seu cliente. Ambos os caminhos o ajudarão a dar mais segurança ao cliente, aumentando a percepção de valor que ele tem do seu produto ou serviço, o que permitirá a você aumentar o preço cobrado.

Resumo

Se você quer que a sua empresa seja mais lucrativa, avalie de forma crítica como você precifica seus produtos ou serviços. O impacto que algumas pequenas mudanças nesta área fundamental de qualquer negócio pode provocar é impressionante. A precificação é algo que requer muito mais tempo e atenção do que a maioria das empresas tem investido nesse assunto.

Todas as empresas com as quais trabalhei em algum projeto para tratar sobre a gestão de preços tiveram melhorias drásticas. O que você precisa fazer é investir tempo para entender os principais pontos deste livro, considerar como você os adotará e adaptá-los ao seu negócio, além de planejar uma abordagem controlada e sustentada para implementar a mudança.

Essa proposta funciona, você só precisa agir!

▮ Colocando em prática

① Analise sua abordagem de gestão de preços nos últimos três anos e considere o seguinte:
- Com que frequência os preços foram revistos?
- Com que frequência os preços foram alterados?
- Qual foi a alteração típica dos preços (aumentos ou quedas percentuais)?
- Qual foi a causa de cada alteração de preço? Por exemplo, o repasse de aumentos nos custos dos suprimentos, ou a equiparação aos preços da concorrência, ou um plano para aumentar o volume de vendas ou de lucro, etc.
- Nas ocasiões em que os preços não foram aumentados — analisando em retrospectiva —, em que medida aumentar os preços poderia ter tido um impacto substancial nos lucros de seu negócio?

② Elabore uma lista das principais pessoas do seu time que estão envolvidas atualmente nas decisões sobre precificação. Agora adicione os nomes de outras pessoas que *deveriam* estar envolvidas. Considere também se o seu processo de precificação pode se beneficiar com a nomeação de um "advogado do diabo", ou seja, alguém que insistentemente questione as ideias apresentadas, para agitar um pouco as coisas.

③ Crie um arquivo de inteligência (fatos, não depoimentos informais) a respeito dos seus concorrentes diretos. Designe alguém para coletar folhetos, preços, publicidade e qualquer informação on-line sobre eles que inclua a "percepção de valor" que eles fornecem aos clientes, e os preços que cobram por aquilo que entregam. Certifique-se de que a equipe de precificação tenha esses dados e que eles sejam sempre atualizados.

④ Agende um workshop com o pessoal de vendas e marketing e explore tudo o que você pode "produtizar", ou seja, "atribuir características de produto" a alguns serviços; veja também se você pode adicionar alguns serviços aos produtos oferecidos.

⑤ Separe tempo na sua lista de tarefas (ou nas atribuições de outra pessoa dentro da sua empresa) para garantir uma atenção permanente à precificação; ou seja, se você tiver uma reunião mensal ou trimestral para trabalhar a estratégia da sua empresa, verifique se a precificação está na pauta.

⑥ Familiarize-se com as planilhas para download e comece a reunir as informações financeiras e outros dados necessários para preenchê-las. (Se você trabalha em uma empresa de grande porte, convém delegar essa tarefa.) Visite o site no endereço **www.markholt.co.uk** ou use o *QR code* a seguir e procure por *bonus material* (material bônus). Essas planilhas serão realmente úteis nos capítulos seguintes, para que você perceba como as questões de precificação afetam diretamente seus negócios. ●

↗ www.markholt.co.uk

A PRECIFICAÇÃO
NO CONTEXTO DA EMPRESA

O objetivo de todo negócio deve ser gerar lucro de forma sustentável. O que você aprenderá neste e nos demais capítulos é que o preço é a chave para se alcançar esse objetivo, e que ter o menor preço raramente é um caminho para o lucro.

TÓPICOS DO CAPÍTULO

- ▶ Como qualquer empresa pode melhorar sua lucratividade.
- ▶ As cinco formas de fazer um negócio crescer.
- ▶ Um exemplo real do impacto de cada uma das cinco formas de fazer um negócio crescer.
- ▶ Por que as pessoas não enxergam o problema como uma questão de preço?

Vamos analisar o crescimento dos negócios e você verá por que o preço deve estar no topo da lista de prioridades de todas as empresas. Há referências a planilhas e material para download para ajudá-lo a colocar seus próprios dados em uma calculadora de lucros simples e ver, por si mesmo, o impacto de melhorias em várias áreas importantes.

■ Como qualquer empresa pode melhorar sua lucratividade

Melhorar a lucratividade não é difícil – uma perspectiva externa ajuda. A experiência que muitas outras empresas vivenciaram ajuda. Dedicação em construir sistemas que façam com que os funcionários se atenham às *melhores práticas* nas principais áreas ajuda. Motivação para mudar – baseada no compartilhamento do sucesso – ajuda. Mas o que você precisa realmente fazer é **dar atenção ao assunto lucro**.

Então, por que parece ser tão difícil fazer o lucro crescer?

A maioria dos gestores, quando pressionados a dizer o que fariam para melhorar os lucros, sugere apenas duas alternativas:

1ª. Reduzir os custos.

2ª. Aumentar o volume de negócios.

Muito raramente, eles mencionam uma terceira opção:

3ª. Aumentar a produtividade.

Embora essas opções estejam certas, são simplistas demais como abordagem e são, ainda, conflitantes; ou seja, se você quiser aumentar o volume de negócios, provavelmente precisará aumentar os custos com marketing ou terá de recrutar mais vendedores. Se quiser reduzir os custos, você poderá comprometer sua capacidade de atendimento. Muitas vezes, em negócios, a expressão "economia de escala" é empregada como se fosse a solução mágica para o desempenho financeiro fraco.

> **SE EU PUDER AUMENTAR** o volume de negócios anual em apenas 10%, meus custos de produção não serão alterados, terei melhor poder de barganha na compra, não precisarei contratar mais pessoas... e, com todas essas economias de escala, vou ganhar muito dinheiro!

A verdade é que isso raramente acontece. Os custos continuam a crescer à medida que o negócio se expande e, muitas vezes, o crescimento é alcançado quando oferecemos aos clientes mais por menos, de modo que as margens de lucro caem e o trabalho para equilibrar a lucratividade se torna ainda mais difícil.

Ao usar uma abordagem tão grosseira para a melhoria do lucro, os proprietários ficam sobrecarregados com o tamanho do problema. *Aumentar o volume de negócios* parece simples, mas a *forma de fazer* isso é complicada.

■ As cinco formas de fazer um negócio crescer

Toda empresa é apenas uma combinação de vários sistemas. Sistemas para comprar coisas ou fabricá-las, sistemas para prospectar clientes e fazer vendas, e outros sistemas para gerenciar pessoas e finanças. O caminho para um lucro maior é visto como a melhoria em um ou mais desses sistemas.

> **SE EU TIVESSE** mais alguns clientes, ou fechasse mais umas propostas, ou se pudesse comprar um pouco mais barato, ou fazer com que meus funcionários trabalhassem um pouco mais.

As melhores empresas trabalham nessas questões o tempo todo.

Quando você inicia um projeto para aumentar a lucratividade, precisa explorar as *cinco formas de fazer um negócio crescer*:

① **Aumentar a quantidade de clientes**, tanto com a conquista de novos quanto evitando a perda dos atuais.

② **Aumentar a frequência das transações**, fazendo com que os clientes atuais comprem mais vezes.

③ **Aumentar o *ticket* médio**, em qualidade ou em volume.

④ **Aumentar os preços que você cobra**.

⑤ **Aumentar a eficiência do negócio**, elevando a produtividade das pessoas e/ou reduzindo as despesas.

A chave para todas essas etapas é dividi-las em partes menores que são mais fáceis de entender e de resolver:

- Aumentar as vendas é, em parte, ter mais clientes.
- Ter mais clientes geralmente é apenas visto como ganhar novos, mas também deve incluir a manutenção dos atuais.
- Manter os clientes atuais significa garantir que eles não sejam persuadidos a mudar para a concorrência.
- Impedir que os clientes sejam conquistados por seus concorrentes exige um sistema robusto para contatá-los proativamente e com mais frequência.

EM UMA EMPRESA de serviços profissionais, foi implementada uma abordagem na qual os clientes de nível A teriam acesso a uma reunião presencial, cara a cara, todos os meses; os clientes de nível B, apenas uma reunião presencial a cada dois meses, com uma *call* ou telefonema entre as reuniões; e clientes de nível C fariam reuniões presenciais a cada três meses, com contatos por telefone e e-mail nos intervalos. Isso forçou a empresa a ser proativa e a concentrar a atenção nos clientes mais importantes.

Este é um sistema simples; uma ideia simples para minimizar o risco de que os bons clientes sejam "conquistados" pelos concorrentes. A maioria das empresas não tem esse tipo de sistema de gestão para forçar seus funcionários a manterem contato com os clientes, com uma frequência que os clientes concordem que seja adequada. O resultado disso é que os concorrentes se aproximam dos seus melhores clientes, prometem amá-los mais do que você, e acabam por roubá-los bem debaixo do seu nariz.

Uma pesquisa realizada com clientes de grandes empresas multinacionais procurou identificar as razões pelas quais alguns deles decidiram comprar em outro lugar. As razões incluíam:

- **Conveniência:** alguns clientes mudaram porque outro supermercado abriu uma nova loja mais perto.
- **Relacionamento:** alguns clientes estabeleceram um relacionamento com uma pessoa da empresa e, quando essa pessoa mudou para outra organização, eles foram junto.
- **Produto, prazo e preço:** alguns clientes mudaram porque a empresa não poderia oferecer os produtos certos, entregá-los no prazo necessário ou eram caros demais.

Entretanto, a pesquisa encontrou evidências contundentes de que a grande maioria dos clientes que mudaram de empresa, o fez como resultado do que descreveram como *indiferença percebida*. Ou seja, os clientes simplesmente não acreditavam que a empresa se importasse o suficiente com eles, mesmo que isso não fosse, de fato, verdade.

Este é o ponto crítico a ser entendido. A indiferença percebida foi o principal fator em cerca de 68% de todos os negócios perdidos, e o *preço* foi a razão alegada em menos de 10% dos casos.

Os gestores precisam trabalhar para manter os clientes atuais satisfeitos, mas eles também precisam ganhar outros novos para substituir os que são perdidos por motivos que estão fora do seu controle. A maioria das micro e PMEs (Pequenas e Médias Empresas):

- Não empreendem atividades sistemáticas de marketing de qualquer tipo.
- Não têm uma lista básica de clientes segmentada, ou segmentos de mercado, para direcionar suas ações.
- Não têm uma proposta clara de venda e nem mensagem de marketing.

A maioria dessas empresas utiliza uma abordagem simplista e reativa. Iniciam ações de marketing quando estão sem clientes e param quando há outras coisas a fazer. Seu marketing diz uma coisa, os vendedores dizem outra e as pessoas que entregam o produto ou serviço dizem outra completamente diferente!

Algumas ações simples e sistematizadas para garantir uma atividade consistente e sistemática podem ter um impacto profundo na conquista de novos clientes. Em várias empresas, e até mesmo em grandes organizações com as quais trabalhei, a atividade de marketing é simplesmente *nula* ou está mais envolvida no envio de calendários personalizados, uma vez por ano, do que na implementação de ações simples, regulares e sustentadas, que podem fazer uma grande diferença nos resultados.

Você também deve rever o treinamento em habilidades de venda que é aplicado em sua equipe, como por exemplo: aprender a interpretar a linguagem corporal e praticar a "escuta ativa", além de preparar seus vendedores para lidar com as objeções mais comuns dos clientes. Saber quando fechar a venda é uma habilidade crucial, mas muitas vezes ausente. Você precisa de rotinas de venda estabelecidas para garantir que todos os clientes saibam de todos os produtos que você oferece, e que sejam incentivados regularmente a aumentar os pedidos e a comprar mais que o habitual, entre outras coisas.

O McDonald's é especialista em aumentar o *ticket* médio da compra com perguntas do tipo: "você gostaria de uma bebida para acompanhar?" ou "você quer a promoção (o combo)?" – essas são perguntas que levam muitos clientes a gastarem um pouco mais. A grande maioria das empresas simplesmente aceita o pedido inicial do cliente e segue em frente, deixando de explorar as oportunidades de *upselling* (venda de um produto ou solução superior) ou de *cross-selling* (venda de produtos e serviços adicionais ou complementares).

Finalmente, você deve analisar questões de eficiência, em vez de redução de custos, a fim de verificar se o negócio pode se tornar mais enxuto e eficaz. Você pode, por exemplo, analisar a relação entre os custos com pessoal e o volume de negócios, para identificar se o crescimento do valor da folha de pagamento está inadequado para os níveis de faturamento – seja essa análise feita comparando-se um ano com outro ou, talvez, uma loja com outra. O objetivo é garantir que todos os custos da empresa tenham uma boa relação custo-benefício e sejam investimentos eficazes, ao invés de simplesmente partir para uma abordagem de redução de custos. Em muitos casos, a resposta adequada pode ser gastar um pouco mais!

Todas as ideias acima são mudanças simples que ajudarão você a melhorar alguns aspectos do seu negócio. Elas são aquilo que empresas de marketing, agências de publicidade, consultores de gestão e outros profissionais focam para melhorar a lucratividade. No entanto, o assunto central deste livro é, obviamente, aumentar os lucros por meio de uma compreensão mais clara dos preços que a empresa pratica.

A seguir, tem-se o exemplo de uma empresa faturando cerca £1 milhão. A tabela apresenta os valores do último exercício financeiro e explora o impacto de cada uma das cinco formas de fazer um negócio crescer apresentadas neste capítulo.

Tabela 1.1 – Impacto de cada uma das cinco formas de fazer um negócio crescer

Empresa Exemplo	Ano	
Faturamento	£1.000.000	
Custo das mercadorias vendidas	(£700.000)	
Lucro bruto ou margem de contribuição	£300.000	30%
Custos fixos	(£250.000)	
Lucro	**£50.000**	
Número de clientes ativos no início do ano	800	
Número de novos clientes conquistados	80	
Taxa de aquisição	10%	
Número de clientes perdidos	40	
Taxa de evasão ou *churn%*	5%	
Número de clientes ativos no final do ano	**840**	
Número de transações por cliente no ano	**6**	
Número de transações no ano (840 x 6)	**5.040**	
Ticket médio (£1.000.000/5.040)	**£198,41**	

Esses números baseiam-se em uma empresa *real* e foram arredondados para maior clareza. A tabela a seguir mostra o impacto nos resultados causado pelas cinco formas de fazer um negócio crescer (em que o aumento do número de clientes está dividido entre conquistar mais e perder menos clientes).

Tabela 1.2 – O impacto nos resultados causado pelas cinco formas de fazer um negócio crescer

Mudança	Exemplo de Ação	Impacto	Aumento no Lucro	Aumento a partir de £50.000
Aumento na taxa de aquisição de 10% para 12%	Mais ações de marketing	Aquisição de apenas 16 novos clientes	£5.710	11%
Taxa de evasão ou *churn%* varia de 5% para 3,5%	Melhoria no atendimento ao cliente	Manutenção de 12 clientes a mais	£4.282	9%
Número de transações varia de 6 para 6,1 por cliente ao ano	Mais proatividade em vendas	84 novas transações ao *ticket* médio	£4.996	10%
Aumento do *ticket* médio de £198,41 para £202,38 (mais volume ou qualidade)	Preparar pacotes ou combos de produtos	Ganho adicional de £3,97 em cada venda, mas com custos associados	£5.999	12%
Aumento do preço de £198,41 para £202,38	Simplesmente aumentar os preços	Ganho adicional de £3,97 em cada venda, o que equivale a 2% de aumento nos preços	£19.995	40%

Uma pequena mudança na conquista de novos clientes, perder menos clientes, aumentar o *ticket* médio das vendas ou vender mais produtos por vez – qualquer uma dessas ações poderia gerar um aumento de aproximadamente 10% no resultado final. Mas uma mudança igualmente pequena no preço (cerca de 2% de aumento) poderia gerar um impacto quatro vezes maior no resultado (cerca de 40%). Além disso, todas as outras ações demandariam muito mais tempo, esforço e recursos financeiros para serem implementadas, enquanto o ajuste nos preços é rápido e fácil de se fazer.

O que você pode ver a partir desse exemplo, e o que você verá com base na sua própria realidade, é exatamente o que eu vejo *toda vez* que discuto esses números com os clientes.

É por isso que o foco deste livro é exclusivamente a precificação, ou *pricing*.

> *Estávamos muito receosos em simplesmente elevar os nossos preços, apesar de Peter Hill ter explicado os números de forma brilhante. Mas ele estava certo. A mudança foi fácil, os clientes aceitaram sem problemas, e o impacto foi imediato e substancial.*
> **MS – CEO da Fine Worldwide Goods Limited**

▪ Por que as pessoas não enxergam o problema como uma questão de preço?

O maior e mais rápido impacto sobre os lucros vem simplesmente do ato de aumentar um pouco os preços. Isso é matematicamente verdadeiro e, também, a realidade de todos os negócios com os quais trabalhei. Por que, então, quando uma empresa busca aumentar os lucros, quase sempre escolhe primeiro uma das outras formas de fazer um negócio crescer?

Vamos considerar empresas que enviam cotações de preços aos clientes.

Qual é, na sua opinião, o fator mais importante para vencer em uma cotação de preços?

O motivo pela qual a maioria das empresas não ganha uma cotação de preços é, predominantemente, por conta da forma como conduz todo o processo de compra. Entretanto, o motivo mais citado pelos vendedores é que "o nosso preço estava alto". Só quando uma empresa considera todos os fatores envolvidos no processo de compra é que ela consegue persuadir as pessoas-chave do cliente de que nem sempre ter o menor preço é o mais importante.

Dependendo da área em que você atua, provavelmente já recebeu uma cotação de preços para fornecimento de algum produto ou serviço. Então, você sabe que o objetivo é apresentar um preço ao cliente para que ele escolha entre as várias alternativas.

Muitos fatores distintos determinam se uma cotação será bem-sucedida. O relacionamento entre o fornecedor e o cliente tem grande influência nesse processo e, muitas vezes, os compradores estão dispostos a pagar um preço mais elevado quando a confiança é maior. Ser transparente com os clientes evita que eles comprem de outros fornecedores dos quais não têm certeza do que receberão. A rapidez na resposta a um pedido de cotação de preços, por exemplo, ajuda a evitar que o cliente tenha dúvidas sobre a capacidade do fornecedor de cumprir prazos.

A maioria das empresas que responde às cotações de preços:

- Não conhece sua própria taxa de conversão, ou seja, o percentual de negócios fechados em relação ao de propostas enviadas.
- Não acompanha sistematicamente as propostas enviadas, simplesmente *espera para ver* o que acontece.
- Envia uma cotação de preços sem informações adicionais como: "por que nos escolher", ou uma explicação sobre como o preço foi calculado.
- Nunca investiga o motivo de ter ganho um negócio, e muito menos descobre porque perdeu uma cotação.

Descobrir o motivo da perda de um negócio e coletar informações sobre os concorrentes fornecem dados para a melhoria das cotações futuras. A questão é que, na falta dessas informações, as empresas presumem que o fator decisivo, do ganho ou da perda, foi o preço.

O fato é que o cuidado na condução do processo de cotação de preços tem muito mais impacto sobre a taxa de conversão do que o preço por si só. Reduzir os preços para ganhar mais negócios raramente gera bons resultados. Porém, ter um sistema robusto de gestão das cotações de preços sempre traz resultados positivos. Pratique o que foi discutido até aqui e sua empresa conseguirá cobrar preços mais altos.

Os tomadores de decisão nas empresas geralmente não têm todos os dados para saber em quais aspectos podem melhorar seus negócios para aumentar os lucros. O fato é que eles perdem a maioria de seus clientes como resultado de um serviço ruim, e não por causa do preço. Eles perdem muitos negócios porque não acompanham as propostas com a intensidade adequada, e não porque tinham o preço mais alto.

RESUMO

- ▶ Existem cinco formas de fazer um negócio crescer.
- ▶ Dentre elas, aumentar os preços é a forma mais fácil e rápida de se alcançar lucros maiores.
- ▶ A maior parte do que as empresas oferecem, seja um produto ou serviço, vale mais do que elas têm coragem de cobrar.

◼ Colocando em prática

(1) Usando as informações do último relatório financeiro anual da sua empresa, trabalhe na planilha "Profit Potential" (disponível para download no site **www.markholt.co.uk** ou baixe o aplicativo "Pricing for Profit" para iPad na App Store):
  - Identifique os dados que você não pode quantificar facilmente (por exemplo, a taxa de evasão ou *churn%*) e planeje implementar sistemas para que você possa coletá-los no futuro.
  - Faça estimativas razoáveis para os dados que você não conseguir obter facilmente.
  - Calcule o potencial de lucro para cada uma das cinco formas de fazer um negócio crescer.

② Considere suas ações atuais para fechar novos negócios:
- Faça uma lista de todas as atividades sistemáticas de marketing que você realiza.
- Você já tem uma lista de clientes-alvo (ou de segmento de mercado) para prospectar? Se não, desenvolva uma.
- Você já tem uma proposta de venda clara e uma mensagem de marketing que não foque apenas no quão mais barato você é? Se não, desenvolva uma mensagem simples do tipo "razões para comprar", direcionada aos seus clientes-alvo.

Todas essas informações serão úteis mais tarde, e se você usar os seus próprios números em alguns dos exemplos, isso terá um impacto muito maior sobre o seu negócio.

Faça o download das planilhas em **www.markholt.co.uk**. Preencha-as com os seus números e veja qual é o seu potencial de melhoria do lucro.

■ Desafio ao leitor

Se aumentar os seus preços hoje puder lhe render um aumento significativo do seu lucro e se você tiver autoridade para fazer isso, vá em frente. Envie um e-mail hoje mesmo para mim, contando sobre a sua intenção (como uma espécie de compromisso), e depois me mande um segundo e-mail, daqui a uns dois meses, informando qual foi o aumento do seu lucro – em valor monetário e em percentual (não precisa ser o valor exato, mas apenas a ordem de grandeza). Publicarei anonimamente os resultados no meu site para que você possa ver como você se compara a outras empresas. ●

POR QUE PRECIFICAR
É TÃO DIFÍCIL?

Para começar a lidar com a precificação, você precisará fazer algumas mudanças no seu negócio e, como em qualquer processo de mudança, é importante tratar as objeções logo no início. Neste capítulo, discutiremos as razões pelas quais a maioria das pessoas quer mudar, mas não muda.

Se as pessoas não estiverem com a mente aberta para os benefícios da mudança, em qualquer área de negócio, e alguém desafia suas ações ou ideias, elas entram no processo de análise, pesquisa e debates na defensiva. Em vez de ouvir, o que quer que seja, como uma opinião sincera de alguém que está de fora do problema e que está tentando ajudar, elas resistem às mudanças, conservando a mente fechada.

TÓPICOS DO CAPÍTULO

- ▶ A importância do conhecimento e do treinamento.
- ▶ Como evitar o impacto das más experiências.
- ▶ Copiando cegamente os grandes varejistas.
- ▶ Compreensão financeira limitada sobre como os lucros são obtidos.

Muitas pessoas têm ressalvas e preocupações compreensíveis sobre mudanças em seus negócios, talvez pelo fato de muitas delas acreditarem que é *mais fácil falar do que fazer*. Por isso, precisamos discutir as questões que impedem proprietários e gestores de negócios de superar as dificuldades relativas à gestão dos preços, para que elas não o impeçam também de usar as ideias deste livro.

■ A importância do conhecimento e do treinamento

Como podemos obter conhecimento?

Se você deseja aprender francês, você espera ler livros, ser ensinado por alguém com domínio desse idioma e praticar de alguma forma. Você não esperaria apender um idioma sem ter que estudá-lo, nem desejaria simplesmente aparecer na França e aprender por meio de um doloroso processo de tentativa e erro. Aprender o básico sobre qualquer assunto elimina o medo de cometer erros triviais e lhe dá a confiança necessária para seguir em frente.

Muitas pessoas evitam tomar iniciativas em relação à precificação porque elas realmente não conhecem o assunto. Este medo do desconhecido as leva à indecisão e a um estado de paralisia.

O que você precisa avaliar, para si e para seu negócio, é o seu nível atual de habilidades para lidar com preços, qual o nível de especialização você acredita ser necessário e qual a melhor forma de se capacitar. É improvável que você já tenha todas as habilidades requeridas, então participe de treinamentos para aumentar a sua confiança no assunto.

Por que temos medo das questões sobre precificação?

A maioria das pessoas não gosta de conflitos e procura evitar situações em que eles possam surgir. É por isso que muitos clientes de um restaurante, que tiveram uma refeição muito ruim, responderiam à pergunta do garçom "Está tudo bem?" com um "Sim", mesmo que não estivesse.

O receio de se elevar os preços é, na verdade, um medo do desconhecido e do conflito. Considere a conversa entre o seu vendedor e o cliente quando um aumento de preços está sendo anunciado. Entramos nessas discussões com medo de uma reação negativa por parte do cliente, como entrar em uma discussão mais acalorada ou simplesmente ouvir um "não" como resposta. Daí percebemos o quanto estamos despreparados para tais situações. A reação usual, e até certo ponto compreensível para esse medo do conflito, é manter ou até reduzir os preços.

> **ENTÃO**, podemos dizer que evitamos aumentar os preços porque temos:
> - Medo do desconhecido.
> - Medo do conflito.
> - Medo da rejeição.

Você está perto demais da questão dos preços?

O problema da precificação é muito maior naquelas empresas em que a pessoa responsável pela definição dos preços é a mesma que se relaciona com o cliente. Se o proprietário da empresa, o gerente da filial ou o vendedor, enfim, qualquer pessoa que possa afetar diretamente o preço (definindo ou oferecendo descontos) tem contato direto com os clientes, provavelmente deixará que esse medo de ser rejeitado prejudique o seu julgamento. No entanto, tenho visto o mesmo problema afetar diretores financeiros e CEOs com base na pressão que sofrem de outras áreas da empresa (seu próprio pessoal transmitindo o medo) ou com base em suas experiências pessoais.

É a falta de conhecimento que causa esse medo. Se você entendeu como as pessoas tomam decisões de compra, se explorou adequadamente o valor que você entrega aos seus clientes e compreendeu a dinâmica financeira da sua empresa para saber onde os lucros são realmente gerados e de qual negócio deve se afastar, então, você tomará decisões completamente diferentes. O conhecimento, em qualquer assunto, nos dá confiança para lidar com situações em que o medo poderia impedir a nossa melhor performance.

Ao longo de mais de 30 anos de atividade, conheci apenas algumas pessoas que haviam recebido alguma formação em precificação, ou que investiram de qualquer outra forma para compreender esse importante assunto. Muitos, de fato, leram algum livro ou participaram de um treinamento de vendas ou de gestão de pessoas, e até mesmo aprenderam algo mais rotineiro, como usar o Word ou o Excel, mas apenas alguns haviam feito qualquer esforço para entender melhor o tema preço e o processo de precificação. Portanto, não é surpresa que, na ausência de conhecimentos e habilidades específicas sobre precificação, a maioria dos executivos tome o caminho mais seguro e evite o risco de uma reação negativa do cliente, mantendo os preços abaixo do que poderiam ser praticados.

Como evitar o impacto das más experiências

Vamos adicionar outra camada de resistência compreensível à mudança.

Considere o desafio ao leitor do Capítulo 1.

Por que não voltar à sua empresa hoje e simplesmente aumentar os preços em 5% e ter a chance de ver isso funcionar?

Guarde este livro, economize algumas horas do seu precioso tempo e aumente seus preços em 5%. Não pense nisso. Não tente calcular o impacto ou pré-julgue a reação, apenas suba 5%.

Se você é uma pequena empresa, escolha alguns itens e suba 5%. Se você é o CEO de uma grande empresa, escolha uma filial ou uma linha completa de produtos e eleve os preços em 5%. Vá em frente, parta para ação, agora!

Na verdade, eu sei que a maioria de vocês não fez isso antes e não fará agora. A questão é, *por que não?*

Entendo que cada um de vocês agora tem em sua mente a imagem de um cliente em particular que você sabe que resistiria a qualquer aumento de preço, ou tem a lembrança clara de uma discussão anterior sobre preços. Isso não é incomum. É da natureza humana se debruçar sobre os aspectos negativos. Se você teve um atendimento ruim em um restaurante e descobriu que eles adicionaram as bebidas de outra pessoa à sua conta, você se lembrará disso por um longo tempo e provavelmente contará a todos os seus amigos.

Lembramos das experiências dolorosas com mais facilidade e mais intensidade do que das boas. A maioria das nossas ações é movida por dois desejos fundamentais: a busca pelo prazer ou a fuga da dor. Muitos estudos concluíram que trabalhamos muito mais para evitar a dor do que para buscar o prazer. Por exemplo, as pessoas trabalharão muito mais para evitar perder £1.000 do que para ganhar £1.000.

O problema é que permitimos que algumas poucas experiências negativas no que tange aos preços comprometam o nosso discernimento em relação aos princípios básicos.

Vemos apenas as desvantagens de clientes que reclamam ou de vendas perdidas, e falhamos em enxergar a vantagem de lucros maiores.

DW – Special Events Limited

🗄 ESTUDO DE CASO

O Dr. Fun's Amusement Park (DFAP) foi uma atração turística que passou por dificuldades financeiras, e por isso concordou em aumentar os preços na bilheteria em 20%, em parte pela necessidade de gerar caixa à vista, mas também porque o custo-benefício real para o cliente era maior do que o dos preços praticados até então.

O negócio tornou-se lucrativo imediatamente, mas, curiosamente, o dono sugeriu reduzir os preços de volta aos antigos valores por causa das muitas queixas que ele estava recebendo dos clientes. Na investigação, ele realizou cerca de 40 conversas com visitantes insatisfeitos com o parque, para descobrir a visão deles sobre seu custo-benefício. Algumas dessas discussões foram bastante acaloradas, o que deixou o dono do parque chateado. Então, ele queria voltar aos preços antigos. Uma típica reação do tipo "evitar a dor".

Mesmo que cada queixa fosse de uma família com quatro pessoas, num contexto de 100 mil visitantes, ainda significaria que 99,9% dos clientes não reclamavam. Ainda assim ele queria reduzir o preço em U$S1 para *todos os clientes*, simplesmente para evitar conflitos com um pequeno grupo de pessoas.

A questão é que todos nós, que gerimos negócios e empresas, tivemos pelo menos uma experiência dolorosa em relação à precificação que ficou gravada em nossa mente. Podemos ter tido 100 experiências positivas, em que os clientes ficaram encantados com o valor de nossos serviços, mas são as recordações negativas que ficam martelando em nossa cabeça.

Esse é um problema sério para muitos empresários, vendedores, gestores, diretores e CEOs, que podem reagir de forma extremada a essas experiências dolorosas, levando-os a tomarem decisões sobre precificação baseadas nos piores clientes, em vez de se pautarem naqueles que apreciam e valorizam seus produtos ou serviços.

ESTEJA SEMPRE ATENTO para que suas reações e opiniões não sejam influenciadas pela minoria de clientes que se queixaram no passado ou que podem se queixar no futuro.

Nota: Há mais detalhes sobre este estudo de caso nos próximos capítulos e seu material completo pode ser baixado em **www.markholt.co.uk**.

■ Copiando cegamente os grandes varejistas

O problema da falta de conhecimento sobre precificação é grande pela vasta gama de mensagens sobre preços lançadas sobre nós e sobre nossos clientes.

Não há dúvida de que muitos empresários veem o que grandes *players* estão fazendo e copiam suas estratégias, sem entender os fatos ou a lógica por trás delas.

É comum ver mensagens promocionais com descontos em revistas, na TV e nas principais ruas do comércio. Alguns empresários são levados a pensar que essa *estratégia* de preços deve ter sido cuidadosamente planejada para aumentar as vendas, e que isso gera mais ganhos do que perdas pelo desconto oferecido. Afinal, por qual outro motivo essas grandes empresas fariam isso?

O que não há como saber é o custo dos produtos ofertados e, portanto, o lucro que está sendo obtido nessas ações. Se você está vendendo com uma margem de contribuição de 80%, pode dar um desconto de 50%. Se você deve ou não fazer isso é outro assunto. Se uma empresa dobra o preço de um produto só para depois oferecer um desconto de 50%, então ela não está realmente dando nada. É apenas uma ação promocional e não uma estratégia de precificação.

Essa questão pode ser identificada em uma série de iniciativas de precificação adotadas por muitos dos grandes varejistas. A revista britânica *Which?* (www.which.co.uk), sobre consumo, fez uma pesquisa com mais de 700 mil produtos vendidos nas grandes redes de supermercados, ao longo de um ano. O que eles descobriram foi incrível, e até mesmo questionável quanto à sua legalidade.

A *Which?* obteve exemplos bizarros, vindos de todos esses varejistas, de como eles apresentavam seus preços. Um dos exemplos mostrou que o ASDA, um supermercado britânico, primeiro aumentou o preço de uma embalagem com iogurtes de £0,30 para £0,61 e, logo depois, fez uma promoção em que o consumidor comprava 10 embalagens por £4. Isso fazia o consumidor acreditar que, ao pagar £0,40 por embalagem, estaria fazendo uma economia de £0,21 em relação aos £0,61 anunciados. Na verdade, o supermercado estava aplicando um aumento de 33% sobre o preço original de £0,30. Assim que a promoção acabou, o preço retornou para os £0,30 iniciais.

Isso demonstra como os consumidores são bombardeados por mensagens que promovem o preço como uma razão para se comprar determinado produto, quando, na verdade, é apenas a forma de apresentação do preço que está realmente influenciando o consumidor. A quantidade de embalagens de iogurte vendidas durante a promoção "leve 10 embalagens por £4" foi muito maior do que a de embalagens vendidas no preço original de £0,30, que era mais baixo. Então, não foi exatamente o preço ou o custo-benefício que influenciou a decisão de compra dos consumidores, mas sim a *percepção* de valor criada pela forma como o preço foi apresentado.

Os empresários veem essas mensagens de preços e se sentem compelidos a competir, ou estão sob pressão dos clientes, que sofreram uma espécie de lavagem cerebral ao pensar que tudo deveria ter desconto, vir em pacotes de várias unidades ou, de alguma forma, ter o seu preço reduzido.

Se você pretende esse tipo de técnica de apresentação de preços, os seus preços iniciais devem ser definidos em um nível bem mais alto para poderem absorver as alterações promocionais. Mas se você não dobrou os seus preços lá no início, será que pode se dar ao luxo de oferecer 50% de desconto aos clientes? O que você precisa aceitar é que esses preços apresentados não são preços *reais*. Você não pode usar esse tipo de promoção, a menos que tenha levado isso em consideração desde a elaboração inicial dos seus preços.

Existe uma vantagem nisso: essas empresas investiram muito dinheiro pesquisando os melhores métodos de apresentação de preços para gerar mais vendas, e você pode copiar esses métodos de forma fácil e rápida. Tudo que você precisa fazer é a conta certa com os seus próprios números.

Compreensão financeira limitada sobre como os lucros são obtidos

A falta de entendimento sobre finanças é um problema para muitas pequenas empresas. Infelizmente, também é um problema em empresas maiores, em que diretores e gestores estão alocados em vários departamentos diferentes. É raro um diretor de vendas ou de marketing que tenha tido algum treinamento formal em finanças.

Se você está confiante de que você e seus principais executivos têm um alto grau de habilidades em finanças, pule este capítulo; se não, dê uma olhada nos exemplos a seguir e avalie como eles podem estar afetando o seu negócio.

Uma das perguntas mais comuns feitas aos contadores é explicar a diferença entre *mark-up* e *margem*. Perdi a conta de quantas pessoas me disseram que têm 50% de margem, quando na verdade ela é de apenas 33,33%.

Mark-up é a porcentagem acrescida ao preço de custo. Margem é a porcentagem do acréscimo a partir do preço de venda. O problema surge quando as pessoas que tomam as decisões não entendem a diferença entre esses dois conceitos. Eu vi empresas aplicarem um *mark-up* de 100% em um produto – ou seja, dobrarem o preço de custo para calcular o preço de venda –, e depois darem um desconto de 60% para o cliente, acreditando que ainda assim estavam ganhando alguma coisa. Acontece que um *mark-up* de 100% representa uma margem de apenas 50% sobre o preço de venda, portanto, aplicando um desconto de 60% sobre o preço ao consumidor, essas empresas estavam, na verdade, vendendo com prejuízo, pois o desconto de 60% era superior à margem de 50%.

Isso parece tão óbvio que é difícil acreditar que alguém cometeria esse tipo de erro. No entanto, se você vende muitos tipos de produto, com preços de custo variáveis e margens diferentes, para uma ampla gama de clientes e com políticas de desconto distintas, é perfeitamente compreensível que pessoas muito ocupadas tenham dificuldade para entender os números.

> **PERDI A CONTA** do número de vezes em que encontrei vendedores – agindo de boa-fé – oferecendo descontos maiores que suas margens.

Isso quase sempre é resultado da falta de compreensão dos números pelos vendedores, pressionados a ajustar os preços sem ter a noção do impacto que isso pode causar. Contudo, essa questão é, em primeiro lugar, de responsabilidade dos encarregados pela formação dos preços e pela política de descontos.

Se você analisar mais detalhadamente o desempenho financeiro de uma empresa, a complexidade dos números se torna mais importante. O exemplo do parque de diversões, mencionado anteriormente, destacou a reação exagerada do proprietário às reclamações de alguns poucos visitantes. O que ele deixou de considerar era a simples equação financeira de que £1 a mais dos 99,9% dos visitantes satisfeitos superava significativamente as consequências de retorno ao preço anterior, mais baixo, para evitar a insatisfação de um número muito pequeno de clientes que reclamava. Tirando o desgaste emocional de ter que lidar com os consumidores insatisfeitos, os números são óbvios.

Quando os empresários são orientados a aumentar os preços, a preocupação imediata deles é a perda de clientes. A única questão relevante nesse caso é: quantos clientes serão *realmente* perdidos? Será que essa perda de clientes custará mais ou menos do que o ganho extra obtido com o aumento do preço para os clientes que permanecerem?

A sensibilidade do volume de vendas ao aumento de preços varia muito de produto para produto, e de empresa para empresa. Calcular quantas vendas você pode perder é uma conta simples. Por exemplo, uma empresa com uma margem de contribuição (ou lucro bruto) de 30%, ou seja, que compra itens por £70 e os vende por £100, poderia perder 25% de seus clientes se decidisse aumentar os preços em 10%. Desta forma, ela ainda obteria a mesma margem. O que se quer demonstrar aqui é que muitas empresas simplesmente não trabalham esses números. Seus gestores e diretores estão tomando decisões emocionais para evitar conflitos.

■ Sobre o desejo das pessoas de agradar e sua liberdade para fazê-lo

Em grandes empresas, há uma enorme lacuna entre o que os proprietários acreditam que acontece em seus negócios e o que realmente acontece.

Há muitas razões para essa disparidade, como a falta de sistemas para garantir que as coisas continuem sendo feitas da *forma correta*. Dizer aos vendedores para acompanhar de perto as cotações de preço enviadas não é o mesmo que ter um sistema que monitore essas cotações, que force os vendedores a tomar ações específicas para acompanhamento e, em seguida, reportarem à gerência quando isso não for feito.

Talvez o maior problema de todos seja o desejo das pessoas de agradar sem sofrer as consequências. O capítulo sobre descontos aborda a questão de os vendedores desperdiçarem o dinheiro da empresa "dando um pequeno desconto".

DERRICK É UM ÓTIMO VENDEDOR e os clientes o adoram. Ele é experiente, tem muito conhecimento e os clientes estão até dispostos a esperá-lo para serem atendidos, mesmo se houver outros vendedores disponíveis. Eles fazem isso por uma única razão: ele oferece aos clientes os melhores descontos. Quanto mais descontos ele dá, mais seus clientes ficam satisfeitos e mais vezes eles voltam para procurá-lo. Derrick acredita que seus clientes o adoram de verdade, mas isso só acontece porque ele lhes dá os melhores descontos.

O problema é que Derrick é movido pela vontade que tem de que os clientes gostem dele, no nível pessoal. Isso gera um conflito de interesses entre o desejo de Derrick e a necessidade da empresa de obter lucro. Se ele não for treinado ou forçado a equilibrar esses interesses conflitantes, continuará a desperdiçar o dinheiro da empresa.

O desejo de Derrick de agradar as pessoas é parte da natureza humana. Então, temos que colocar em prática processos que o obriguem a ser mais cuidadoso com os descontos ou que o façam compartilhar a "dor da empresa". Isso pode incluir, por exemplo, ter que obter a aprovação do gerente para dar descontos acima dos previamente estabelecidos, ou ter parte da sua remuneração vinculada aos descontos que pratica.

Separar decisões sobre preços daqueles que têm contato direto com os clientes evitará que os vendedores sejam excessivamente influenciados por uma minoria de experiências dolorosas e os impedirá de satisfazer os clientes às custas da empresa.

As pessoas precisam estar motivadas para mudar

O problema é um pouco mais profundo do que o simples desejo de agradar, e está ligado aos fundamentos do porquê as pessoas fazem qualquer coisa. Há alguns anos, trabalhei com uma pequena empresa de TI. Houve um problema em relação ao *software* que eles desenvolveram, que fora projetado para ser customizado e, portanto, poderia apresentar alguma falha. Quando a falha aconteceu, o cliente ficou irado, exigiu uma ação imediata, e demonstrou uma grande insatisfação quando o técnico chegou para resolver o problema.

Na solução para lidar com esse tipo de problema com os clientes, a empresa passou a levar nas visitas técnicas uma grande lata de bombons Quality Street, com a seguinte mensagem: "coma isto enquanto eu resolvo o problema". Alguns meses depois, quando falei com o dono da empresa novamente, ele me contou como os doces foram bem recebidos, e como esse procedimento havia levado à conquista de novos clientes, produzido vendas adicionais nos clientes atuais, reduzido o número de reclamações e que, no geral, tudo estava funcionando. O único problema era que, além dele (o dono), ninguém se dava ao trabalho de levar a lata de bombons quando ia visitar os clientes. Então, eu lhe fiz três perguntas:

1. Ele havia explicado ao resto do pessoal o impacto que ele acreditava ter tido, ou seja, quantos clientes ele ganhou, quantos novos negócios foram obtidos a partir dos clientes atuais e qual foi o impacto em seus níveis de satisfação?

2. Houve alguma penalidade aos que deixaram de levar os bombons? Os nomes deles ficaram em uma lista de "não cumpridores" na sala dos funcionários? Três ocorrências geraram uma advertência por escrito? Ou ele simplesmente criticou a(s) pessoa(s) por não fazer(em) isso?

3. Houve alguma recompensa por isso? A pessoa que levou mais latas em um mês ganhou alguma coisa? O proprietário agradeceu publicamente e reconheceu o esforço? Foi colocada uma tabela indicando os "melhores desempenhos" na sala dos funcionários?

Não será surpresa para você se eu disser que a resposta para todas essas perguntas foi um sonoro "não".

Como expliquei ao dono, se os funcionários não entendem a importância do problema, não sofrem nenhuma consequência se não agirem de acordo com os processos estabelecidos, ou não recebem qualquer recompensa ao fazê-lo, não precisa ser um gênio para saber que nada acontecerá.

O mesmo princípio se aplica às questões de precificação. Se esperamos que os funcionários entendam a importância da gestão dos preços sem treinamento, que adotem uma nova postura sem recompensa pelo sucesso ou sem penalidade pelo fracasso, eles simplesmente continuarão fazendo aquilo que lhes dá, pessoalmente, menos dor ou mais prazer. O que precisamos fazer é vincular diretamente as ações dos vendedores ao seu próprio prazer (com alguma premiação ou bônus) ou sua própria dor (avisos ou "constrangimento"), para que eles não desperdicem o dinheiro da empresa sem que isso desencadeie qualquer tipo de consequência.

Dentro de cada pessoa, o desejo de agradar é muito forte. Se os vendedores tiverem a liberdade para deixarem os clientes satisfeitos oferecendo um desconto, é bem provável que eles farão isso. Você precisa ter estrutura, regras e controle, mas também recompensas para quando eles agirem corretamente. Mesmo os empresários podem ser levados a manter os clientes satisfeitos ao reduzir os preços, sem pensarem nas consequências dessa reação automática de curto prazo a uma pressão para baixar os preços.

RESUMO

▶ Aumentar os preços pode incomodar muitas pessoas na sua empresa. Então, você precisa investir tempo e esforço para treinar continuamente esses profissionais, canalizando seus esforços para resistirem a dar descontos para alcançar uma lucratividade maior.

▶ É crucial para qualquer empresa que queira aumentar os lucros que haja uma compreensão clara dos obstáculos a serem transpostos para se atingir esse objetivo. Isso pode ser realizado por meio de mais treinamento em finanças ou simplesmente dando mais atenção aos erros mais frequentes cometidos na precificação.

▶ Na maioria das empresas, qualquer projeto de precificação exigirá alguma mudança significativa. Da mesma forma, as pessoas envolvidas no processo devem entender quais mudanças são necessárias e por que elas precisam ser implementadas, e que haverá consequências ao resistir ou ignorar essas mudanças, assim como benefícios e recompensas por adotá-las.

◼ Colocando em prática

① Pense cuidadosamente sobre sua atitude em relação aos negócios, sua motivação para melhorar e se suas experiências podem comprometer sua disposição em explorar novas ideias e fazer mudanças.

- Preencha a planilha "Explore Your Attitude to Pricing" (Explore sua atitude em relação à precificação), faça o download no site **www.markholt.co.uk**.
- Identifique os "Derricks" da sua empresa e estabeleça níveis de autonomia para a concessão de descontos que eles (e outros) terão permissão para dar.
- Faça uma lista das pessoas de sua empresa que afetam diretamente os preços praticados e identifique aqueles que precisam de treinamento em precificação.

② Encontre um consultor local que possa ajudar a treinar o seu pessoal em precificação. Algumas sugestões:

- Associações comerciais e industriais.
- Faculdades de negócios.
- O seu próprio contador.
- O gerente do seu banco.

③ Faça o download do aplicativo "Pricing for Profit" para iPad na App Store e explore os pontos em que sua empresa pode ter o maior impacto nos lucros. Eu garanto que o preço estará no topo da lista. ●

OS GRANDES BENEFÍCIOS DE SE COMPREENDER BEM A PRECIFICAÇÃO

Até aqui, exploramos o potencial de aumento do lucro por meio de uma precificação mais inteligente, considerando inclusive outras formas de crescimento do seu negócio. Também analisamos os principais motivos pelos quais as pessoas resistem a aumentar os preços e, por isso, não conseguem explorar todo o potencial de lucro da empresa.

Este capítulo abrange quatro pequenos estudos de caso que destacam algumas das dificuldades de se implementar mudanças de uma forma geral e, mais especificamente, destacam a questão da precificação. Visite o site **www.markholt.co.uk** e baixe os estudos de caso completos.

> ### TÓPICOS DO CAPÍTULO
>
> ▶ Entendendo o que você realmente cobra hoje.
> ▶ Aumentando o preço anunciado (mas com valor agregado).
> ▶ Como cobrar mais ao garantir valor.
> ▶ Certifique-se de que seus vendedores entendam a fórmula do lucro.

🗁 ESTUDO DE CASO

A Fine Worldwide Goods Limited (FWG) era um negócio que oferecia serviços de segurança para uma ampla gama de clientes e faturava £1,5 milhões. Eles estavam indo bem, gerando lucros e sobrevivendo dentro do seu mercado regional. Porém, os três diretores da empresa estavam preocupados porque ela não mantinha sua posição de mercado e estava sob crescente pressão para entregar mais aos seus clientes, cobrando cada vez menos.

Eles iniciaram um projeto de um ano para revisar seus negócios e implementar uma série de mudanças que lhes permitiriam recuperar a posição no mercado e aumentar a lucratividade. Inúmeras questões foram levantadas, e uma grande variedade de ferramentas foi usada para pesquisar os pontos críticos, desenvolver iniciativas para lidar com esses pontos e, depois, treinar as pessoas para poderem executar as mudanças propostas. Talvez o mais revelador tenha sido a pesquisa chamada "cliente oculto".

Quando os proprietários se reuniram com os vendedores e discutiram algumas ideias, eles foram confrontados por uma série de objeções baseadas no que os concorrentes aparentemente estavam fazendo: "como podemos cobrar esse preço se a empresa X está cobrando menos?", ou "nós não podemos cobrar uma taxa por chamada, na medida em que nosso principal concorrente não cobra". Essas eram preocupações normais encontradas em qualquer projeto semelhante, mas, como de costume, baseadas puramente em evidências e suposições do que as outras empresas estavam fazendo.

Por mais que tentassem contrapor as ideias, as objeções levantadas permaneceram intactas. Então, eles aplicaram uma pesquisa do tipo "cliente oculto", usando um consultor externo. O consultor confirmou com eles quais seriam os sete principais concorrentes deles e, em seguida, fez contato com essas empresas e pediu que o encontrassem em seu escritório para apresentarem suas propostas e, eventualmente, ganhá-lo como cliente. Para que a comparação fosse possível, ele conseguiu que um dos integrantes da equipe da FWG — que não sabia quem ele era e nem que estava se passando por cliente — também apresentasse uma proposta.

Foi uma experiência reveladora para todos da FWG. Um dos oito vendedores que se apresentaram estava bêbado, mas pelo menos apareceu, o que outros dois simplesmente não fizeram! A maioria deles já foi oferecendo tudo o que poderia fazer pelo "cliente oculto", sem ter feito qualquer pergunta sobre o que o cliente queria ou em que eles poderiam ajudar. Apenas dois dos oito vendedores fizeram um *pitch* de vendas adequado e apresentaram uma proposta clara e consistente, sendo que um deles era da própria FWG e o outro era do seu maior concorrente.

Essa pesquisa produziu uma quantidade enorme de informações valiosas sobre todas as empresas concorrentes. A FWG passou a conhecer os procedimentos de seus concorrentes para abertura de clientes. Agora, eles tinham cópias dos materiais de marketing, uma boa ideia das abordagens de venda, além dos pontos críticos da concorrência. E o mais importante: eles agora tinham uma compreensão muito mais clara dos preços de seus concorrentes e das diferentes ofertas que eles apresentavam.

Quando o consultor analisou as informações com os diretores e a equipe de vendas da FWG, eles ficaram profundamente surpresos com os resultados. É claro que isso normalmente ocorre em pesquisas que utilizam "cliente oculto". É, de certa forma, compreensível que, na ausência de fatos, as pessoas assumam que os concorrentes sejam melhores e mais baratos do que realmente são e transformem essas preocupações em medos infundados.

O que a empresa descobriu nesse caso foi que seus preços não eram os mais caros e, na verdade, ofereciam o melhor custo-benefício entre todos, à exceção apenas de um de seus concorrentes. Como resultado, eles gastaram um tempo analisando os dados e aproveitando as melhores ideias dos concorrentes para melhorar as mensagens de marketing, aprimorar as propostas de venda e remodelar as ofertas para torná-las mais atraentes. O que a empresa ganhou foi a certeza de que realmente valia os preços praticados, e agora estava mais confiante para cobrar porque conhecia exatamente o serviço, a qualidade e os preços da concorrência.

Um efeito adicional dessa análise foi uma revisão detalhada do custo individual de cada produto e do preço de venda para verificar a margem de contribuição, ou lucro bruto, de cada um. Em mais de 25% dos casos, a FWG estava vendendo o produto abaixo do custo.

A empresa conseguiu identificar os produtos em que o preço real cobrado, após os descontos concedidos pelos vendedores, era menor do que o custo, quão abaixo do custo estavam e quantos desses itens foram vendidos no ano anterior. Se eles simplesmente tivessem vendido esses mesmos produtos pelo preço de custo, então a empresa teria obtido mais £100.000 de lucro naquele ano!

A ação tomada foi revisar o preço de cada produto vendido abaixo do custo e reajustá-lo, aumentando os preços e limitando os descontos.

Mais uma vez, houve uma série de fatores que afetaram os resultados gerais, mas o aumento dos preços foi o mais significativo de todos. Ao longo dos nove meses seguintes, a empresa pôde acompanhar os volumes de cada item vendido e quantificar quais receitas eles teriam obtido com os preços antigos, e comparar isso com os números de vendas realmente alcançados. O resultado foi que eles agora estavam gerando lucro de £11.000 a mais por mês, de forma que, considerado o próximo ano inteiro, isso equivaleria a mais de £130.000 em lucro adicional. Esse número representava apenas 8% do seu faturamento, mas teve o impacto de triplicar o resultado.

- Consiga os seus dados financeiros agora mesmo.
- Identifique todos os produtos que você está vendendo com prejuízo.
- O medo dos concorrentes só será vencido com a obtenção de dados reais.
- Alinhe os vendedores às mudanças e lide com as reações negativas.

■ Aumentando o preço anunciado (mas com valor agregado)

No Capítulo 1, consideramos as cinco formas de fazer um negócio crescer a seguir:

- Aumentar a *quantidade de clientes*, ou seja, ganhar mais clientes do que perder.
- Aumentar a *frequência das transações*, levando os clientes atuais a comprarem com mais frequência.
- Aumentar o *ticket médio* de cada transação, pelo aumento da qualidade do volume ou do preço.
- Aumentar os *preços* que você cobra.
- Aumentar a *eficiência do negócio*, melhorando a produtividade das pessoas ou reduzindo os custos indiretos.

🗂 ESTUDO DE CASO

No Capítulo 2, examinamos um breve estudo de caso do Dr. Fun's Amusement Park (DFAP). Fui apresentado à família que possuía e administrava esse negócio por um amigo que estava preocupado com a situação deles. Eu conhecia bem o parque, depois de tê-lo visitado com minha própria família, mas não estava ciente da situação financeira precária que seria revelada naquele encontro.

Como muitas empresas familiares, o negócio começou como um hobby, que foi crescendo ao longo dos anos. Eles começaram com um único trem a vapor e se tornaram uma grande atração turística, com cerca de 100 mil visitantes ao ano. O problema era que o parque raramente havia sido lucrativo nos 20 anos anteriores, e sobrevivia à base de empréstimos para bancar os aumentos nos preços dos aluguéis das áreas que ocupava.

Como resultado, eles não se sentiram forçados a lidar com seu fraco desempenho financeiro e sua falta de habilidade em gestão de negócios. Este é um problema real para muitas empresas cujos proprietários, CEOs, diretores e gestores não lidam com os pontos fracos de seus negócios antes do momento em que não haja mais escolha. No caso do DFAP, a recessão significava que o valor dos ativos havia caído e, com isso, a garantia oferecida ao banco também. Considerando os constantes prejuízos e endividamento crescente, o banco deu um ultimato à empresa: "tornem o negócio lucrativo neste ano ou vamos executar a cobrança ao final da temporada".

Há vários elementos nesta situação com os quais você pode estar familiarizado. Primeiro, a empresa nunca foi gerida de forma adequada. Todas as principais funções sempre foram ocupadas por membros da família – nenhum dos quais possuía grande habilidade na gestão de um negócio. Em vez disso, eles acreditaram que apenas o fato de viverem e respirarem o negócio de parques por mais de 20 anos fosse o suficiente.

Eles estavam à beira do precipício. O banco emitiu seu ultimato, e começava a assumir o controle. A retomada do negócio pelo banco e a perda da renda de toda a família era uma ameaça real, portanto, eles não tinham outra escolha a não ser levar a mudança a sério. Nesse cenário, assim como em situações semelhantes, os tomadores de decisão tendem a aceitar a orientação dada por terceiros com muito mais facilidade. É comum que muito tempo seja desperdiçado na tentativa de persuadir os proprietários de um negócio a lidarem com questões simples e óbvias sem, por exemplo, a pressão externa de um banco.

> **É IMPRESCINDÍVEL** que qualquer empresa monitore o seu próprio desempenho para que atue prontamente quando as coisas começarem a dar errado.

Felizmente, tivemos tempo. Nosso primeiro encontro aconteceu no final de fevereiro, de modo que tivemos desde o feriado da Páscoa, cerca de um mês depois, e todo o período das férias de verão para fazer as mudanças valerem. Sendo um negócio que gera recursos predominantemente à vista, o impacto das mudanças foi sentido quase que imediatamente na conta da empresa no banco. Compare isso com, digamos, uma empresa de construção em que o intervalo de tempo entre a ação e o resultado pode levar 3, 6 ou até 12 meses. A vantagem de trabalhar com um negócio em que os clientes pagam à vista é óbvia.

O único ponto negativo foi o fato de o diagnóstico ter identificado muitas deficiências; portanto, havia tanta coisa a ser feita que poderíamos sobrecarregar a família com uma quantidade excessiva de trabalho. Normalmente, um declínio gradual nos lucros é o resultado de vários pontos que requerem atenção. O problema é que muitos empresários atacam áreas com as quais se sentem mais à vontade, como atendimento ao cliente ou marketing, quando o preço é o que terá o maior e o mais rápido impacto nos resultados.

O exemplo do parque de diversões ilustra o que é possível ser feito com um projeto bem elaborado e gerenciado que busca, deliberadamente, melhorar a lucratividade do negócio. Muitas pessoas perdem esse parâmetro de vista e se concentram em aumentar o faturamento, na esperança de que isso aumente os *lucros*. Também é justo dizer que havia partes do projeto que não estavam relacionadas ao que eles cobravam pela entrada, comida, bebidas e suvenires. Por exemplo, eles descobriram – e eliminaram – o roubo de uma quantia significativa de dinheiro do negócio, o que não é o assunto deste livro. No entanto, independentemente dessas questões, o impacto maior sobre os lucros foi causado pelas alterações nos preços.

O preço da entrada era £5,95 por adulto – com uma série de variações para crianças, bebês, aposentados, passes para família ou grupos –, e a proposta era aumentar o preço em 20%. Este foi um grande salto, mas se baseou em pesquisas detalhadas sobre a concorrência e pesquisas com os clientes, nas quais eles eram indagados sobre o que mais gostaram e por que escolheram o DFAP.

Embora a família dona do parque estivesse claramente em busca de mais lucratividade, ainda foi preciso muita persuasão até que se conformassem com o aumento dos preços. A aceitação veio quando sugerimos oferecer algo a mais para justificar a elevação do preço, aumentando, desta forma, a percepção de valor da oferta. Então, tivemos a ideia de oferecer o *retorno gratuito* ao parque. Os visitantes que tivessem pagado o preço cheio da entrada poderiam retornar ao parque gratuitamente, quantas vezes quisessem, nos sete dias seguintes.

Havia preocupações sobre o monitoramento das visitas de retorno, mas as pesquisas confirmaram duas coisas. A primeira era que apenas um número insignificante de visitantes retornava, preferindo experimentar outras atrações, como as praias ou outras áreas de entretenimento gratuitas, em vez de pagar novamente para visitar algum lugar que já tivessem experimentado. Isso era importante para garantir que não perderíamos a receita obtida com a venda de entradas para clientes que retornavam. A segunda questão era o baixo gasto médio por pessoa, já que muitos visitantes traziam as comidas e as bebidas de casa para reduzir os gastos com as férias.

Uma vez implementado o retorno gratuito, comprovamos que 21% dos visitantes voltavam ao parque pelo menos mais uma vez. Outras pesquisas descobriram que esses visitantes que retornavam frequentemente ao parque iam à praia durante o dia e, quando esfriava, se dirigiam ao DFAP por uma ou duas horas ao final da tarde. Também costumavam retornar quando iam às compras nas proximidades e depois queriam levar as crianças para se divertirem um pouco. Antes da implementação do retorno gratuito, os visitantes não permaneciam no parque durante períodos mais curtos, pois teriam que pagar, de qualquer forma, o valor para um dia inteiro. Após as mudanças, eles passaram a ficar menos tempo, já que poderiam retornar sem ter que pagar outra entrada.

O aspecto mais importante da mudança foi que, embora os visitantes pudessem retornar gratuitamente, o gasto médio por pessoa apresentou um grande aumento. Nos retornos gratuitos, os clientes acabavam gastando dinheiro com comida, sorvetes, bebidas e suvenires, uma vez que não tinham que pagar pela entrada. O gasto médio passou de £8,20 para £10,40 por pessoa. O fato de ter levado duas ou mais visitas para conseguir isso não importava.

E então, qual foi o impacto no geral?

O negócio gerou £1 milhão no ano. Eles haviam perdido dinheiro por muito tempo. A contabilidade do ano, que refletiu o período no qual o projeto foi executado, mostrou lucros de £150.000 sobre um número de visitantes similar ao de períodos anteriores. Talvez o mais importante tenha sido o banco não executar a cobrança dos empréstimos e permitir que a família continuasse operando o negócio, se reestruturasse e, possivelmente, recuperasse suas finanças.

Esse caso foi uma das melhorias mais significativas, realizada em muito pouco tempo, com apenas 10 semanas de análise e trabalho árduo na implementação das mudanças. Depois disso, apenas monitoramos os números durante os períodos mais movimentados da alta-temporada para garantir que as mudanças se consolidassem, e, se necessário, reagíssemos a qualquer impacto negativo.

- Os clientes são as únicas pessoas que podem, de fato, determinar o valor do que você faz.
- Você precisa obter informações sobre como os concorrentes cobram.
- Faça pesquisas para saber por que os clientes não voltam.
- Procure agregar algum valor sempre que aumentar os preços.

Como cobrar mais ao garantir valor

🗁 ESTUDO DE CASO

Outro negócio relacionado ao turismo, a Coastline Vistas Limited (CVL), compra e aluga casas para temporada. O negócio se manteve estável por alguns anos, mas lutava para gerar um lucro razoável por conta dos custos para mantê-lo funcionando. Eles conseguiam gerenciar até 100 casas com a infraestrutura e o pessoal que possuíam, mas no momento só tinham 40 casas, o que tornava difícil aumentar o faturamento para se elevar os lucros. Era perceptível que as propriedades valiam mais do que os proprietários tinham segurança em cobrar. Na verdade, você poderia alugar uma das luxuosas casas que eles ofereciam, com quatro quartos, TVs de última geração e cozinhas totalmente equipadas, pelo mesmo preço de um trailer em um camping.

Foi sugerido um aumento no preço, de £100 por semana, em cada uma das casas – essa sugestão foi baseada na pesquisa de imóveis semelhantes na mesma região. O cliente estava compreensivelmente preocupado porque, em se tratando de aluguel para temporada, se os preços ficassem muito altos ou baixos, os valores teriam que ser mantidos por todo o período. Se o preço ficasse alto demais, você não alugaria nada e, se fosse muito baixo, era frustrante, pois você trabalharia cerca de quatro meses para não ganhar nada no final.

O que sugeri foi o acréscimo de £100 ao preço de cada semana de locação, mas com uma "Garantia Especial de Sol de Verão". A oferta era: se chover por mais da metade dos dias em que você ficar em uma das casas alugadas, você receberá £100 de volta como uma contribuição para ajudar a custear as despesas com outras atividades de lazer, já que não foi possível aproveitar o campo ou as praias de graça.

Houve uma quantidade enorme de discussões sobre como iríamos monitorar a chuva e quando os reembolsos seriam feitos, mas isso era irrelevante. Se chovesse, eles apenas devolveriam o acréscimo de £100 que haviam feito ao preço, o que não teria ocorrido senão pela concessão da garantia. Nenhum concorrente ofereceu garantia semelhante.

O objetivo dessa ação foi testar a reação dos clientes aos preços mais altos, para que pudéssemos ganhar confiança e manter, ou até mesmo aumentar, esses preços nos anos seguintes. No final, tudo não passou de uma experiência sobre como testar o mercado e explorar de qual forma a apresentação dos preços afeta as decisões de compra.

Os custos de operação do negócio não foram afetados pela mudança do preço. É possível que eles tenham perdido alguns clientes para os quais o novo preço pareceu muito alto ou para aqueles que não percebiam valor na garantia de sol. Entretanto, também é possível que eles tenham conquistado novos clientes que gostaram da ideia, o que veio a se confirmar posteriormente pelos vários relatos recebidos.

A questão mais importante, porém, é saber se, ao final, eles melhoraram a lucratividade. Nesse ano, o faturamento aumentou em £50.000 ao alugar as casas com o acréscimo de £100 por semana, durante a temporada de verão. Desse valor, ainda precisávamos deduzir os valores pagos para cobrir a garantia. Sabe quanto nós tivemos que devolver? Absolutamente nada. Felizmente, o tempo estava firme e ninguém pediu reembolso. Os negócios foram então £50.000 mais lucrativos, dobrando o resultado que teria sido obtido sem o aumento do preço.

Você pode achar que esse raciocínio não tem, a princípio, relação com o seu negócio, seja pelo tamanho ou pelo ramo de atividade. A questão é muito mais simples. O que o pessoal da CVL fez foi mudar a perspectiva sobre o negócio, passando a vê-lo como uma espécie de máquina para gerar lucro, após ter considerado diferentes ideias para melhorar os resultados. Apesar da resistência às mudanças, essa estratégia mais do que dobrou os resultados do ano. Será que eles poderiam, ou teriam, chegado a essa ideia sozinhos? E mais, será que teriam a coragem de implementá-la sem pressão externa? A resposta é não. Enquanto você lê este livro, eu garanto que surgirão muitas ideias e ações fáceis de implementar que você poderia aplicar ao seu negócio e que teriam o mesmo tipo de impacto. Contudo, se você enxergar apenas razões para não mudar, provavelmente não lucrará nem um centavo a mais.

- Aumente os preços, mas tenha uma rede de proteção para manter os clientes que se opuserem.
- Encontre formas inteligentes de apresentar o aumento dos preços.
- Calcule a quantidade de clientes que você poderá perder por causa do aumento dos preços.

■ Certifique-se de que seus vendedores entendam a fórmula do lucro

🔍 ESTUDO DE CASO

A Special Events Limited (SE Limited) era uma grande empresa, com várias filiais, lucros saudáveis e um faturamento anual de £20 milhões, tendo alcançado melhorias notáveis focando a precificação.

Eles concordaram em realizar uma série de cursos para o pessoal de linha de frente que, de uma forma ou de outra, estava envolvido na definição dos preços aos clientes. Isso incluía gestores de filiais e chefes de departamento, entre outros que participavam desse processo indiretamente, oferecendo descontos aos clientes na venda.

Era importante conscientizar todo esse pessoal para as consequências de suas ações. As sessões de treinamento revelaram inconsistências de preços entre filiais e até mesmo entre pessoas de uma mesma filial. Uma parte fundamental do projeto foi ter mais consistência nos processos de precificação e concessão de descontos na empresa como um todo.

Quando começamos, a empresa gerava uma margem de contribuição, ou lucro bruto, de 22% em todos os seus produtos. Isso equivale a dizer que, em média, para cada £78 investidas em produtos para venda, foram obtidas £100 em faturamento. Quando finalizamos o projeto, a empresa gerava uma margem de contribuição média de 27%. O faturamento nesse período continuava a avançar. Monitoramos a quantidade de consultas de vendas para garantirmos que não perderíamos vendas em consequência de darmos menos descontos. O aumento das margens equivaleu a um incremento de 6% do preço, de forma que essa ação poderia ter gerado um impacto negativo se mal administrada.

Então, qual foi o impacto no resultado final?

A margem de contribuição, ou lucro bruto, subiu de 22% para 27%. Tirando o aumento geral das vendas, isso significou que o lucro bruto em um faturamento total de £20 milhões aumentou de £4,4 para £5,4 milhões no ano, ou seja, um aumento de £1 milhão. Havia, é claro, alguns custos para lidar com o problema, nada menos do que 130 pessoas da empresa tiveram que dedicar algum tempo para participar das sessões de treinamento que as ajudariam a compreender e implementar as mudanças. Algumas alterações, bastante significativas, foram realizadas no *software* de vendas para que se tornasse possível monitorar quem dava os descontos, para quem eles eram concedidos e o porquê. Desta forma, esperava-se que fosse possível manter as mudanças acordadas. Na realidade, todos esses custos foram significativamente inferiores a £200.000, aumentando em cerca de £800.000 o resultado final. Assim, mesmo que a empresa já estivesse próxima do patamar anual de £2 milhões de lucro antes dos impostos, acrescentar mais £800 mil a essa conta, ou seja, uma melhoria de 40% no resultado, foi fantástico.

Esse lucro extra rapidamente se tornou dinheiro em caixa à medida que os pagamentos eram recebidos, o que permitiu à empresa o financiamento da sua expansão, além de investimentos em tecnologia e equipamentos.

> ▶ Meça a porcentagem de margem de contribuição que é perdida em descontos não controlados.
> ▶ O treinamento dos vendedores em precificação é fundamental para uma implementação bem-sucedida das mudanças dos preços.
> ▶ Seja consistente em cada ponto de venda e com cada funcionário no que diz respeito à forma como os preços e os descontos são aplicados.

O que você pôde ver nos exemplos deste capítulo, o que verá nos próximos e o que veria em qualquer projeto específico para aumentar os lucros é que realmente é simples fazer algumas mudanças básicas na precificação para se multiplicar a lucratividade.

Seja motivado por dificuldades financeiras ou pelo desejo de ganhar mais dinheiro para investir e crescer, ou porque os proprietários ou acionistas querem o tipo de retorno financeiro sobre o esforço e risco que merecem, o motivo não importa; a análise e as ações são as mesmas. Esses projetos mais amplos de melhoria geralmente cobrem vários aspectos, como questões de atendimento ao cliente, marketing e CRM, bem como a questão crítica da precificação. Toda empresa pode aumentar os preços simplesmente adotando uma abordagem melhor para a forma como cobra por seus produtos ou serviços. Quaisquer melhorias nessas outras áreas podem ajudar a sustentar uma postura mais firme sobre as questões de precificação.

Como consultores independentes, podemos identificar rapidamente problemas de subprecificação, ou seja, quando a empresa não tem a confiança necessária para cobrar o valor justo e não possui nenhuma sistematização na forma como o faz. Mesmo que isso pareça óbvio para nós, consultores externos, ainda assim não conseguimos persuadir os tomadores de decisão da empresa a aceitarem tais ideias, sejam eles proprietários de empresas individuais, pequenas e médias empresas ou os CEOs, diretores e gestores de grandes organizações. Como resultado, eles não veem a necessidade de ajustar os preços e adotar um raciocínio mais inteligente sobre a forma como os preços são apresentados aos clientes.

Portanto, precisamos considerar outros pontos, como: padrões de atendimento ao cliente, qualidade do produto, reputação e posição de mercado, concorrência, qualidade das atividades de vendas e marketing, e uma série de outras questões que demonstram que o valor do que você vende não está sendo adequadamente cobrado.

Há um problema no fato de que muitos tomadores de decisão só revisam esses pontos pela primeira vez depois de anos. Por um lado, aspectos como tempo, esforço e debate são aplicados à maneira como esses pontos podem ser melhorados; por outro, eleva-se o entendimento do seu impacto no lucro final. Pode ser que essa autoanálise ajude a melhorar a sua performance em áreas críticas da empresa — e que isso permita cobrar mais —, ou pode ser que esses tomadores de decisão entendam mais claramente o que já fazem e como isso se compara às outras empresas. O objetivo final é ajudar a empresa a ter a confiança e a qualidade necessárias para cobrar preços que permitam a obtenção de um lucro significativo.

Outro ponto importante que cabe destacar é que quase nenhuma empresa investe tempo suficiente na análise de *como* melhorar os lucros. Seja para enfrentar uma necessidade urgente de melhorar seu desempenho financeiro, ou simplesmente o desejo de ganhar mais dinheiro. Quase todas elas abordam o problema da melhoria do lucro de forma genérica, buscando aumentar o volume de vendas ou reduzir os custos.

O que os projetos mostrados neste capítulo fazem é desafiar o raciocínio dos tomadores de decisão, limitados por sua perspectiva interna e pelo conhecimento do seu negócio ou do seu segmento. Portanto, é crucial que você mantenha a mente aberta ao ler este livro ou, se possível, que trabalhe com alguém de fora da sua empresa para ajudá-lo a desafiar suas próprias ideias ou práticas. Essa pessoa pode ser o seu próprio contador ou até mesmo outro empresário que você conheça.

Todos os projetos que realizamos tiveram aumento dos lucros líquidos e a maior parte dessas melhorias veio das mudanças dos preços cobrados, e das mudanças na forma como essas questões eram geridas.

Não tenha dúvida de que você pode melhorar a lucratividade do seu negócio e que a precificação é por onde você deve começar.

RESUMO

▶ **Essas ideias funcionam. Os exemplos anteriores são apenas para ilustrar a rapidez e a facilidade com que os lucros podem ser aumentados se você der um pouco mais de atenção e, talvez, um pouco mais de sofisticação à questão**

dos preços na sua empresa. Você pode até dobrar os seus lucros focando a sua estratégia de preços.

▶ **Em cada um desses exemplos, os tomadores de decisão tinham preocupações razoáveis sobre a reação dos clientes e a resistência dos funcionários, mas todas se mostraram infundadas. O impacto foi enorme em todos os projetos e, em alguns casos, foi a diferença entre a sobrevivência e o fracasso.**

■ Colocando em prática

① Faça uma análise dos seus lucros e identifique as áreas em que os lucros e as perdas estão acontecendo. Até que ponto você tem pontos de venda de baixo desempenho, que estão sendo subsidiados por outros ou por alguma linha de produtos? Você tem clientes que estão fazendo você perder dinheiro?

② Identifique de 5 a 10 concorrentes principais e faça uma pesquisa de "cliente oculto".
- Reúna informações financeiras sobre seus negócios, veja quais margens eles praticam e quais resultados eles entregam.
- O que eles fazem melhor do que você e no que você é melhor do que eles.
- Com base nessas ideias, elabore três iniciativas que você possa empreender para melhorar a sua oferta aos clientes.

③ Faça o download e leia os estudos de caso completos, identificando todas as ações específicas que você poderia aplicar ao seu negócio e desenvolva um plano para adaptar e adotar as que se aplicarem.

④ Implemente esse plano. ●

COMO A MAIORIA DAS EMPRESAS PRECIFICA E POR QUE ESSES MÉTODOS ESTÃO ERRADOS

Tendo trabalhado com centenas de empresas e empresários ao longo dos anos, a mecânica de como a maioria dos preços é definida pode ser reduzida a quatro métodos principais. Precisaremos explorar cada um deles para entendê-los e para explicar seus pontos fracos. Feito isso, analisaremos o único elemento crítico da precificação, que é a compreensão do valor que os clientes atribuem ao que você faz.

Este capítulo analisa as quatro principais estratégias de precificação e, em seguida, a única que realmente funciona.

TÓPICOS DO CAPÍTULO

- ▶ Custo mais *mark-up*, o erro fundamental.
- ▶ Vender mais barato que a concorrência só destrói o seu lucro.
- ▶ O preço do ano anterior mais um "pequeno aumento", que nunca é o suficiente.
- ▶ Precificação pelo *feeling*, um tiro no escuro.

E o mais importante:

> ▶ **Valor para cada cliente, a única estratégia de precificação que realmente funciona.**

■ Custo mais *mark-up*, o erro fundamental

A falha no método de precificação do custo mais *mark-up*

O método mais comum de precificação é pegar o preço de custo e adicionar um *mark-up* percentual. Isso não funciona.

Esse método significa adicionar, digamos, 30%, 50% ou até 100% ao preço de custo daquilo que uma empresa adquire ou produz para se chegar ao preço de venda. Há várias formas complexas de se fazer isso, mas todas elas têm o mesmo problema.

🗂 ESTUDO DE CASO

Smithfield Clothing

O Sr. Smithfield dirigia uma pequena empresa que vendia roupas para o exterior. Em uma reunião, ele se queixou de que esteve muito ocupado no fim de semana e, quando indaguei o motivo, ele me disse o seguinte:

Por muitos anos ele comprou ações de um importante fornecedor. Seu volume de vendas havia crescido e agora ele estava comprando muito mais deles, então ele decidiu renegociar o custo de todas as suas compras, com base nesses volumes mais altos. Ele ficou encantado ao dizer que conseguira negociar 15% de desconto em todas as suas compras atuais.

Esse foi um ótimo resultado, mas ele não explicou por que estava tão ocupado. Ele continuou a explicar o método de precificação que usava:

Ele pegou o preço de custo de cada produto que ele vendia e dobrou esse valor para definir o preço final de venda. Por exemplo, se um item custasse £10, seria vendido a £20, gerando um lucro bruto de £10 e uma margem de 50%.

> *Tendo conseguido negociar um desconto na compra, o preço de custo de todo o seu estoque havia diminuído em 15%. Por exemplo, um produto que custava £10, agora custaria apenas £8,50 e, portanto, seria vendido a £17. Ele explicou, portanto, que precisava reavaliar todos os itens que comprou daquele fornecedor. Por isso ele estava tão ocupado.*
>
> A matemática faz sentido para mim, mas a lógica desse método de precificação é completamente errada. Então, eu trabalhei com o exemplo que ele mesmo usou para me mostrar como costumava lucrar £10, e agora ganhava apenas £8,50 – embora a margem continuasse sendo de 50%. O mesmo produto agora gerava £1,50 a menos de lucro bruto do que gerava na semana anterior. É bastante simples quando você pensa a respeito. Ele havia repassado aos clientes todos os descontos que conseguira negociando com os fornecedores, porque o preço de compra e o preço de venda estavam diretamente ligados, de forma que, como o preço de compra havia caído, o mesmo aconteceu com os lucros.

Embora esse exemplo tenha origem em métodos com uma fórmula rígida, com preços de venda atrelados ao custo, isso acontece com mais frequência quando as empresas estabelecem o que consideram "margens de lucro normais". Uma outra empresa – a Wholesale Equipment Supplies Limited (WES) – tinha uma equipe de compra focando negociar preços de compra melhores com todos os fornecedores. No entanto, a empresa havia estabelecido o que eles consideravam como margens de lucro normais em tudo que vendiam. Toda vez que negociavam um desconto no preço de compra, os vendedores repassavam tudo aos clientes aumentando o desconto no preço de venda (o Capítulo 10 aborda esse ponto). Assim, embora eles não tenham a mesma abordagem rígida como adotada pelo Sr. Smithfield, eles estabeleceram informalmente a política de uma margem de lucro *normal* e acabaram tendo o mesmo problema.

É realmente bem simples. Se os clientes atribuíram a um determinado item o valor de £20 na semana passada, isso não mudará com base em um preço de custo menor para você! Se os clientes de Smithfield ficaram felizes em comprar o par de calças à prova d'água por £20, isso é porque acreditavam que as calças valiam isso. O fato de o custo ter diminuído em 15% não teve nenhum impacto sobre a percepção de valor dos clientes, até porque eles nem sabiam qual era o preço de custo anterior.

Curiosamente, o que com frequência comprova que esse tipo de abordagem aos preços de fato acontece nas empresas é a situação oposta. O que você acredita que a maioria dos empresários faria se os preços de custo dos produtos que eles revendem ou produzem tivessem um aumento repentino de 15%?

Quando outra empresa, a SE Limited, se viu obrigada a aumentar seus preços em 10% por conta de um aumento imposto a eles por um grande fornecedor, esse acréscimo foi recebido com muita insatisfação pelos vendedores, que disseram: "não podemos repassar esse aumento para os nossos clientes, senão todos irão embora". Muitas vezes esse tipo de argumento é aceito e alguns aumentos de preço acabam sendo absorvidos pela própria empresa, ao menos no curto prazo. Então, se a lógica de uma ligação entre o preço de compra e o de venda não funciona quando os preços de custo sobem, por que funcionaria quando eles caem?

A maioria das empresas que conheci provavelmente teria uma opinião semelhante, de que não poderiam transferir imediatamente para os clientes um aumento no custo. Desta forma, elas entenderam que o valor para o cliente e o custo são questões desconexas, embora quando os preços de custo diminuem, muitas delas se sentem obrigadas a reduzir seus preços de venda e, às vezes, como a Smithfield ou a SE Limited, *deliberadamente* os reduzem.

Os próximos capítulos analisarão a precificação sem o vínculo direto com o custo, baseada no valor para o cliente, e oferecerão várias técnicas para você lidar com a resistência à mudança da equipe de vendas.

Vender mais barato que a concorrência só destrói o seu lucro

Muitas empresas, deliberadamente, definem seus preços em um patamar ligeiramente abaixo de seus principais concorrentes. Fazem isso na expectativa de que essa medida atraia novos clientes vindos da concorrência ou as faça conquistar aqueles que ainda estão decidindo onde comprar.

Há uma série de questões derivadas desse raciocínio, que serão tratadas em outros capítulos. No entanto, o problema fundamental dessa estratégia é que sempre há alguém disposto a fazer o que você faz, por menos dinheiro. A capacidade de ser o mais barato e ainda assim obter lucro é realmente um privilégio para poucas organizações que atingem *economias de escala* impossíveis para a maioria dos negócios. Isso inclui empresas como a Tesco e a ASDA/Walmart. Essa é uma estratégia de negócio perfeitamente legítima, mas é simplesmente impossível para os pequenos negócios, administrados pelos próprios donos, ou até para aqueles com dúzias de milhões em faturamento. No entanto, quero apenas me concentrar na precisão dos dados para contrapor o argumento de que reduzir os preços abaixo dos concorrentes é um plano viável.

É crucial envolver os vendedores na geração de ideias para dar suporte ao aumento de preços. No entanto, muitas vezes eles resistem, usando o seguinte argumento: "não podemos aumentar os preços, porque senão os nossos clientes vão comprar do concorrente XYZ, que é mais barato". Eles ainda reforçam esse argumento, dizendo que os clientes costumam falar isso nas negociações.

A primeira pergunta que faço a eles depois disso é: "como você fica sabendo o preço que o concorrente XYZ está cobrando?".

A resposta deles, na maioria dos casos, é que essa informação vem dos clientes.

O que descobrimos é que as decisões sobre preços são tomadas quase que inteiramente com base em depoimentos informais. O que piora ainda mais a situação é o fato de que o que dizem é tendencioso, pois os clientes têm um interesse claro em nos persuadir a manter os preços baixos.

É essencial reunir informações sobre os preços praticados pelos seus principais concorrentes. Em geral, isso é fácil. Com alguns telefonemas, pesquisas on-line ou até mesmo com uma pesquisa de "cliente oculto" é possível obter esses dados. Vi isso ser feito em algumas empresas para identificar inconsistências de preços entre pontos de venda e provar aos seus proprietários e gestores que o que eles supõem estar acontecendo dentro de seus negócios não é o que realmente acontece na prática. Na grande parte dos casos, as *estimativas ou expectativas* de preços, com base no feedback informal dos clientes, estavam totalmente desalinhadas com os preços reais praticados pela concorrência. Em suma, as suposições não correspondiam aos fatos. Outra vantagem desse tipo de estratégia de pesquisa é que ela gera informações sobre as atividades de marketing dos concorrentes, os procedimentos de abertura de clientes, as propostas de venda e os padrões de serviço. Tudo isso ajuda a estabelecer parâmetros mais adequados de comparação entre a proposta de valor da sua empresa e a de seus concorrentes.

Como muitas outras questões deste livro, uma parte considerável dos problemas enfrentados pelas empresas acontece porque elas tomam decisões com base em informações erradas, tendenciosas, informais ou imprecisas.

> **COLOCAR OS PREÇOS** abaixo dos da concorrência não revela a diferença entre o valor que você entrega ao cliente em comparação ao deles. Além disso, na maioria das vezes isso é feito com base em informações incorretas. Analise os fatos ou perca dinheiro.
> Meu Deus!

■ O preço do ano anterior mais um "pequeno aumento", que nunca é o suficiente

O próximo método de precificação que iremos analisar é o que se baseia nos *preços do ano anterior* e acrescenta um "pequeno aumento". Quase sempre esse pequeno acréscimo é a taxa de inflação, mas pode ser qualquer aumento arbitrário de pequena porcentagem. Infelizmente, por mais absurdo que possa parecer, às vezes a formação do preço é feita usando o preço do ano anterior, menos um *pequeno* valor. Mas, depois de ler este livro, isso nunca mais voltará a acontecer!

O problema aqui também é que o preço cobrado não está vinculado à percepção de valor para o cliente.

Se você decide aumentar o preço de venda dos seus produtos com base, digamos, no aumento da taxa de inflação, você está supondo que também haja inflação na percepção de valor do cliente. Será que, só porque a inflação foi de 3%, o cliente também aumentaria a sua percepção de valor em relação ao produto em 3%?

A taxa de inflação inclui aumento de preços em vários produtos e serviços, como energia elétrica e alimentos, por exemplo, que não refletem um aumento na percepção de valor do cliente. Isso é ainda mais verdadeiro quando a inflação aumenta mais do que os salários. Os consumidores estão menos dispostos a aceitar que os preços aumentem com base na inflação se os seus salários não aumentarem na mesma proporção.

🔎 ESTUDO DE CASO

Bright Sparks Limited

Uma grande empreiteira do setor elétrico tinha como política aumentar os preços uma vez por ano, com base na taxa de inflação. Esse aumento, que girava em torno de 3% a 5%, foi aceito pelos consumidores durante muitos anos.

No entanto, num curto espaço de tempo, dois fatos ocorreram. O primeiro, foi a elevação, em 10%, do preço do cobre, matéria-prima componente de um dos principais insumos da empresa, os cabos elétricos. Com uma taxa de inflação de 3%, mas com um dos seus principais custos de produção subindo cerca de 10%, a Bright Sparks viu os lucros serem consumidos rapidamente por essa discrepância entre a política de reajustes anuais com base na inflação e o aumento real do preço de custo.

O segundo fato, que teve impacto sobre a empresa por pelo menos dois anos, foi o congelamento dos salários que ocorreu por causa das altas taxas de desemprego. Com uma inflação na casa dos 4%, mas com os salários congelados, a tentativa da empresa de reajustar os preços com base na inflação fracassou, pois os consumidores, com a renda estagnada, não aceitaram o aumento.

A taxa de inflação talvez seja o elemento mais usado no método de precificação do tipo "preço do ano anterior mais um pequeno aumento", embora ela não esteja vinculada, no curto prazo, à realidade financeira de qualquer negócio. Esse método só funciona se a percepção de valor dos clientes sobre o que você vende também for corrigida da mesma forma. Dificuldades econômicas recentes mostraram claramente que a "inflação sobre o valor percebido" não existe, já que muitas empresas ainda não conseguem aumentar os preços diante de um aumento dos seus próprios custos, demonstrado pela taxa de inflação.

Em alguns mercados, existe até mesmo uma *deflação* na percepção de valor do cliente, à medida que o aumento da concorrência ou a melhoria da tecnologia reduzem os preços de mercado. Por exemplo, o custo de produção de um modelo de câmera digital ABC1 pode não mudar muito quando os modelos ABC2 e ABC3 forem lançados, mas o valor para o cliente do modelo ABC1 provavelmente cairá se os novos modelos lançados tiverem mais megapixels de resolução, maior velocidade de captura, ou outras funcionalidades a mais que o modelo antigo. Fazer um pequeno acréscimo para refletir a inflação ignora o fato de que seus custos reais podem ter subido bem acima da inflação, o que significa que a lucratividade cairá.

> **A PERCEPÇÃO DE VALOR** do cliente sobre um produto não muda só pelo fato da inflação ter aumentado os seus custos. Por isso, não espere conseguir repassar os seus custos mais altos sem ter que aumentar o valor percebido da sua oferta. Meu Deus!

Mesmo que você tenha pensado bastante quando definiu os preços, ao adotar o método do "preço do ano anterior mais um pequeno aumento", rapidamente os seus preços se afastarão do valor que o cliente percebe da sua oferta e se tornarão sem sentido.

▇ Precificação pelo *feeling*, um tiro no escuro

Por "precificação pelo *feeling*", não me refiro a um valor saído do nada, mas sim a uma decisão de precificação que não está diretamente ligada ao seu preço de custo, ao valor que os seus concorrentes estão cobrando, ou aos preços que você praticou no ano anterior, e que certamente não se baseou em pesquisas de mercado ou análises financeiras. Esse método de precificação é baseado simplesmente no seu *julgamento*, no seu *instinto* ou, para ser mais preciso, no seu *feeling*!

Muitas empresas prestadoras de serviços, como escritórios de advocacia, por exemplo, foram forçadas a estabelecer preços fixos pelos seus serviços, em vez de cobrar por hora trabalhada, o que até então era o mais usual. Agora, essas empresas precisam analisar antecipadamente o serviço a ser feito, estimar a quantidade de horas que será empregada e o nível dos profissionais que o trabalho exigirá para, só então, calcular o preço final a ser apresentado ao cliente. Esse cálculo exigirá um julgamento baseado na experiência. Da mesma forma, um bombeiro hidráulico pode usar a sua própria experiência para estabelecer o preço de £500 pelo conserto de uma caldeira. A questão é que, embora pareçam estar ancorados em um cálculo do trabalho necessário, essas situações acabam sendo casos de precificação pelo *feeling*, baseados na experiência prévia.

Muitas empresas definirão o preço de um determinado serviço, que parece ser o mesmo para todos os clientes, em todas as circunstâncias, esperando acertar com mais frequência do que errar.

O ponto é que, nesse método, os preços não são definidos usando um processo consciente de tomada de decisão para se estabelecer o preço *correto* ou o *preço de mercado*, mas sim usando uma estimativa baseada apenas na experiência. Isso não é, de forma alguma, a *precificação baseada no valor percebido pelo cliente*, que discutiremos a seguir.

🔍 ESTUDO DE CASO

O escritório Friendly Lawyers

Trabalhando com um escritório de advocacia, pedimos a todos os advogados que fizessem uma estimativa do valor a ser cobrado, com base em um breve resumo de problemas enfrentados pelos clientes. Os problemas apresentados foram, por exemplo, uma cobrança de dívida para os advogados da área comercial e um divórcio para os da área cível.

Embora o material distribuído a todos os advogados tenha sido o mesmo, a variação nos valores dos preços sugeridos por eles era impressionante: na maioria das situações que examinamos, o maior valor sugerido era, em média, o dobro do menor. Isso mostrou uma enorme inconsistência tanto na avaliação entre os indivíduos quanto entre as áreas. Todos podem começar com a mesma ideia geral do serviço a ser feito e as mesmas taxas de honorários por hora para os profissionais necessários, mas, dependendo de uma série de outros fatores, o preço proposto ainda irá variar muito. Isso se deve a questões como: a ocupação atual de cada advogado e, portanto, o seu desejo em arrumar mais serviço; a experiência de cada um deles na prestação de um determinado serviço; e a percepção deles em relação à concorrência. Pode também haver uma variação no preço sugerido entre os advogados por conta da sua segurança em realizar aquele trabalho, sendo alguns naturalmente mais assertivos do que outros.

Pequenas variações são compreensíveis, mas permitir aos advogados definir os preços individualmente mostrou diferenças, por exemplo, entre £5.000 e £10.000 para um mesmo serviço. Uma solução proposta foi estabelecer preços de referência para todos os serviços prestados e garantir a revisão, por outros advogados, de todas as propostas antes de serem apresentadas aos clientes. Isso melhorou a consistência e permitiu que os profissionais ajustassem os preços, para cima ou para baixo, ao discutirem o valor de cada proposta.

Não se pode simplesmente estabelecer preços baseados na experiência e no julgamento, pois reside aí um erro fundamental: o fator humano. Experiências pessoais e características individuais, como a autoconfiança, ofuscam a relevância da pesquisa e dos fatos.

Meu Deus!

Então, como as empresas deveriam precificar seus produtos e serviços?

▇ Valor para cada cliente, a única estratégia de precificação que realmente funciona

Em um mundo perfeito, você definiria um preço específico para cada cliente, com base no valor percebido que ele tem sobre cada produto ou serviço, naquele determinado momento. Isso é precificação baseada no valor.

Isso levaria em conta fatores como a capacidade de pagamento do cliente, portanto, você poderia cobrar mais de clientes que pudessem pagar mais e menos dos que não pudessem. Isso se deve não ao fato de que quem tem mais dinheiro para pagar pode desembolsar uma quantia maior, mas sim de que a percepção de valor do cliente é distorcida pela sua condição financeira. Eu nunca pensaria que voar na primeira classe vale a pena se eu tivesse que trabalhar o tanto que eu trabalho para pagar o valor da passagem, mas se eu ganhasse na loteria e tivesse £5 milhões no banco, eu poderia muito bem decidir voar de primeira classe. O produto não mudou, o valor da oferta é o mesmo, mas a minha perspectiva foi modificada. Então, o fornecedor deveria cobrar um preço mais alto só porque eu posso pagar mais? Podemos considerar também a importância do produto ou serviço naquele momento específico, de forma que, se um cliente está desesperado e precisa do produto com urgência, o preço cobrado pode ser maior do que se tivesse tempo para procurar outras opções no mercado.

Há muitos leitores que resistirão a essas ideias. Eles verão isso como levar vantagem ou, talvez, abusar das pessoas. Você pode tomar essa decisão enquanto termina de ler este livro. Você pode acreditar que as empresas devessem ter lucros que refletissem o esforço empreendido e o risco assumido diariamente ao abrirem suas portas, mas poucas conseguem isso de fato. Isso significa que a empresa precisará aproveitar as oportunidades que tiver para obter bons lucros e aceitar lucros menores, ou até perdas, em outras situações, sabendo que isso será equilibrado ao longo do tempo.

Na realidade, é muito difícil ter um preço específico para cada cliente e, portanto, acabamos adotando uma abordagem mais genérica. Eventualmente, isso evolui para uma política de preços únicos na qual todos os clientes pagam o mesmo valor, independentemente das circunstâncias. O problema com esse tipo de abordagem é o mesmo que teríamos se adotássemos uma política de uniformes de tamanho único. Nesse caso, a roupa precisaria ter o maior tamanho possível para que todos pudessem usá-la, por mais ridículo que parecesse em pessoas menores. Com o preço, a adoção de um preço único significa que os preços serão reduzidos ao menor valor possível para satisfazer os clientes mais sensíveis a ele, e estarão muito abaixo dos níveis que os melhores clientes poderiam ou aceitariam pagar.

O objetivo maior é definir os preços com base no valor para o cliente. Considere um novo modelo de smartphone, por exemplo. O custo para produzi-lo é em torno de £120. Se o fabricante adotasse uma precificação usando o método do custo mais um *mark-up*, ele poderia dobrar ou triplicar esse valor para calcular o preço de venda. Se decidisse usar a estratégia do preço do ano anterior mais um pequeno aumento, poderia pegar o preço do modelo anterior e adicionar 20% de aumento para calcular o preço do modelo mais novo. O fabricante, obviamente, quer ter o maior ganho possível e terá que fazer muitas pesquisas para saber qual é a percepção de valor do seu produto no mercado. Como comparar esse lançamento às ofertas concorrentes? Os clientes costumam gastar do próprio dinheiro ou receberão algum subsídio da empresa em que trabalham para comprar o novo smartphone? Quanto as pessoas pagariam por um smartphone que faz o que o seu faz?

Com base em informações coletadas do mercado, a Apple, por exemplo, definiu o preço do iPhone em £500. Isso conquista os chamados adotantes iniciais, ou *early adopters*, que são aqueles consumidores ávidos por terem o modelo mais recente, ou os *geeks* que querem a tecnologia mais avançada. À medida que a demanda cai ou novas versões são lançadas no mercado, o preço é gradualmente reduzido para atingir uma outra camada de clientes para os quais o valor percebido do produto é, provavelmente, menor. Eles nunca confiam apenas nas evidências informais sobre as ofertas e preços da concorrência. Eles pesquisam detalhadamente todas as alternativas concorrentes, para decidir o posicionamento de seus produtos nesse mercado tão concorrido como é o de smartphones.

Imagine um jovem que se aventura em um *showroom* de automóveis. Na frente dele está um carro esportivo, conversível e vermelho brilhante. Ele rodeia o carro, olhando toda aquela tecnologia que faz abrir as portas, estender e recolher a capota e examina cada botão disponível. O vendedor sugere a ele fazer um *test-drive* e, quando ele ouve o rugido do motor, é capaz de sentir o carro exalar velocidade.

Então eles voltam ao *showroom* e o vendedor inicia o discurso padrão de vendas, passando todas as características e benefícios, opcionais e, eventualmente, o preço e as facilidades de pagamento disponíveis.

É claro que esse jovem terá que considerar muitas outras questões antes de decidir a compra, como, por exemplo, se ele poderá comprar ou até mesmo dirigir o carro. Ele precisará levar em conta se esse modelo de carro é uma alternativa prática para quem tem filhos ou um cachorro para transportar. Ele também terá que avaliar como será percebido pelos outros, se esse tipo de carro lhe confere a imagem que aspira transmitir e, dependendo da situação, se a sua esposa ou namorada aprovaria a compra.

Pense na última vez em que você comprou um automóvel e na quantidade de aspectos que levou em consideração, para essa que é uma das compras mais caras que fazemos em nossas vidas. Você pode ter decidido que não pagaria nada a mais pela atualização do sistema de GPS, mas toparia desembolsar uma quantia adicional pelos bancos em couro. Quais perguntas você fez ao vendedor para escolher o modelo e a versão de carro que você comprou?

O que eu tenho certeza é que nem o jovem que estava olhando para o carro esportivo vermelho, e nem você quando comprou seu último carro sentaram na frente do vendedor e perguntaram: "você pode me dizer quanto custou ao fabricante produzir esse automóvel?".

Há uma questão muito simples aqui. A forma como você precifica requer um nível de pensamento e pesquisa em que poucas empresas estão dispostas a investir. Como você pode definir preços que maximizem o lucro da sua empresa sem pesquisar, analisar, testar e treinar sua equipe de vendas para responder de forma adequada às objeções dos clientes?

Para cada uma das opções, é importante pensar sobre o que você faria se as circunstâncias mudassem, como no exemplo do custo mais *mark-up*. Se o seu preço de custo subisse 25%, você espera conseguir repassar esse aumento? E se esse mesmo custo caísse 25%, você reduziria os preços, seguindo a mesma lógica?

E se você quisesse fixar seus preços apenas um pouco abaixo dos concorrentes? Se eles reduzissem os preços em 25%, você faria o mesmo? Será que poderia fazer isso? E se eles aumentassem os preços, você também o faria?

> **É O CLIENTE QUEM DECIDE** o valor do que você faz. O que você tem de custo, o que os concorrentes cobram ou o que você cobrou no ano anterior não tem impacto real sobre esse valor.
>
> Meu Deus!

RESUMO

▶ A único caminho verdadeiro para você definir o seu preço de venda é por meio da precificação baseada em valor, o que significa estabelecer o valor de cada produto para cada cliente e, então, definir o preço.

▶ O que eu vejo reiteradamente são empresas que praticam uma política de preços que é simplista demais (para facilitar o cálculo) e vinculada a alguma fórmula que ignora completamente o valor para o cliente. Para piorar a situação, quando os custos ou os preços da concorrência sobem, a maioria dessas empresas não têm a coragem de elevar os seus preços, mas não hesitam em baixá-los. Se você quiser que seus preços e lucros aumentem, precisará resolver essas questões.

▶ Assim como a maioria das coisas em negócios, tudo é uma questão de custo-benefício. O preço de custo, os preços

> da concorrência ou até mesmo fatores econômicos, como a inflação ou a taxa juros, podem influenciar as decisões sobre a precificação, mas o valor para o cliente é o único parâmetro real.

■ Colocando em prática

(1) Considere quão bem você analisa os seus preços.
- Que metodologia você usou nas últimas três mudanças de preço que fez na sua empresa? Em pelo menos uma delas, você precificou considerando a percepção de valor do cliente?
- Nas situações em você seguiu os preços da concorrência, quão bem pesquisados foram os dados?
- Se você usou alguma das quatro formas erradas de precificar, peça à sua equipe para eliminá-la e desenvolva sua própria proposta de precificação baseada em valor.

(2) Planeje como você pode fazer pesquisas que ajudarão a entender melhor suas opções:
- Identifique os seus cinco principais concorrentes.
- Faça uma pesquisa simples, on-line ou por telefone, com uma amostragem de produtos ou serviços em que você tenha concorrentes.
- Faça a pesquisa completa de "cliente oculto".
- Escolha alguns dos seus principais produtos e avalie os preços de compra e de venda dos últimos cinco anos. Observe as tendências e organize um workshop para discutir quando e como as próximas mudanças de preço deverão ser feitas.
- Estabeleça as datas de revisão dos preços para os próximos três anos. ●

ENTENDENDO A RELAÇÃO
ENTRE VALOR E CUSTO

Há um princípio que sustenta muitas das ideias usadas em precificação: o de que, para que uma venda ocorra, o comprador e o vendedor têm de concordar sobre o preço final do produto ou serviço. Isso pode parecer óbvio, mas há inúmeras situações em que eles não concordam e, mesmo assim, a venda acontece.

O que você verá neste capítulo é que o valor percebido pelo cliente é o único aspecto importante da precificação.

TÓPICOS DO CAPÍTULO

▶ Os tipos de balança de valor.

▶ O que acontece quando não há equilíbrio?

▶ Como equilibrar valor e custo.

▶ A dissipação do valor com o passar do tempo.

▶ A importância de conversar sobre valor com os clientes

O capítulo anterior examinou os métodos mais comuns de precificação e concluiu que o valor baseado na percepção do cliente é a única coisa que importa. Este capítulo abordará a questão do valor percebido em maior profundidade.

◼ Os tipos de balança de valor

O vendedor definirá o preço do produto ou serviço que venderá a partir de uma série de parâmetros que julgue relevantes, como o custo de aquisição, os custos de logística, os custos fixos e o lucro desejado. Apesar de raramente se discutir esses parâmetros nas empresas, claramente o objetivo é vender a um preço que gere algum lucro.

O cliente também faz um julgamento parecido das empresas e produtos alternativos. Eles avaliam se o valor que percebem na compra do produto ou serviço é igual ou maior que o preço que terão de pagar. Isso pode acontecer de forma simples ou até subconsciente, mas algum tipo de avaliação é feita.

Vamos ilustrar essa ideia da avaliação entre o preço e o valor percebido pelo cliente com uma balança. De um lado está o preço que o vendedor está tentando cobrar para fechar a venda. Digamos que esse preço seja de £100, portanto, a princípio, a balança penderia totalmente para uma situação de *não-venda*.

Figura 5.1 – Balança de valor #1 – NÃO-VENDA

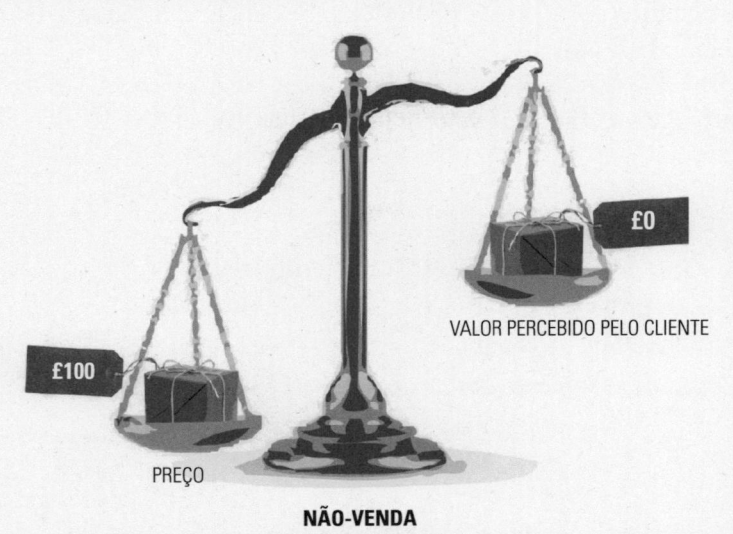

£0

VALOR PERCEBIDO PELO CLIENTE

£100

PREÇO

NÃO-VENDA

Do outro lado da balança está o *valor percebido* pelo cliente; ou seja, o preço que ele está disposto a pagar, com base na sua percepção de valor do produto ou serviço. Se esse valor percebido também fosse de £100, isso seria visto pelo cliente como um *acordo justo* e a venda possivelmente aconteceria.

Figura 5.2 – Balança de valor #2 – ACORDO JUSTO

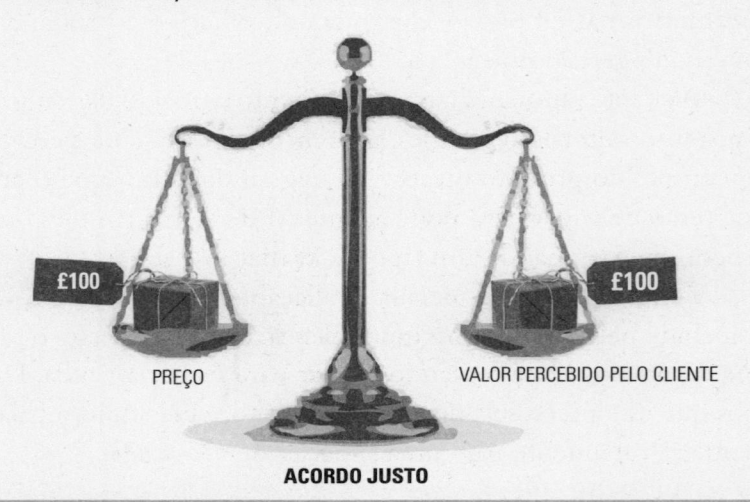

Se a percepção de valor chegasse a £120, a compra seria vista pelo cliente como uma pechincha, e a chance da venda ocorrer seria ainda maior.

Figura 5.3 – Balança de valor #3 – PECHINCHA

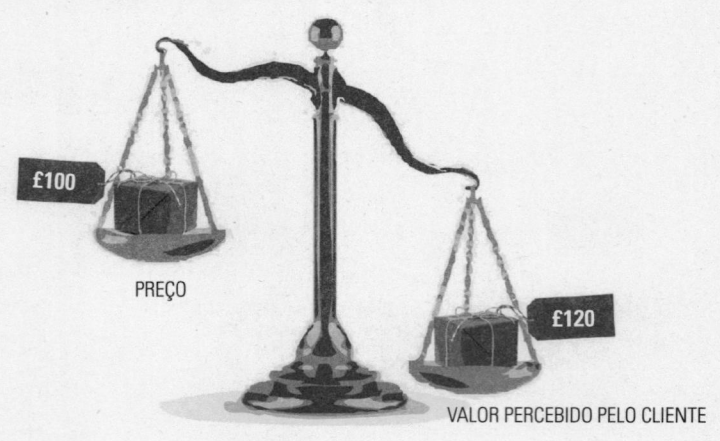

Nas situações anteriores, de acordo justo e de pechincha, em que a percepção de valor pelo cliente é igual ou superior ao preço cobrado, é possível que o comprador, ainda assim, questione o preço, como uma espécie de reação automática. Portanto, a sua equipe de vendas precisa ter cuidado para não achar que o cliente esteja, de fato, questionando o *valor da sua oferta*.

Agora, vamos supor que a percepção de valor do cliente seja, realmente, de apenas £80.

Figura 5.4 – Balança de valor #4 – NÃO-VENDA

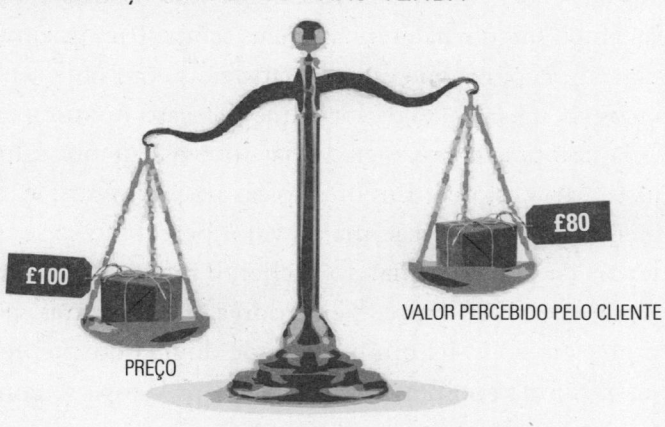

Se for esse o caso, a balança de valor não penderá para o lado que favorece a concretização da venda. O cliente simplesmente acha que o produto não vale o preço cobrado pelo vendedor e, portanto, é quase certo que a venda não seja feita.

O que acontece quando não há equilíbrio?

O mais provável de acontecer quando não há um equilíbrio entre o preço cobrado (£100, no exemplo deste capítulo) e o valor percebido (£80) é o vendedor simplesmente dar um desconto no preço (£20) para chegar ao valor que o cliente está disposto a pagar. Isso normalmente é feito com bastante frequência e sem hesitação pelos vendedores. O problema é que esse desconto tem impacto direto no resultado final e pode sacrificar a lucratividade de muitas empresas, que não compreendem bem o assunto da precificação. No Capítulo 10, abordarei com mais profundidade a questão dos descontos.

Outra possibilidade é o cliente aceitar, temporariamente, o pagamento extra de £20 e assumir o *pagamento da diferença* pelos produtos ou serviços desejados. Isso pode parecer ridículo, pois o que faria com que alguém pagasse um preço mais alto por um produto ou serviço do que ele realmente vale? Pode ser que certas pessoas simplesmente não tenham mais tempo para pesquisar, para negociar o preço, ou que estejam satisfeitas com outros produtos e serviços do mesmo vendedor e que, no caso de um item específico da compra, o preço não seja suficientemente importante para justificar o esforço. Em muitos casos, essa insatisfação com o pagamento de um preço acima do valor percebido só se materializa depois da compra, quando o cliente reflete sobre o negócio realizado ou quando outros vendedores fazem ofertas melhores. Em muitas ocasiões, há um período de dúvida do cliente, após a concretização da compra, em que ele se preocupa se comprou a coisa certa ou se pagou mais do que deveria.

O problema quando o cliente paga mais do que acha que vale é que a percepção de *valor dele* não mudou. Na verdade, ele apenas tolera esse valor mais alto em uma ou outra situação, mas a sua insatisfação permanece.

> **ACEITAR O PREÇO** não significa que o cliente esteja satisfeito com isso.

Os clientes até podem voltar a comprar passivamente, mas é possível que essa questão se torne um problema para o vendedor da próxima vez. O que deve ficar claro é que, eventualmente, um cliente pode pagar um preço mais alto do que o valor percebido, mas ficará insatisfeito e provavelmente procurará outras alternativas.

Como equilibrar valor e custo

A melhor opção para equilibrar valor e custo é explorar, de forma consciente, as percepções de valor de quem vende e de quem compra, para identificar onde estão as diferenças. Se, por exemplo, a empresa tem a percepção de que dar mais prazo para o cliente pagar é algo de muito valor, mas, por outro lado, o cliente não tem essa mesma percepção, talvez seja melhor dar um desconto à vista. Se a empresa acredita que fazer a entrega do produto no mesmo dia é um benefício fundamental, mas o cliente não, ela pode oferecer um preço mais baixo para o próprio cliente retirar o produto no estabelecimento. É muito comum o cliente não demandar uma ou mais características e benefícios incluídos na oferta, como entrega gratuita, garantias, pronta entrega, etc.

> *Eu não valorizei todas as características e benefícios em comprar da empresa porque o vendedor nunca mencionou qualquer um deles.*
>
> **Charlie Oliver**

É apenas discutindo todas essas questões que as diferenças entre as percepções de valor de cada lado serão compreendidas. Às vezes, a balança de valor pode se equilibrar simplesmente elevando-se a compreensão do cliente sobre as características e benefícios da oferta até o nível de preço que o vendedor deseja cobrar. É possível que a empresa identifique algumas características que o cliente não valoriza e as retire da oferta antes de reduzir o preço.

Então, quais são os dois problemas críticos na balança de valor?

O maior problema de todos é que essas diferenças raramente são exploradas em profundidade. A reação mais comum a qualquer diferença de opinião sobre os valores é o vendedor simplesmente reduzir o preço. Isso acontece em função da deficiência das habilidades de venda dos vendedores, além da falta de treinamento e de sistemas capazes de lidar com esse problema.

Um modelo simples que funciona muito bem é o triângulo do preço, ilustrado a seguir.

Figura 5.5 – Triângulo do preço

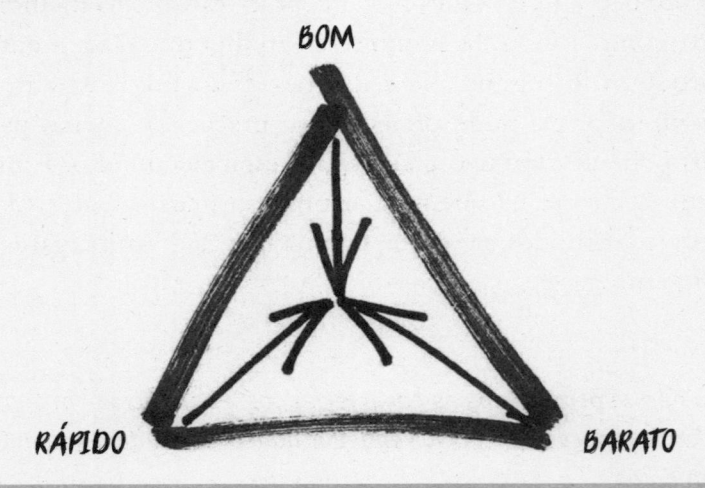

Quando o cliente, por exemplo, questiona o preço de uma nova cozinha planejada, o vendedor provavelmente responderá algo do tipo: "sim, claro, podemos negociar o preço. Vamos dar uma olhada nas opções".

Então, o vendedor desenhará o triângulo do preço e perguntará o seguinte: "qual destas questões é a mais importante para você?".

NOSSOS PREÇOS SÃO definidos para atender o nível qualidade que os nossos clientes exigem, dentro do melhor prazo possível. Eu só posso reduzir o preço se eu tiver mais tempo para entregar o serviço, digamos, usando menos pessoas para fazê-lo ou terceirizando-o. Também podemos reduzir o preço diminuindo a qualidade dos materiais utilizados, ou a qualificação da mão-de-obra.

Em outras palavras, posso fazer o serviço mais barato e mais rápido, mas ele não terá a mesma qualidade. Ou posso fazer um bom trabalho e mais barato, mas não será tão rápido. Ou, ainda, posso fazer um bom trabalho, rapidamente, mas também não posso fazê-lo barato. Então, o que é mais importante para você?

Essa lógica é um tanto óbvia para a maioria dos clientes; ou seja, se você quer um alto nível de qualidade e excelência no serviço, então terá que pagar mais por isso. Na verdade, o que os clientes querem é um meio-termo, em algum lugar no meio do triângulo, em que o produto ou serviço é entregue dentro dos padrões de qualidade, cumprindo o prazo acertado por um preço justo.

A conclusão é bem simples: se o preço é a única coisa que você negocia com o cliente, ele também será o único parâmetro que o cliente usará para tomar a decisão. Se você quiser que os clientes concordem com a visão do valor que você atribui ao que faz, então você deve discuti-la com eles e garantir que eles compreendam todas as característica e benefícios que você oferece.

Outra questão é que a *percepção* de valor do cliente determina o preço que ele está disposto a pagar. Essa percepção se baseia nas características e benefícios que ele reconhece, daí a necessidade de explorá-las como parte do processo de venda. Muitas empresas oferecem uma variedade enorme de recursos e benefícios, mas não mencionam isso aos clientes. Podem ser atributos exclusivos do produto ou serviço, ou apenas a forma como a empresa opera, mas se o cliente não os conhece, ele também não poderá atribuir-lhes valor. Veja os exemplos a seguir, e avalie se você está apresentando explicitamente as características e benefícios do seu produto ou serviço aos clientes, de forma que eles possam atribuir-lhes valor:

EXEMPLOS DE CARACTERÍSTICAS e benefícios normalmente omitidos no processo de venda:

- Oferta de crédito ao cliente: pagar em 12 parcelas ou conceder um prazo de 30 dias.
- Oferta de garantias específicas do produto: dar 14 dias para devolução do produto.
- Oferta de garantias específicas do serviço: emprestar um produto ao cliente enquanto o dele é consertado.
- Garantia contra defeitos: substituição gratuita de peças quebradas por 12 meses.
- Treinamento do cliente: ensiná-lo a extrair o melhor do produto ou serviço.
- Instalação: oferecer pessoal técnico para configurar o produto.
- Entrega imediata ou desconto se o próprio cliente retirar o produto.
- Pronta-entrega: zerar o tempo de espera para produtos críticos.
- Conhecimento técnico e experiência: orientação especializada nas compras.
- Excelência no atendimento ao cliente: funcionários amigáveis, chá e cafezinho grátis, etc.
- Atendimento 24 horas: sem demora na realização de reparos.

Existem muitos atributos e benefícios que as empresas podem oferecer aos clientes, dependendo do produto ou serviço que vendem. O erro é quando a empresa pressupõe que os clientes, mesmo os habituais, já conhecem tudo sobre seus produtos ou serviços. É fundamental partir da premissa de que eles não conhecem os atributos e benefícios do produto ou serviço, e garantir que eles sejam apresentados em algum momento do processo de venda. Se isso não for feito, como a empresa pode esperar que o cliente perceba o real valor daquilo que está sendo ofertado?

Nós sempre mantivemos um serviço de atendimento telefônico 24 horas, usando o recurso de desvio e redirecionamento de chamada, mas verificamos que nenhum de nossos vendedores falava sobre esse benefício aos clientes. Quando os questionamos sobre o porquê disso, a resposta foi que eles não queriam receber ligações no meio da noite!

David Victor – Mechanical Support Services Ltd.

A balança de valor precisa estar equilibrada para que a empresa evite ter que reduzir o preço. Mas o ponto crítico permanece: é a percepção do cliente que determina o valor, e não o custo real desse atributo.

ESTUDO DE CASO

Um cliente entra em uma empresa para ver se ela tem um produto específico. O vendedor verifica o estoque e confirma que o produto está disponível e o preço é de £500. O cliente alega que o preço está mais caro do que o de outros fornecedores. Então, o vendedor concorda e dá um de desconto de 20% para o cliente, fazendo o produto por £400.

Um diretor da empresa, que presenciava a cena, perguntou ao cliente se ele teria alguns minutos para que pudesse lhe fazer algumas perguntas. O diretor perguntou-lhe se ele sabia que a empresa oferecia uma conta empresarial que lhe dava direito a 30 dias de crédito. O cliente respondeu dizendo que isso não tinha qualquer valor para ele, já que sempre pagava à vista, em dinheiro.

Então, o diretor perguntou ao cliente se ele percebera que a empresa tinha especialistas técnicos que poderiam dizer se aquele produto que ele desejava era, de fato, o mais adequado à sua necessidade ou se haveria um modelo mais novo que o atenderia melhor. O cliente então explicou que o produto tinha sido especificado por outra pessoa e não havia qualquer possibilidade de ele comprar outro no lugar.

Então, o diretor perguntou ao cliente se ele sabia que a empresa oferecia o serviço de entrega no mesmo dia, se o pedido fosse feito até a hora do almoço, para reduzir o tempo que ele gastava procurando outros fornecedores. Ele gostou desse serviço, mas disse que nesse caso precisaria do produto naquela tarde e que, portanto, não era mais possível fazer o pedido dentro do horário.

A última pergunta foi a mais crítica:

Por fim, o diretor perguntou ao cliente se ele entendeu que a empresa mantinha £2 milhões em estoque de mercadorias para que os clientes tivessem certeza de que o produto desejado provavelmente estaria disponível? Agora sim! O cliente concordou que isso tinha muito valor para ele, já que havia visitado outros cinco fornecedores, sem sucesso.

Agora, você acha que o vendedor teria dado o desconto de £100 ao cliente se soubesse que ele já tinha visitado outros cinco fornecedores, e que o único motivo de ele estar ali era porque a empresa tinha o produto em estoque? Provavelmente não!

Esse é um exemplo extremo, mas a mensagem que ele nos passa é muito importante. Se você não considerar todos os elementos da negociação que estão do seu lado da balança de valor, é impossível para o cliente atribuir qualquer valor a esses atributos e benefícios. Se você realmente acredita que um produto vale £100, então precisa garantir que seus clientes saibam por que você acredita nisso, fazendo com que os vendedores usem todos os argumentos da oferta de valor. Se você não concorda com isso e a balança de valor ainda não está equilibrada, você pode tentar adicionar ou retirar itens da sua proposta, em vez de simplesmente reduzir o preço para se ajustar à percepção de valor do cliente.

A dissipação do valor com o passar do tempo

Um homem é acusado de um grave crime, e então decide procurar o melhor advogado que puder encontrar e diz: "livre-me dessa acusação e pagarei o que você quiser!".

O dia do julgamento chega e o homem repete sua promessa ao advogado, de *pagar o que for preciso.*

No final do julgamento, o homem é absolvido e agradece ao advogado, lembrando-o de enviar a fatura dos seus honorários e, seja lá qual for o valor, ele a pagará prontamente porque o serviço valeu cada centavo. Ele estava realmente muito preocupado em ser condenado e não teria se livrado da condenação, se não fosse pela habilidade do advogado.

O advogado, muito ocupado, demora cerca de um mês para enviar a fatura dos seus honorários, no valor de £20.000.

Quando o homem recebe a conta, fica chocado com o valor e diz que o caso dele era muito simples, que ele era claramente inocente, e que tudo que o advogado precisou fazer foi comparecer ao julgamento.

Esse caso demonstra que o valor de um produto ou serviço muda com o passar do tempo. Se o advogado tivesse dito ao cliente, desde o início, que o serviço poderia custar entre £20.000 e £30.000, ele provavelmente teria feito um cheque na hora. Ao deixar a questão do preço para depois do julgamento, o valor percebido se dissipou.

Se você já enfrentou dificuldades financeiras, esteve sob investigação da Receita Federal ou mesmo esteve diante de uma boa oportunidade de negócio, provavelmente desejou que a questão recebesse total atenção porque, naquele momento, a velocidade e a qualidade da solução são mais importantes para você do que o custo. A percepção de valor da solução no início do trabalho é muito maior do que após o seu término.

A importância de conversar sobre valor com os clientes

O mais importante é saber que o valor para o cliente talvez seja maior do que o vendedor acredita ser. Muitas vezes, ao ser indagado sobre o preço de um produto ou serviço, o vendedor simplesmente diz um número.

Agora, vamos considerar um bombeiro hidráulico, a quem foi pedido o preço para a instalação de um novo sistema de aquecimento de água. Ele apresenta um orçamento de £5.000 para executar o serviço.

Então o cliente diz: "ótimo, pensei que seria o dobro desse valor".

É claro que depois de apresentar um orçamento ao cliente é muito difícil aumentá-lo. Ao deixar de discutir os problemas que o cliente enfrentava, antes de definir o seu orçamento, o bombeiro hidráulico perdeu uma grande oportunidade. Ele poderia ter dito:

> Um novo sistema de aquecimento de água pode custar entre £5.000 e £10.000, dependendo de algumas opções para você considerar. Por exemplo, uma caldeira básica custa em torno de £3.000, mas se mais de uma pessoa na casa quiser usar o chuveiro ou a banheira ao mesmo tempo, você deverá comprar um modelo com mais capacidade. Da mesma forma, existem caldeiras um pouco mais caras, que são bem mais eficientes em termos do consumo de energia, além de serem mais seguras. Outra coisa a ser levada em consideração é o prazo para a conclusão do serviço. Eu posso usar três homens para que o serviço seja feito o mais rápido possível e com o mínimo de interrupção, ou posso oferecer um preço menor e colocar apenas um homem trabalhando, mas demorará mais. O que você prefere?

Como você pode ver, de certa forma, trata-se apenas de uma melhoria na abordagem de vendas e uma pequena variação no triângulo do preço: *bom*, *rápido* e *barato*. O ponto central é estabelecer uma faixa de preço e explorar com os clientes onde eles aceitam trabalhar e o valor das principais opções para eles. Se um cliente quiser o melhor trabalho, o mais rápido possível, ele será atraído para o topo da faixa de preço, com base no *valor* total dos vários atributos e benefícios. Na maioria das vezes, o cliente dirá: "eu esperava um preço entre £3.000 e £4.000, você pode fazer esse valor?" ou "tudo bem, eu esperava que fosse em torno de £10.000". Qualquer reação é bem-vinda, pois o objetivo dessa abordagem é obter alguma indicação da expectativa de preço do cliente.

RESUMO

▶ Conhecer os seus custos e poder estabelecer um preço que lhe permita obter lucro é uma habilidade fundamental em negócios. No entanto, isso deve vir acompanhado por uma compreensão clara do valor que você entrega ao cliente, apresentado de uma forma que o cliente possa facilmente compreender.

▶ Você deve evitar uma estrutura de preços muito simplista, baseada apenas no custo para você entregar seu produto ou serviço ou, na melhor das hipóteses, com base no que você *acha* que é a percepção de valor dos clientes. Você precisa de mecanismos para explorar o valor para cada cliente, a fim de definir um preço que funcione para ambos.

▶ Não tenha medo de definir o valor do que você está vendendo, e sempre ofereça uma opção de valor superior por um preço mais alto. O caminho para conseguir vender a preços mais altos é garantir que os clientes compreendam todos os componentes do valor, e eles só farão isso se você falar com eles.

▪ Colocando em prática

Crie uma equipe e inclua seus funcionários de vendas, finanças, produção e qualquer outra pessoa que lide diretamente com os clientes e faça o seguinte:

(1) Compile uma lista dos seus principais produtos e serviços. Você voltará a ela inúmeras vezes, então comece com os 20 itens mais lucrativos.

(2) Realize um workshop para um pequeno grupo dos profissionais, mais experientes, de vendas e produção. Peça a eles que registrem todas as características e benefícios de valor desses 20 principais itens, do ponto de vista dos clientes.

(3) Debata formas de acrescentar mais valor aos 20 principais itens. Faça com que eles definam um preço *premium* para esses itens. Envolva uma pessoa de finanças nesse trabalho.

(4) Usando essas informações, faça com que o pessoal de vendas e marketing modifique os folhetos e as páginas da internet visualizadas pelos clientes. Treine a equipe de vendas a apresentar o valor aos clientes. Isso inclui ser capaz de apresentar aos clientes o valor dos produtos e serviços que eles já compram, e também fazer a introdução da oferta *premium*.

(5) Desenvolva um programa para informar aos clientes o valor ofertado por cada um dos 20 itens principais e para informar sobre as novas ofertas *premium*.

(6) Peça à sua área financeira que monitore os lucros gerados por esses 20 itens principais. ●

AUMENTANDO O *TICKET* MÉDIO

Quando a maioria das empresas define seus preços, elas o fazem assumindo que os clientes comprarão apenas um item por vez. Entretanto, elas concordam que há um custo elevado e um grande esforço para se concluir cada venda. Todas as iniciativas de marketing e promoção, e grande parte da sua infraestrutura foram criadas na expectativa de se gerar mais vendas. Entretanto, apenas uma pequena parte desses investimentos é aplicada a cada venda.

Parte do crescimento de um negócio vem do aumento do *ticket* médio, ou seja, do preço médio de cada venda, e por isso o preço é um fator crítico para se atingir esse objetivo.

TÓPICOS DO CAPÍTULO

- ▶ As quatro formas de se aumentar o *ticket* médio.
- ▶ Usando o preço para fazer *upselling* e *cross-selling*.
- ▶ Oferecer alternativas de pacote ao cliente aumenta o *ticket* médio.
- ▶ A oferta de alternativas de preço ao cliente afeta a sua percepção de valor de todas as opções.

▶ Estabelecendo diferenciais de preço de forma adequada.

▶ O preço da dor.

As quatro formas de se aumentar o *ticket* médio

Faz sentido para a maioria dos empresários e gestores que eles explorem as oportunidades de aumento do *ticket* médio. Há quatro formas de conseguir isso:

1. Vendendo uma **quantidade maior** de itens para o cliente do que ele pretendia comprar. Por exemplo, um cliente pede três pacotes de papel A4 e o vendedor o convence a comprar uma caixa com cinco pacotes.

2. Vendendo **produtos complementares** *(cross-selling)* durante o processo de compra. Quando um cliente compra um livro na Amazon, por exemplo, há sempre outras sugestões em algum lugar da tela sob o título "Clientes que compraram esse produto também compraram...". Em grande parte das empresas, isso ocorre da mesma forma, quando se vende um produto principal e, depois, se acrescenta os acessórios e/ou serviços complementares. Isso acontece conosco, enquanto consumidores, ao comprarmos uma TV ou uma geladeira e recebermos a oferta de uma garantia estendida, por exemplo.

3. Persuadindo o cliente a comprar uma **versão superior** *(upselling)*, com o preço mais alto. Isso pode ser tão simples quanto oferecer um vinho mais caro do cardápio, ou fazer o *upgrade* de uma passagem aérea da classe econômica para a executiva. As concessionárias de automóveis costumam anunciar o preço da versão mais básica de seus modelos para, em seguida, convencer os clientes a comprar a versão mais cara. Um carro anunciado por £14.000 pode chegar facilmente ao preço de £25.000, na sua versão mais completa.

4. A última forma é simplesmente **cobrar mais** pelo mesmo produto; ou seja, aumentar o preço.

Se você não aproveitar a oportunidade para aumentar o *ticket* médio enquanto a venda acontece, as chances de o cliente voltar para comprar mais são bastante reduzidas. Se você está pensando na opção 1, descrita anteriormente, existe sim a possibilidade de que os clientes voltem e comprem os itens complementares quando precisarem deles, mas também sempre há o risco de que eles comprem em outro lugar.

Considere um cliente com o perfil do tipo "faça você mesmo", que queira pintar um quarto e não tem certeza da quantidade de tinta necessária para o serviço. Um site sugere que serão necessários entre 2 e 2,5 litros. Um bom vendedor de tintas diria: "compre a lata de 2,5 litros e uma lata extra de 0,5 litro por precaução. Se você não usar a segunda lata é só trazer de volta e pegar o reembolso total". Muitas empresas oferecem essa política de devolução, sabendo que, estatisticamente, poucos clientes retornam, mesmo que não usem os produtos. Se não houver essa insistência para que os clientes comprem outros itens na primeira venda, muitos deles não voltarão para gastar mais, seja porque resolveram o problema de outra forma ou porque compraram em outro lugar.

Na opção 2, venda de **produtos complementares,** ou *cross-selling*, também há uma chance do cliente voltar para comprar itens complementares, em algum momento. Entretanto, o risco de isso não acontecer, ou do cliente comprar em outro lugar, é ainda maior. Se, por exemplo, um vendedor deixar de oferecer, no momento da compra, a garantia estendida da geladeira, as chances de que o cliente procure ativamente por esse serviço em uma empresa concorrente, ou de que aceite uma oferta automática feita por uma empresa de seguros, uma semana depois da compra, são praticamente nulas. Para qualquer tipo de produto ou serviço, se a oportunidade de vender itens complementares na primeira venda não acontecer, ela estará perdida para sempre.

E o mais importante: se você está pensando na opção 3, venda de uma **versão superior,** ou *upselling*, se você falhar em vender a versão mais cara na primeira venda, essa oportunidade estará perdida para sempre. Se o vendedor não conseguir, no momento da primeira venda, convencer o cliente a mudar da versão básica do automóvel para a mais cara, as chances do cliente voltar para comprar a versão superior são praticamente nulas, já que agora ele é proprietário de um modelo básico. Com esse tipo de *upselling*, você tem apenas uma chance de aumentar o *ticket* médio.

O que esses exemplos demonstram é a necessidade de se explorar adequadamente todas as oportunidades de *upselling* e *cross-selling* no momento da primeira venda. Algumas dessas oportunidades estão claramente relacionadas à habilidade do vendedor para apresentar e explicar os benefícios das várias alternativas disponíveis.

> **JÁ OUVI VENDEDORES** começarem uma abordagem dizendo: "eu acho que você *não vai querer* a garantia estendida para essa máquina, não é?".
>
> Mesmo que o cliente quisesse a garantia estendida, depois dessa introdução do vendedor, é improvável que ele a compre!
>
> Meu Deus!

Contudo, fazer os clientes comprarem mais quantidade, itens complementares ou versões mais caras também é uma questão de precificação dessas alternativas.

Usando o preço para fazer *upselling* e *cross-selling*

Se você puder aumentar o valor total da venda com itens adicionais ou *upgrades*, você poderá se dar ao luxo de flexibilizar o preço, já que assim reduzirá os custos de fazer uma segunda venda para o mesmo cliente e o risco de perder essa oportunidade.

Então, como as empresas fazem isso na prática?

Vejamos o exemplo de um negócio de venda, conserto e manutenção de equipamentos para jardinagem. Isso inclui itens simples, como alicates de poda, pás, etc., e se estende a cortadores de grama, aparadores de arbustos e itens mais caros, como tratores cortadores de grama.

O cliente quer um cortador de grama, mas está indeciso sobre a escolha do equipamento. O vendedor deve explorar as principais questões, como o tamanho da área do gramado a ser cortada, se é terreno plano ou não, se há muitos arbustos, se há uma fonte de eletricidade por perto, etc. Parte desse trabalho é levantar as necessidades do cliente, mas outra é obter alguma indicação do limite de preço que o cliente está disposto a pagar, mostrando as versões superiores, intermediárias e básicas, e avaliando a sua reação a cada uma delas.

Uma boa conversa reduzirá a oferta a uns poucos modelos. É óbvio que o vendedor não conseguirá vender muitas unidades de um cortador de grama, já que o cliente precisará de apenas um, mas será possível vender itens adicionais e persuadi-lo a comprar um equipamento de qualidade superior e, portanto, mais caro.

Isso poderia resumir-se nas seguintes alternativas:

1. Cortador de grama elétrico, com lâmina de 14", garantia de dois anos e cabo com 10 metros de extensão, por £149,99.

2. Cortador de grama a combustível, de empurrar, com lâmina de 16" e garantia de dois anos, por £299,99.

3. Cortador de grama a combustível, com autopropulsão, com lâmina de 18" e garantia de dois anos, por £759,99.

Vamos supor que a empresa aplique a mesma margem de contribuição, de 40%, a todas os equipamentos. Isso significa que o lucro bruto da venda isolada dessas três opções será de:

1. £60.

---

2. £120.

---

3. £304.

A empresa quer vender o equipamento mais caro para ter uma margem de contribuição maior. O vendedor precisará explicar os recursos e benefícios de cada modelo, mas também deve considerar outras questões. Suponhamos que todas as alternativas atendessem às necessidades do cliente e que, portanto, a escolha se daria com base em suas preferências individuais, poder de compra e na sua avaliação do custo-benefício.

Um equipamento a combustível precisa de mais atenção no uso e o vendedor sabe que poucos usuários são cuidadosos com a manutenção e, por isso, muitos deles têm problemas ao usar o equipamento no ano seguinte. É comum os clientes voltarem para fazer algum reparo. Enfim, o gasto que um cliente terá durante toda a vida útil do equipamento será muito maior com os modelos a combustível do que com os elétricos, mais baratos.

Então, como podemos direcionar o cliente para as opções mais caras?

E se o vendedor explicasse que cada cortador de grama a combustível vem com um kit combustível gratuito, incluindo:

- Um litro de óleo especial para o motor do cortador (preço = £9,99).
- Manutenção gratuita no primeiro ano (preço = £59,99).
- Um kit de limpeza com uma escova rígida e um raspador de metal (preço = £12,99).
- Uma folha de papel A4 plastificada com instruções sobre como manter seu cortador a combustível em boas condições e dicas de segurança, para fixar em local visível (preço = £5).

Do ponto de vista do cliente, esses itens foram avaliados em quase £88. Se você relembrar a balança de valor do capítulo anterior, este kit gratuito será muito útil na construção da percepção de valor do cliente e pode ser suficiente para persuadi-lo a escolher qualquer um dos dois cortadores a combustível, em vez do elétrico.

O vendedor também poderia fazer uma oferta em que, na compra de um cortador de grama a combustível acima de £500, o cliente ganharia um aparador de arbustos no valor de £100 (mas que custou apenas £60 para o vendedor).

Existem muitas formas de se criar pacotes que ajudem a persuadir os clientes a gastar um pouco mais com base no valor agregado a estas opções mais caras.

Agora olhe para isso pela perspectiva da empresa.

Se a empresa está preparada para dar um kit de £88 na compra de qualquer cortador de grama a combustível, por que ela não reduz o preço do cortador nesse mesmo valor, e talvez alguns clientes ainda assim comprem o kit? Existem dois problemas aí. Primeiro, conforme explicado anteriormente, muitos clientes não comprarão esses itens adicionais no momento da venda e nem voltarão depois para adquiri-los. Segundo, esses itens não custam, de fato, £88 para a empresa. Vejamos os preços de venda e os custos para a empresa de cada componente do kit combustível (Tab. 6.1):

Tabela 6.1 – Custo para a empresa e preço de venda dos componentes do kit combustível

Item	Custo para a empresa	Preço de venda
Óleo especial para o motor	£5,00	£9,99
Manutenção gratuita no primeiro ano	£20,00	£59,99
Kit de limpeza	£4,00	£12,99
Folha de papel A4 plastificada com instruções e dicas de segurança	£1,00	£5,00
TOTAL	**£30,00**	**£87,97**

Se o cliente escolher o equipamento mais caro, o lucro bruto será de £304, e mesmo com o custo do kit combustível (£30) ou do aparador de arbustos (£60), esse produto ainda será a opção mais lucrativa para a empresa.

> **É SEMPRE MELHOR** aumentar o valor percebido de uma oferta do que simplesmente reduzir o preço.

Uma empresa de produtos para soldagem criou um pacote com insumos e equipamentos de segurança que eram fornecidos gratuitamente (ou por um preço especial) somente quando um cliente comprava o equipamento de solda mais caro. O objetivo era agregar um alto valor na percepção do cliente, mas por um custo menor, em vez de simplesmente reduzir o preço para fechar a venda.

Ao criar esses pacotes, eles puderam identificar vários itens com pouca saída, alguns itens com pequenos defeitos ou com danos estéticos. Depois disso, criaram uma caixa de "Itens Surpresa". Essa caixa incluía £100 em itens de soldagem que viriam gratuitamente com as máquinas mais caras. Nas especificações da compra, havia uma declaração de que todos os itens na caixa poderiam ser usados para soldagem em geral ou para a máquina que estava sendo comprada (ou seja, não eram itens sem valor). Contudo, o que vinha na caixa era *surpresa* e o cliente só saberia o conteúdo após a compra da máquina.

Qual foi o custo dessa ação para a empresa?

A margem de contribuição para insumos e equipamentos de segurança era de 35%, portanto, o custo desses itens seria de, no máximo, £65, embora a percepção do cliente era de que eles valiam £100. Na verdade, o custo era bem menor que isso. Os itens que eles escolheram colocar na caixa surpresa estavam nas prateleiras há um bom tempo e corriam o risco de se tornarem obsoletos ou de perderem a validade. Era provável que tivessem dificuldade para vendê-los e, portanto, o custo para a empresa era pequeno, algo em torno de £25.

O resultado era a percepção de valor do kit pelo cliente de £100, mas um custo para a empresa de apenas £25.

Os clientes adoraram a ideia. Todos gostaram do elemento surpresa e do fato de que eram £100 em produtos de graça. Só isso era, muitas vezes, o suficiente para convencer os clientes a comprar as versões mais caras dos equipamentos, sem a necessidade de conceder descontos.

A Microsoft é outra empresa que oferece uma ampla gama de pacotes para os clientes. Um desses pacotes é o The Office Suite, que inclui programas bastante conhecidos como o Word, o Excel, o PowerPoint e o OneNote. Os clientes têm a opção de comprar todos esses programas separadamente por £80 cada, ou o pacote Office por apenas £100. O que a maioria dos clientes faz é somar os preços de todos os programas, que seria de £320, e depois comparar com o preço do pacote, de apenas £100.

Ainda mais interessante é o fato de a Microsoft oferecer um pacote que inclui três licenças de uso do Office por apenas £90, ou seja, é £10 *mais barato* comprar três cópias do que apenas uma.

Então, por qual motivo a empresa faria isso? A Microsoft investe quantias muito altas no desenvolvimento de seus *softwares*, mas depois disso, o custo real de cada cópia é irrelevante. Hoje em dia, todos os programas podem ser baixados em vez de ter que enviar discos físicos para instalação. Portanto, o custo de uma ou de uma dúzia de licenças é praticamente nulo. Eles sabem que muitas famílias possuem mais de um computador ou laptop e, se o preço do *software* for caro, elas provavelmente terão a licença do Office instalada apenas em uma máquina, para uso profissional ou escolar, e os demais computadores serão usados apenas para navegar na internet, acessar as redes sociais ou jogar. Portanto, a oferta de um pacote com três licenças do Office é bastante atraente para muitos clientes.

Na verdade, analisando o site da Microsoft, há uma grande variedade de pacotes para os clientes escolherem, todas elas combinando um determinado programa com vários outros.

A principal razão para se oferecer pacotes é aumentar o *ticket* médio na primeira venda, de forma que a oportunidade para se vender itens adicionais ao cliente não seja perdida. É fundamental que as empresas estejam preparadas para flexibilizarem o preço quando os clientes comprarem mais quantidade, itens adicionais ou versões mais caras, porque o lucro bruto da venda será maior. Se elas puderem manter seus preços e agregar valor à venda, adicionando itens de baixo custo, mas com alto valor percebido, melhor ainda.

O que a Microsoft faz é definir os preços dos pacotes de programas a um preço que eles sabem que irá gerar um bom lucro, mas ao mesmo tempo terão uma boa percepção de valor por parte do cliente. Então, eles aumentam substancialmente o preço individual de cada programa para fazer parecer que o pacote tem um custo-benefício excepcional. Será que eles já venderam alguma licença avulsa do Word? Provavelmente não.

Oferecer alternativas de pacote ao cliente aumenta o *ticket* médio

Em geral, as empresas reúnem suas ofertas aos clientes usando três alternativas. Essas alternativas podem ser agrupadas de acordo com o nível de qualidade, quantidade ou tamanho, conforme mostra o Quadro 6.1:

Quadro 6.1 – Alternativas para diferenciação do preço dos pacotes

Qualidade	Quantidade	Tamanho
Ouro	Pequena	Normal
Prata	Média	Grande
Bronze	Grande	Gigante

Porém, existem empresas que oferecem pacotes que não são baseados nem na qualidade ou na quantidade, mas sim em uma gama maior de alternativas. A empresa de TV a cabo Sky adota esse tipo de iniciativa quando, ao vender a assinatura básica do seu serviço, eleva o preço da oferta incluindo *upgrades* como o Sky Movies, o Sky Sports ou o Sky Entertainment Extra. A Orange Mobile também usa esse artifício, oferecendo aos clientes pacotes com nomes de animais: Dolphin, Canary, Panther, Raccoon e Camel!

O que todas essas alternativas de pacote tentam fazer é incentivar o cliente a gastar um pouco mais a cada vez, já que cada uma das alternativas de *upgrade* parece oferecer mais benefícios em relação ao que você paga, ou seja, quanto mais você gasta, mais economiza.

Muitas pesquisas têm sido feitas para se avaliar como a oferta de alternativas de pacotes impacta o comportamento de compra dos consumidores. Vamos começar analisando a oferta de níveis diferentes de qualidade, com as alternativas: ouro, prata ou bronze. Será óbvio para os clientes em potencial que, à medida que você sobe da categoria bronze para a prata, e depois para ouro, os níveis do serviço, da qualidade ou da variedade de opções aumentarão, assim como o preço também será mais caro.

É claro que o preço das alternativas deve ser diferente, já que as opções pata e ouro custarão mais caro para serem entregues e terão maior valor percebido para o cliente. Mas, além disso, existe uma psicologia subjacente sobre o motivo das pessoas escolherem cada uma dessas categorias.

Você provavelmente conhece alguém que, diante das alternativas ouro, prata ou bronze, escolheria a categoria ouro pelo fato daquilo que é o mais caro provavelmente ser a melhor opção, independentemente do custo-benefício dessa escolha. Comprar a versão ouro é uma espécie de declaração sobre quem eles são. Existem alguns clientes para os quais o preço simplesmente não importa, pois eles têm dinheiro suficiente para que essa decisão de compra não tenha qualquer impacto sobre eles, de modo que eles comprem a opção ouro apenas porque não querem se incomodar em ter que pensar sobre questões de preço ou percepção de valor para um gasto relativamente pequeno. É como pedir a um milionário para escolher entre produtos de limpeza de automóveis ouro, prata ou bronze que custam entre £20 e £40.

Por outro lado, você também pode conhecer pessoas que sempre escolheriam a opção bronze pela mesma razão, porém oposta; ou seja, são clientes sensíveis ao preço, e que adotam uma abordagem do tipo "fazer o dinheiro render" para grande parte das suas decisões de compra. Há ainda aqueles que só podem pagar o preço da versão de entrada, independentemente do custo-benefício que as opções prata ou ouro possam oferecer.

Se você não fizer nada além de oferecer alternativas em que o aumento no custo de entrega do produto ou serviço reflita exatamente o aumento no preço cobrado, uma proporção de seus clientes comprará a opção ouro, alguns prata e o restante bronze.

Se você oferecer apenas uma alternativa de preço, baseada em uma única oferta de produto ou serviço, poderá perder clientes em ambas as extremidades do espectro. Do mesmo jeito que acontece em uma política de roupas de *tamanho único*, na qual você é forçado a comprar o maior tamanho para que mais pessoas possam usar a roupa; ao oferecer uma única alternativa de preço, você também é forçado a adotar o preço mais baixo para atender à maioria de seus clientes. Quando isso acontece e você fixa os preços em patamares inferiores, você lucra menos com os clientes do tipo prata ou ouro que provavelmente existem em sua base de clientes. Por outro lado, se você fixar o preço único em um patamar muito elevado, poderá perder alguns dos seus clientes da categoria bronze. Ao oferecer várias alternativas de preço, você tem mais chances de acertar o alvo e maximizar o lucro em uma parcela maior da sua base de clientes.

Se você oferecer várias alternativas de preço, isso envolverá cada nível superior de clientes com atributos de maior valor (na percepção do cliente), por um valor adicional. Vamos ignorar a diferença real no custo das alternativas de preços, e tentar estabelecer em qual patamar você deveria colocar os preços das categorias prata e ouro para diferenciá-las da bronze?

A oferta de alternativas de preço ao cliente afeta a sua percepção de valor de todas as opções

Se qualquer uma das opções tiver um preço elevado, a percepção do custo-benefício das opções mais baratas aumenta. Digamos que o preço que você adota para a sua roupa de *tamanho único* seja de £100 e você tenha entrevistado 1.000 clientes para saber se eles achavam que esse valor representava uma boa relação custo-benefício. Você pode encontrar 500 pessoas que afirmam que sim. Entretanto, se você oferece uma opção de preço ouro de £300, uma prata de £200, e a bronze de £100, e pergunta a outros 1.000 clientes a mesma coisa, se a opção bronze apresentava uma boa relação custo-benefício para cerca de 500 entrevistados, agora essa quantidade poderá chegar a 750.

A única diferença entre uma e outra situação é que o cliente não está mais fazendo sua avaliação de valor baseado em uma única alternativa de preço, mas sim no contexto de outras duas opções, muito mais caras. Na nova situação, em que o bronze é uma alternativa bem mais barata do que as outras, ele parece oferecer uma relação custo-benefício superior às demais.

Imagine agora que as opções ouro e prata tivessem os preços de £120 e £110, respectivamente. Neste caso, a opção bronze pareceria bem pior que as outras duas, e muitos clientes pensariam em mudar para as alternativas mais caras. Nesse caso, talvez apenas uns 250 dos 1.000 entrevistados na pesquisa diriam que a opção bronze oferece uma boa relação custo-benefício.

> *A percepção de valor dos nossos clientes e, portanto, a sua disposição para comprar é afetada diretamente por qualquer comparação entre as alternativas que oferecemos a eles.*
>
> **JN – Boat Supplies Limited**

Estabelecendo diferenciais de preço de forma adequada

Então, como você define os preços para cada alternativa?

Vamos começar com uma situação em que cada alternativa represente um aumento na percepção de valor do produto ou serviço, e um acréscimo correspondente no preço. O preço da alternativa bronze é de £100. A opção prata é o dobro do preço da bronze, £200, e duas vezes mais valiosa na percepção da maioria dos clientes. A versão ouro é três vezes o preço do bronze, £300, e três vezes melhor. Em suma, prata e ouro não são, em si, alternativas *melhores* que a bronze, apenas incluem atributos de preços mais elevados.

A decisão de cada cliente seria, portanto, predominantemente afetada por sua tendência natural em relação às alternativas ouro, prata ou bronze, baseando-se no seu nível de renda, na relevância do gasto, e no seu perfil *mais gastador* ou *mais econômico*.

Há várias formas de se estabelecer adequadamente diferenças entre as alternativas de preço. Algumas delas são:

- Aumentar o preço da opção bronze para £150. Isso teria o impacto de fazer com que as opções prata e ouro parecessem muito mais valiosas, e talvez estimulasse alguns clientes bronze a buscar uma opção mais cara, ou simplesmente geraria mais lucro com os clientes bronze. Entretanto, isso poderia inviabilizar a compra para alguns deles. O exemplo do pacote Office é exatamente isso. Na realidade, a Microsoft poderia vender o programa Word separadamente por £20, mas subindo o preço para £80 faz com que o preço dos pacotes de programas pareça oferecer um excelente custo-benefício. Existem, é claro, poucas alternativas concorrentes aos produtos da Microsoft, o que faz com que eles tenham mais confiança de que os clientes gastarão um pouco mais em vez de desistirem da compra.

- Reduzir o preço das opções ouro e prata a níveis mais próximos da bronze; digamos, £275 e £175, respectivamente. Isso teria o mesmo impacto de fazer com que as duas opções parecessem muito mais valiosas, como provavelmente são. A decisão final sobre essa redução nos preços das opções ouro e prata deve basear-se na conclusão de que, mesmo vendendo por um preço menor, ainda assim as margens de contribuição dessas alternativas serão maiores do que a bronze. Eles costumavam obter £50, £100 e £150 de lucro bruto, com as versões bronze, prata e ouro; agora, com a nova precificação, esses valores serão £50, £75 e £125, respectivamente. Se eles perceberem que muitos clientes estão dispostos a mudar da versão bronze para as opções mais caras, então faz sentido reduzir os preços em favor de um montante maior.

- Mudar o preço da opção prata ligeiramente para cima ou para baixo. Ao aumentarem o preço da prata, eles lucrarão um pouco mais com os clientes que não querem a bronze, mas que não estão dispostos a pagar o preço da ouro. Por outro lado, reduzindo um pouco o preço da prata poderiam persuadir alguns clientes da bronze a subir um nível, porque a percepção de valor seria maior.

Toda empresa é única e os atributos de valor que ela pode oferecer para criar as várias alternativas de preço variam muito. Ao oferecer opções aos clientes, você ficará surpreso com a quantidade deles que farão *upgrades* e por qual o valor estarão dispostos a fazer isso. Por isso, é necessário pesquisar o que os clientes desejam e o que a concorrência está oferecendo.

A definição das alternativas de preço é um processo de tentativa e erro até se chegar aos níveis ideais de preço para você, como empresário. É só por meio de testes que você encontrará o nível máximo que seus clientes ouro estarão dispostos a pagar, e os clientes prata e bronze terão preços adequados às suas percepções de valor.

No entanto, aqui estão as questões críticas:

- Deve haver alguma diferenciação visível do produto ou serviço que reflita os diferenciais de preço que você estabeleceu. Você não pode colocar o preço da alternativa ouro

£100 a mais do que a prata, se a única diferença for uma caneta de £5. É mais razoável dizer que o preço inclui a instalação, que normalmente custa em torno de £75. Certifique-se de que as diferenças entre as alternativas sejam bem explicadas e que a percepção do *valor* oferecido reflita claramente o preço adicional.

- De preferência, o intervalo entre as duas opções mais caras deve ser menor do que o entre as duas mais baratas. É bom relembrar que cada negócio é único, e que cada pacote incluirá atributos diferentes. Mas, se a decisão é sua, então o melhor é tornar mais fácil para o cliente saltar da categoria prata para a outro, do que da bronze para a prata.

- Quando as pessoas avaliam o custo-benefício de um produto ou serviço, geralmente precisam de algum tipo de referência para julgar. Se você oferecer apenas uma opção, então, essa referência, ou *benchmark*, será uma comparação com outro concorrente, o que aumenta o risco de uma comparação desfavorável. Portanto, se você oferece três opções aos seus clientes, eles serão levados, de forma subconsciente, a comparar apenas as suas ofertas de valor. Qual delas será a escolhida tem menos importância do que o fato de que a escolha ficará restrita às suas opções. Muitas empresas criam pacotes incluindo itens adicionais que o cliente precisará, como suprimentos ou serviços pós-venda, e que simplesmente não são considerados no momento da primeira compra. Quando esses itens adicionais são explicados durante o processo de venda, o cliente tem a impressão de que, talvez, o concorrente esteja escondendo alguma coisa, não tenha sido claro durante a venda ou seus itens adicionais sejam muito caros. Oferecer três opções, em vez de uma, aumentará suas chances de venda e, muito provavelmente, irá gerar uma venda maior ou mais lucrativa para você.

- Ter uma opção mais cara faz com que as outras alternativas pareçam muito mais valiosas. Um restaurante tinha uma variedade de pratos principais entre £15 e £25. Como seria de se esperar, eles vendiam menos refeições de £25 do que as mais baratas. Então, adicionaram algumas opções de £35 ao cardápio e acompanharam as vendas nos seis meses seguintes. Nesse período, venderam poucos pratos de £35, mas a venda das refeições de £25 cresceram bastante. O que mudou foi que a percepção dos clientes sobre o custo-benefício dos pratos de £25 aumentou quando comparados com as novas opções de £35.

> **A MSL COMPUTERS LIMITED** desenvolveu uma categoria de serviço chamada *Platinum* que eles esperam nunca vender. A única função dessa nova categoria é fazer com que a alternativa *Gold*, a mais cara da empresa, pareça oferecer, comparativamente, mais valor.

Embora possa haver algum mérito em se oferecer quatro, cinco, seis ou mais opções de categorias de preço — com base na ideia de que quanto mais opções de oferta você tiver, maior a chance de acertar em cheio cada perfil de cliente —, pesquisas sugerem que quatro alternativas já são suficientes para confundir os clientes de tal forma que eles podem até desistir da compra. A maioria das pessoas consegue entender a ideia de categorização *ouro*, *prata* e *bronze*, ou *grande*, *médio* ou *pequeno*, e considera fácil encaixar-se rapidamente em uma dessas categorias, que podem ser naturalmente definidas como superior, normal ou inferior. Então, se você está pensando em agrupar seus produtos ou serviços, comece com apenas três opções.

O preço da dor

Parte do objetivo de se agrupar itens é tentar encontrar uma forma de equilibrar melhor a balança de valor, em vez de optar pelo caminho mais fácil, que é dar desconto. Como vendedor, geralmente você será mais flexível na negociação se o cliente gastar mais. Então, se você colocar alternativas mais vantajosas no lado da balança do cliente, poderá cobrar mais por isso e equilibrar o seu lado.

Contudo, manter esse equilíbrio não é algo tão simples assim, pois cada atributo adicionado ao pacote tem um custo diferente. O que as empresas precisam avaliar é o impacto que cada uma dessas adições tem sobre elas, pois quanto maior o custo do item agregado, maior também será "a dor" para quem vende.

Esse problema é conhecido como o *preço da dor.*

Você se lembra que no Capítulo 2 falamos sobre o princípio do prazer e da dor? Que as decisões de compra são tomadas para se ter prazer ou para se evitar a dor? O que um vendedor deve fazer é colocar o máximo de prazer no lado do cliente, da balança de valor, para reduzir ao máximo a sua própria dor.

Volte ao exemplo da empresa de equipamentos e suprimentos para soldagem. Um cliente quer comprar uma máquina nova, que tem o preço de £1.000, mas ele sabe que a empresa ainda pode negociar esse valor. Os vários resultados possíveis dessa negociação e o nível de dor associado a cada um deles são apresentados no quadro a seguir:

Quadro 6.2 – Níveis de prazer do cliente e de dor do vendedor em uma negociação de £1.000

A Negociação	Prazer do Cliente	Dor do Vendedor
Vender por £1.000 e dar um desconto "padrão" de 20%	Economizar £200	Perder £200 em faturamento
Vender por £1.000, mas acrescentar um kit de acessórios "grátis" no valor de £200	Bônus de £200 em produtos	Custo dos produtos do kit de £150
Vender por £1.000, mas acrescentar um ano de assistência técnica "gratuita" no valor de £200	Bônus de £200 pelo valor agregado	Custo real do serviço de, aproximadamente, £100

A Negociação	Prazer do Cliente	Dor do Vendedor
Vender por £1.000, mas dar treinamento presencial e suporte telefônico anual gratuitos	Bônus de £200 pelo valor agregado	Custo real do serviço de, aproximadamente, £50
Vender por £1.000 explicando claramente sobre o valor do produto e os benefícios de se fazer negócios com a empresa	Maior confiança em aceitar um acordo justo	Custo do tempo extra para realizar a venda de, aproximadamente, £25

Como você pode ver nas opções acima, a oferta indiscriminada de descontos é de longe a opção mais "dolorosa" para a empresa. Um desconto de £200 é £200 a menos no faturamento, £200 a menos na margem, £200 a menos em contas a receber e, finalmente, £200 a menos na conta do banco.

> **O PREÇO DOS DESCONTOS REPRESENTA,** a cada centavo, mais dor para a empresa.
> Meu Deus!

Deixar tempo suficiente para vender de forma adequada, explicar os atributos e benefícios, lidar com as objeções, apresentar condições de pagamento e prazos de entrega, etc., é, de longe, a opção mais barata de todas. No entanto, a maioria das empresas começa com a opção mais cara: dar descontos. Se elas começassem a vender melhor e incluíssem opções "gratuitas" em suas negociações, como: treinamento, serviços, produtos adicionais ou quaisquer outras ofertas, reduziriam em muito o custo para se fechar uma venda. Os descontos devem ser a última alternativa em uma negociação.

O ponto mais importante é agrupar os seus produtos e serviços em pacotes atraentes que incentivem o cliente a gastar mais, a apreciar o valor dos atributos e benefícios que você oferece, e que permitam a inclusão de itens de alto valor para o cliente e baixo custo para a empresa. Isso fará com que a sua lucratividade se multiplique.

▶ Oferecer alternativas de preço a seus clientes aumentará suas chances de fechar a venda. Embora isso exija alguma habilidade em vendas para poder explicar e persuadir os clientes a comprarem mais, se você conseguir que os seus vendedores expliquem os atributos e benefícios do que você faz, de forma mais eficaz do que eles fazem hoje, suas vendas já irão crescer.

▶ Se for possível criar alternativas de preço organizadas em pacotes ou ofertas que ofereçam uma opção básica, outra intermediária e uma mais cara, muitos clientes comprarão, naturalmente, as suas alternativas que mais se adequam a eles, e alguns escolherão as duas opções mais caras.

▶ Isso fará com que você venda mais, além de ter a possibilidade de incluir itens adicionais à sua oferta que, provavelmente, teriam menores chances de serem comprados se fossem vendidos de forma avulsa.

▶ Você precisa identificar o limite entre a dor de dar descontos e as alternativas de preço dos pacotes, para que o valor percebido pelo cliente seja superior ao custo que você tem para entregá-lo.

■ Colocando em prática

① Faça uma pesquisa de como outras empresas usam pacotes para vender seus produtos e serviços. Você deve:

- Falar com alguns gestores de outras empresas que você conhece (não seus concorrentes), e perguntar quais pacotes eles têm. Identifique as categorias ouro, prata e bronze que eles têm e verifique se há uma categoria *platinum* ou algo parecido.

- Investigar os sites dos seus concorrentes e ver quais pacotes eles oferecem e quais seriam aplicáveis aos seus produtos e serviços.

- Dar um passeio no varejo local (lojas de construção, informática, etc.) e anotar todos os pacotes que eles oferecem, como são apresentados, e os preços praticados.

(2) Agora reúna o seu pessoal que participa da precificação (vendas, produção e finanças) e elaborem juntos vários pacotes que podem ser oferecidos aos clientes e que reflitam níveis crescentes de valor. Defina um sistema de pontuação para cada pacote.

(3) Peça a seus vendedores que testem a percepção sobre esses pacotes em alguns clientes confiáveis, para refinar a oferta conforme a necessidade.

(4) Peça à equipe que desenvolva materiais de treinamento para explicar os novos pacotes e apresentá-los adequadamente a uma variedade maior de clientes, tanto aos novos quanto aos atuais. Organize seções de treinamento para todos os vendedores e apresente a nova abordagem. Isso deve incluir treinamento específico sobre como persuadir o cliente a escolher uma categoria superior, e mais cara, de produto ou serviço, e não apenas para explicar os pacotes disponíveis.

(5) Finalmente, peça ao pessoal do financeiro que monitore os resultados dessas várias novas ofertas para que você reavalie a pontuação de cada pacote de preço e acompanhe os lucros adicionais decorrentes dessa iniciativa. ●

OS CLIENTES NEM SEMPRE QUEREM O MAIS BARATO

Muitos empresários e gestores se sentem sob constante pressão dos clientes para reduzir os preços de seus produtos e serviços. Às vezes, esse sentimento nada mais é do que um medo inconsciente e infundado das reações negativas dos clientes, que já abordamos em capítulos anteriores. De fato, alguns clientes insistem em pagar menos ou até ameaçam deixar de comprar da empresa, mas esse tipo de cliente normalmente faz parte de uma minoria, e não representa o todo. Na maioria das vezes, o pedido por preços mais baixos é apenas uma tentativa do cliente de fazer uma negociação melhor, uma maneira de testar os limites do vendedor e chegar a um acordo justo.

Isso significa que a última coisa que muitos empresários pensam em fazer é aumentar os preços, pois o medo de perder clientes é real. O desafio é, portanto, saber distinguir quando esse medo tem fundamento e quando não tem.

Este capítulo discute unicamente o mito de que aumentar os preços significa, necessariamente, perder clientes.

Aumentar os preços não significa, necessariamente, perder clientes

Se uma empresa leva a sério a lucratividade, invariavelmente isso a levará a considerar o aumento dos preços em algum momento. Entretanto, empresários e gestores quase sempre evitam esses aumentos e, por isso, o ímpeto para mudar essa situação virá, normalmente, de alguém de fora da empresa, como um amigo de confiança ou um consultor.

Independentemente de quem esteja orientando a empresa sobre as vantagens de um aumento dos preços, quase sempre ouvirá o seguinte discurso: "*não podemos* aumentar os preços, isso é o que mais importa para os clientes. Vamos perdê-los se fizermos isso".

Será que os clientes realmente são tão sensíveis ao preço ou, na verdade, são esses empresários e gestores que não estão preparados para lidar com a precificação? O fato é que a maioria dos clientes não é tão sensível ao preço quanto se imagina. Alguns exemplos a seguir ilustrarão melhor essa questão.

EMPRESÁRIOS E GESTORES estão perto demais de seus negócios para analisarem a questão da precificação de forma adequada. Eles precisam analisar seus próprios hábitos de consumo em outras áreas de suas vidas para, depois, se colocarem no lugar de seus clientes. Caso contrário, seus julgamentos ficarão contaminados por aquelas poucas experiências negativas que vivenciaram no passado, com seus próprios clientes.

Meu Deus!

Pergunta 1 – Como você decidiu a compra do seu último carro?

Quando alguém fala sobre os motivos de ter escolhido uma determinada marca e modelo de automóvel, normalmente apresenta uma série de razões válidas, como:

- "Eu sempre tive automóveis da Ford."
- "Eu precisava de um carro com mais espaço, porque tenho quatro filhos e um cachorro."
- "Dirijo uns 70 mil quilômetros por ano, então preciso de um carro bastante confortável."
- "A loja ficava perto da minha casa, então era bastante conveniente."
- "Meu irmão trabalha na concessionária."
- "Esse carro tem todos os opcionais que eu queria."
- "Minha família gostou da cor."
- "Como é para trabalhar, eu precisava de um carro que passasse uma boa imagem aos clientes."

De fato, de forma consciente ou não, há uma dúzia de motivos individuais para a nossa decisão de comprar uma determinada marca e modelo de automóvel. É uma combinação de aspectos racionais e de outros puramente emocionais. A questão central é que, quando alguém sai para comprar um automóvel, um dos produtos de maior valor que qualquer um de nós terá durante a vida, dificilmente tomará essa decisão baseada exclusivamente no preço. Não importa se você pagou £50.000 ou £500 em um carro, certamente você encontraria opções mais baratas. É óbvio que o preço é parte da equação, e também é certo que não podemos pagar mais do que a nossa capacidade financeira. O importante é ter em mente que o preço é apenas um dos muitos fatores que as pessoas usam para tomar suas decisões de compra. Algumas pessoas procuram carros usados na faixa de £999 a £3.999, enquanto outras vão a concessionárias de automóveis de luxo com preços entre £25.999 e £75.999. Mesmo situadas em faixas de preço tão distintas, cada um desses grupos de pessoas poderá escolher gastar mais, ou menos. Depois de decidirem sobre a marca, o modelo, a versão e a cor do carro que irão comprar, alguns consumidores farão muitas pesquisas para garantir que não paguem mais caro pelo mesmo produto. Contudo, para a maioria dos compradores, essa não é uma decisão baseada no preço.

Pergunte a um vendedor de automóveis quantos clientes saem da concessionária gastando o que planejavam ou menos. Ele provavelmente responderá que poucos e, na verdade, um número bem maior acaba gastando mais do que pretendia, quando se depara com o carro dos sonhos brilhando na sua frente e pedindo: "me compre!".

Um elemento crucial da decisão de compra de automóveis é o fator emocional, que é mais conhecido por compra aspiracional. Nós compramos determinado automóvel pelo que acreditamos que ele nos ajudará a ser, por como seremos vistos se comparados aos nossos vizinhos, ou pelo nosso desejo subconsciente de sermos aquele casal jovem e descolado do anúncio na TV.

Então, como as indústrias definem os preços dos automóveis que fabricam? Bem, elas fazem muitas pesquisas e testes de mercado. Comparam entre si os produtos da sua própria linha para identificar o posicionamento mais adequado de cada modelo, e analisam os produtos concorrentes para saberem com quem irão competir. E, é claro, sabem exatamente quanto custa produzir cada um deles. Entretanto, na hora H, eles decidem usando o maior valor que os consumidores estiverem dispostos a pagar.

Contudo, sempre existe o perigo de, ao se tentar *adivinhar* um preço, colocá-lo em um patamar muito baixo e, com isso, haver excesso de demanda e lucros menores; ou, ainda, de cobrar um valor muito caro, e não ter vendas suficientes.

Um dos *artifícios* de precificação mais usados pelas concessionárias que vendem automóveis novos é oferecer um preço mais baixo para a versão de entrada de um modelo, digamos, um Ford Focus por £14.000. Esse preço seria bastante competitivo se comparado ao de modelos similares das outras marcas. O problema é que a concessionária teria uma margem muito pequena nessa venda. No entanto, depois que o cliente analisa com mais profundidade a versão básica do automóvel, costuma optar pela compra de uma mais cara ou acrescenta opcionais e acessórios.

A vantagem para a concessionária é que muitos desses opcionais e acessórios têm uma margem de contribuição maior do que a do próprio carro. Quantos clientes você acha que compram a versão básica do automóvel, com aquele preço promocional anunciado e não acrescentam mais nada? Meu palpite é nenhum. O que tudo isso nos diz sobre a ideia de que *todo mundo quer o mais barato*? Quando se trata de automóveis, ninguém quer o mais barato!

Há muitos aspectos relevantes na decisão de compra do consumidor, na qual o preço certamente é um deles. Mas talvez, a grande questão sobre o preço seja mais a capacidade do cliente de "poder pagar" do que o preço em si. O que isso nos mostra é que há outro ponto crítico na precificação: nem todos os clientes são iguais!

A razão pela qual há tantas variações é que cada cliente dá mais importância a certos aspectos do que a outros. Um jovem que compra o seu primeiro carro zero provavelmente só terá dinheiro suficiente para pagar pela versão básica e, provavelmente, ele verá muito mais valor em um sistema de som da marca Bose do que em um reboque, por exemplo. Já um casal com filhos pequenos poderá comprar uma versão superior, e estará mais disposto a investir em um DVD player no banco traseiro, ou no revestimento em couro dos bancos para facilitar a limpeza.

Ao oferecer todos esses modelos, opcionais e acessórios, as concessionárias de automóveis têm condições de apresentar preços quase únicos a cada cliente, entregando uma oferta exclusiva que maximize esse preço.

Observe que essa individualidade do cliente na atribuição de valor a certas características e benefícios do produto não ocorre apenas na compra de automóveis. Cada cliente da sua empresa é único e dará ênfase a diferentes aspectos do produto ou serviço que você vende.

Voltaremos aos automóveis mais tarde porque eles fornecem outros bons exemplos de estratégias de preços, já que são produtos muito caros e vêm de indústrias em que os fabricantes gastam milhões pesquisando o comportamento de compra e o processo de tomada de decisão dos consumidores para descobrir como maximizar o preço e a lucratividade.

É justo concluir que, da perspectiva do cliente, ele não procura a opção mais barata de automóvel.

Pergunta 2 – Por que você escolheu um determinado supermercado para fazer suas compras?

Novamente, para a mesma pergunta haverá inúmeras respostas e justificativas. É provável que alguns britânicos sejam clientes da sofisticada rede Waitrose, enquanto outros comprem em lojas de nível mediano, como Tesco ou Sainsbury's, e outra parcela opte por supermercados de baixo custo, como ALDI ou LIDL. Isso quer dizer que, mesmo que os produtos ofertados por essas redes sejam parecidos, os consumidores estão escolhendo opções de vários padrões (baixo, médio e alto) e com preços muito distintos.

Uma cesta básica será mais cara em algumas lojas do que em outras. A TV está repleta de campanhas publicitárias da maioria das grandes redes de supermercados, que prometem ter o menor preço. E, se o consumidor encontrar um preço menor, estão dispostos a devolver o valor pago mais um bônus de 10%, ou a usar promoções que equiparem seus preços aos da concorrência. Os supermercados dão a impressão de acreditarem que tudo é uma questão de preço. Na verdade, o que eles estão tentando fazer com esse tipo de oferta, que é restrita a um número muito limitado de produtos, é fazer o cliente ir ao estabelecimento para, um vez dentro da loja, persuadi-lo a levar outros itens que têm margens mais altas.

Vamos dar uma olhada em algumas das técnicas mais usadas:

• Você já foi em um supermercado que tem a própria padaria? Essa atividade dá pouco lucro em comparação ao custo do espaço que ocupa. Então, por que mantê-la? É porque quando somos estimulados a sentir fome, gastamos mais. Esses supermercados deixam, de forma intencional, que os aromas da padaria invadam todo o espaço da loja, em vez de neutralizar esses aromas. Compramos para satisfazer uma necessidade humana básica por alimento e os supermercados trabalham duro para estimular e tirar vantagem desse instinto.

- Para pagar pelas suas compras, quase sempre você terá de esperar alguns minutos na fila do caixa. Então, o que é que eles colocam bem ali na sua cara? Produtos de compra por impulso, como: revistas, doces, cerveja e outros itens mais baratos que os clientes acabam comprando, no último minuto. Será que os supermercados não poderiam ter mais caixas disponíveis, com mais funcionários atendendo e mais espaço para os carrinhos de compra? Sim, eles poderiam, mas eles não querem isso. Um cliente típico pode aumentar em muito o valor gasto no supermercado só pelo fato de ficar esperando na fila.

- A rede de supermercados ASDA foi pioneira no uso de *recepcionistas*, que ficavam na entrada das lojas cumprimentando os clientes, com um sorriso no rosto. Isso fazia parte da política de excelência no atendimento ao cliente, mas também tinha a função de identificar pessoas que, potencialmente, poderiam cometer furtos. Ficou comprovado que os clientes que haviam recebido uma calorosa recepção gastavam mais. O *ticket* médio por cliente quando havia recepcionistas em serviço sempre foi maior do que quando não tinha ninguém. Se o cliente estiver contente, provavelmente gastará mais e será menos sensível ao preço. Clientes insatisfeitos são menos propensos a comprar e questionam mais o preço.

O que esses exemplos demonstram é que as nossas decisões de compra não são orientadas apenas pelo preço. As reações químicas a aromas e ao paladar podem estimular vendas. Levar os clientes a um estado de espírito que os incentive a gastar, e organizar o espaço para encorajar a compra por impulso aumentará o *ticket* médio.

É importante notar que os supermercados têm uma grande vantagem sobre outros negócios. Como a maioria deles compra grandes volumes de mercadorias a preços mais baixos, são capazes de vender por preços menores. Os últimos capítulos deste livro derrubarão vários mitos que nós temos sobre a precificação nos supermercados.

Basta se afastar um pouco do que acontece em algumas lojas específicas ou das ofertas que passam na TV, e você perceberá que alguns clientes compram em lojas que oferecem preços baixos, seja pela condição financeira limitada ou por uma boa avaliação do custo-benefício. Enquanto isso, muitos outros consumidores compram em lojas cada vez mais caras, baseando-se em fatores muito mais importantes para eles, como:

- **Conveniência** – uma loja mais próxima de casa ou do trabalho.
- **Variedade de produtos** – uma loja maior que tenha tudo que possam precisar.
- **Horário de funcionamento** – ir a lojas 24 horas, porque trabalham à noite.
- **Lealdade à marca** – afiliação a clubes de vantagens, em que possam acumular pontos e troca-los por produtos ou descontos.

A rede de supermercados Tesco anuncia *uma lata de feijão por apenas £0,26*. Se você decidir ir à Tesco para comprar uma simples lata de feijão, encontrará 46 opções de escolha. Essas opções vêm em pacotes de quatro unidades, potes para geladeira e, finalmente, a opção da lata individual que, de fato, custa apenas *£0,26*.

Para garantir uma comparação objetiva, vamos analisar uma lata de feijão de 400 gramas. Algumas marcas vêm com 415 gramas e outras com 420 gramas. Portanto, para fazermos uma comparação real, vamos converter o preço para quilograma.

A opção mais barata é o Tesco Everyday Value Baked Beans com molho de tomate 420g, a um preço de £0,26 a unidade ou £0,62 por quilo. O mais caro é o Heinz Baked Beans 415g, a um preço de £0,70 a unidade ou £1,69 por quilo. Contudo, você pode simplesmente acreditar que o produto da Heinz é de melhor qualidade e, por isso, vale três vezes mais. Entre as 46 opções, há marcas que oferecem produtos com a adição de salsicha, feijão orgânico ou outros ingredientes de qualidade superior.

A questão é simples: alguns clientes vão gastar mais em uma variação do mesmo produto por qualquer razão que os motive a comprar. Embora a Tesco anuncie a lata de feijão por £0,26, são poucos os clientes que realmente comprarão essa opção só porque é a mais barata.

Esse princípio se aplica a muitos outros tipos de negócio. Anuncia-se um produto básico a um preço muito baixo, mas poucos clientes realmente compram essa opção. Embora alguns clientes sejam atraídos, num primeiro momento, pela promoção, dificilmente o preço será o único fator que usarão na decisão de compra.

Pergunta 3 – Qual encanador você escolheria?

Sua máquina de lavar roupas estragou e sua lavanderia está inundada. Você sabe, por experiência ou por recomendação, que existem quatro opções possíveis de encanador que você pode chamar, que são:

Figura 7.1 – Tipos de encanador

O EFICIENTE £100

O BOM £75

O COMUM £55

O TERRÍVEL £40

O **eficiente** é um excelente encanador. Ele atende prontamente as ligações, chega em até uma hora e tem todas as peças necessárias para fazer o reparo. Ele pergunta antes ao cliente se deve consertar ou trocar o que não está funcionando. O serviço é feito rapidamente, o equipamento é testado para garantir que o problema foi resolvido e ele ainda limpa a bagunça. Ele faz a cobrança no local e dá garantia de 100% sobre o serviço realizado.

O encanador eficiente cobra £100 pelo serviço.

O encanador **terrível** só atende depois da segunda ligação. Ele promete vir pela manhã, mas só aparece no dia seguinte, depois que você liga reclamando. Ele sugere que o problema é o motor e depois desaparece por uma hora até conseguir outro. Então ele substituiu o motor, deixa o antigo na sua casa, diz que só aceita o pagamento em dinheiro e deixa toda a bagunça para você limpar.

O serviço do encanador **terrível** custa apenas £40.

As outras duas opções de encanador são variações das duas primeiras. O encanador **comum** é um pouco melhor do que o **terrível**, mas é mais caro, sai por £55. O encanador **bom** é ainda um pouco melhor, mas cobra £75.

Como você escolheria um encanador nessa situação? Qual o impacto que cada um dos elementos a seguir teria na sua decisão?

- Prontidão na resposta.
- Comparecer aos compromissos assumidos.
- Manter peças sobressalentes no carro para evitar perder tempo indo a um fornecedor.
- Decidir entre consertar ou trocar as peças junto com você.
- Rapidez na realização do serviço.
- Testar o equipamento após o reparo.
- Limpar o local depois de concluir o serviço.
- Fazer a cobrança pelo serviço de forma clara, especificando o serviço realizado.
- Oferecer garantia pelo serviço realizado.

Obviamente, o encanador **eficiente** faz todas as coisas da forma correta e o encanador **terrível** faz apenas o mínimo necessário.

Qual deles você escolheria?

Na maioria das situações, cerca de 20% dos clientes escolherão a oferta mais cara (o **eficiente**), 35% optarão pelo encanador bom, 25% contratarão o **comum** e o os 20% restantes ficarão com a opção mais barata (o **terrível**). A realidade é que a maioria de nós está mais preocupada com que o encanador nos atenda rapidamente e resolva o problema do que em economizar.

A decisão por cada um dos tipos de encanador depende de fatores individuais de cada cliente, por exemplo: se ele precisa interromper o trabalho ou lavar os uniformes do time de futebol para o dia seguinte. Na maioria dos casos, os clientes só escolherão a opção mais barata por limitações de orçamento. Portanto, não se trata de uma decisão com base na melhor relação custo-benefício, mas sim no fato de que esses clientes não têm dinheiro suficiente para escolherem as opções mais caras.

No exemplo dado, vimos que apenas uma pequena parcela dos clientes tem o preço como principal fator de decisão. A grande maioria deles está disposta a pagar mais por um serviço que atenda às suas necessidades individuais de prazo, confiabilidade do serviço, etc. Esse princípio é válido para qualquer mercado.

> **NÃO PERMITA QUE SEUS PREÇOS** sejam nivelados por baixo, por conta de seus clientes que são sensíveis aos preços.

Uma grande empresa do setor elétrico fez uma pesquisa entre os seus clientes, em toda Europa, para descobrir quais são os fatores mais importantes na decisão de compra deles.

Eles levantaram uma grande quantidade de informações e concluíram que os seus clientes queriam três coisas, nesta ordem:

1. Entrega no prazo: entregar no prazo prometido.

   ----

2. Disponibilidade de estoque: grande variedade e disponibilidade de produtos, para que eles possam repor os principais itens rapidamente.

   ----

(3) Boa relação custo-benefício, e não o preço mais baixo.

Perceba que o preço foi a terceira coisa a aparecer na lista, e não a primeira. Além disso, quando ele foi mencionado, não se tratava simplesmente do preço em si, mas sim do valor percebido pelo cliente em relação ao preço pago. O valor recebido era a verdadeira preocupação deles.

O que esses exemplos comprovam?

Há muitos fatores, conscientes e inconscientes, envolvidos nas decisões de compra dos consumidores. Raramente eles optam pela alternativa mais barata só porque o preço é menor. Então, por que quando estamos definindo os nossos próprios preços, ignoramos completamente esse fato e presumimos que os clientes se preocupam apenas com o preço? Isso, definitivamente, não é verdade.

> *O problema é que se não deixarmos claro para os nossos clientes quais são os outros aspectos que eles poderiam e deveriam levar em consideração, então o preço será a única informação que eles têm para tomar sua decisão.*
>
> **TR – Micro Software Limited**

Se o preço é a única informação que os clientes têm, então é com base nisso que eles tomarão sua decisão. De fato, se um cliente compara os seus produtos com os da concorrência e não tem outras informações disponíveis além do preço, provavelmente ficará indignado ao pagar um valor mais alto pelo que ele acredita ser o mesmo produto. Se você quiser que os seus clientes paguem um pouco mais pelo seu produto, precisa ajudá-los a enxergar a diferença entre a sua oferta e as alternativas concorrentes.

Empresas grandes o bastante para ter muitas equipes de vendas prospectando novos negócios ou cuidando do relacionamento com os clientes poderiam fazer uma lista dos melhores argumentos, sobre a própria empresa, para que os vendedores usassem para justificar aos clientes por que eles deveriam comprar dela, e não da concorrência. Veja alguns exemplos:

- Confiabilidade dos produtos.
- Serviço acolhedor.
- Boa reputação.
- Se importar com os clientes, de fato.

Há dúzias dessas chamadas de *impacto* com argumentos que sugerem que a empresa é um ótimo lugar para se comprar. Indo um pouco mais fundo, poderíamos ter:

- Garantia de devolução do dinheiro.
- Crédito facilitado.
- Frete grátis.
- Atendimento 24 horas.
- Acesso a conhecimentos técnicos.
- Gestão on-line da conta.
- Entrega no mesmo dia em um raio de até 120 quilômetros.
- Canal direto com o seu gerente de conta.
- Empréstimo gratuito de outro equipamento enquanto o seu é consertado.

Essa lista normalmente inclui itens bastante valiosos do serviço que a empresa fornece aos clientes. O que é mais curioso é o fato de nenhum desses itens ser colocado nos materiais de vendas da empresa, nem exibidos no site, e quase nunca são apresentados ao cliente pelo vendedor.

Agora, se voltarmos ao capítulo que trata da balança de valor, você se lembrará de que, na ausência de outros elementos de valor, a única opção de negociação será baixar o preço. Simples assim. Acredite.

> **SE VOCÊ FIZER DO PREÇO** um grande problema, então ele será um grande problema.

Você precisa ajudar seus clientes a perceberem o valor dos atributos e benefícios dos seus produtos para eles, e ajudá-los a compreenderem os outros motivos pelos quais deveriam comprar de você. Se você não fizer isso, o único elemento que eles terão para decidir sobre a compra é o preço.

O que todos nós sabemos enquanto clientes é que estamos dispostos a gastar mais, quando houver uma qualidade superior ou um serviço melhor, o qual:

- Entendamos quais são os atributos e benefícios oferecidos.
- Sejamos capazes de avaliar quais atributos têm valor para nós.
- Temos a possibilidade de acrescentar ou tirar atributos ou benefícios dos produtos, da forma que desejarmos.

É uma questão crítica garantir que os clientes compreendam todas as razões positivas para comprarem de você, de forma a ajudá-lo a justificar o preço que você cobra ou pretende cobrar no futuro.

No entanto, há uma questão do tipo: o que vem antes, o ovo ou a galinha? Será que você deveria falar o preço primeiro e, só depois, descrever todos os atributos, benefícios e razões para comprar o seu produto? Ou não, talvez você devesse falar tudo sobre ele primeiro e, em seguida, informar o preço?

O mais importante é que você faça as duas coisas, ou seja, falar tanto dos atributos e benefícios quanto do preço. Há milhares de negócios que oferecem produtos e serviços excelentes, da mais alta qualidade, mas que concorrem com outras empresas, bem piores, com base apenas no preço.

Descobrimos que a melhor tática é apresentar de quatro a seis argumentos ao cliente antes de falar o preço. E antes que o cliente responda, você deve acrescentar mais alguma coisa que pareça uma oferta especial para ele.

CP – Active Games Limited

Poderíamos ilustrar essa tática com a apresentação de vendas a seguir:

> **ANTES DE TE DIZER O PREÇO** deste cortador de grama, posso te falar sobre alguns pontos importantes? Somos o maior varejista de máquinas para cortar grama desta cidade, e crescemos principalmente por causa da nossa reputação e da fidelidade dos clientes, pois garantimos a eles exatamente o que precisam. Nós compramos produtos de indústrias cuidadosamente selecionadas, e apenas depois de estarmos totalmente satisfeitos com a confiabilidade e a durabilidade de seus equipamentos. Toda máquina é conferida antes do envio ao cliente, para garantir que não falte uma única peça capaz de irritá-lo, como uma porca ou um cabo, como acontece às vezes com as lojas on-line, que oferecem descontos. Também oferecemos garantia estendida de dois anos, porque temos total confiança na qualidade de todas as máquinas que vendemos.
>
> O preço do cortador de grama que você quer é de £795, incluindo os impostos. E, se você comprar o cortador hoje ainda, entregaremos ele para você montado, abastecido e testado, pronto para usar.

Seja o conserto da máquina de lavar, a compra do cortador de grama ou a aquisição de qualquer outro produto ou serviço, toda empresa precisa descobrir quais são os seus diferenciais e desenvolver uma abordagem de vendas adequada para apresentá-los aos clientes. Se você fizer isso bem, então não tenho dúvidas de que você descobrirá rapidamente que o preço é apenas uma parte do processo de tomada de decisão do consumidor, e não o único elemento.

RESUMO

▶ **Na maioria dos casos, não é verdade que as pessoas compram a opção mais barata. De forma consciente ou inconsciente, elas levam em consideração muitos outros fatores para tomar a decisão final de comprar ou não comprar alguma coisa.**

- ▶ Você precisa identificar quais são esses fatores no caso dos seus produtos ou serviços para explicá-los melhor, inseri-los nos processos de vendas e marketing, e aperfeiçoá-los para se tornarem melhores que os da concorrência.
- ▶ Empresas que desenvolveram uma mensagem de venda clara – que incluía elementos como: disponibilidade, confiabilidade, atendimento ao cliente, rapidez na entrega, entre outros –, tornaram o preço uma questão menos relevante.
- ▶ O preço realmente não é o grande problema. *Nós é que fazemos de conta que ele é.*

▮ Colocando em prática

① Analise tudo que você comprou recentemente e se faça a seguinte pergunta:

Essas eram as opções mais baratas disponíveis, ou eu considerei (consciente ou subconscientemente) outros fatores, como a conveniência, a qualidade, a disponibilidade, a marca, etc.? Considere questões como:

- Combustível (conveniência em vez de preço).
- Refrigerante (fidelidade à marca ou resposta subconsciente ao marketing).
- Prestação de serviços como encanador ou eletricista (velocidade de resposta ou confiabilidade).
- Restaurante (reputação, ambiente, localização).
- Aparelhos domésticos (segurança/confiabilidade ou resposta ao marketing).
- Consultoria profissional como contador ou advogado (experiência ou reputação estabelecida).
- Serviços de saúde como dentista ou fisioterapeuta (ambiente limpo e higienizado ou atenção pessoal no atendimento).

Examine a sua fatura de cartão de crédito e identifique todas as compras em que você acredita que o preço foi o fator decisivo e some os valores pagos. Depois, faça o mesmo com as outras compras, as quais você levou outros fatores, além do preço, em consideração. Agora compare os dois valores.

② Depois de avaliar o que é importante você enquanto cliente nessas diversas situações de consumo, peça à sua equipe de precificação que faça o mesmo exercício usando seus próprios hábitos de consumo. Então, só depois desse exercício, examine o seu próprio negócio e faça um *brainstorming* sobre as razões pelas quais os clientes deveriam comprar da sua empresa.

③ Na sequência, coloque essa lista em ordem de importância e verifique como ela se aplica a cada um dos seus 20 principais produtos. Certifique-se de que essas razões para comprar da sua empresa apareçam nos seus materiais de vendas e sejam mencionadas nas conversas com os clientes.

④ Peça aos seus vendedores que discutam os problemas a seguir e estabeleçam um plano para incorporá-los aos processos de vendas:
- Como você maximiza o valor de cada venda? Quais perguntas são feitas com o objetivo de fazer *upselling* ou *cross-selling*?
- Que tipo de compra por impulso você pode persuadir os clientes a fazer? Como essas possibilidades são implementadas na prática, seja no caixa, no balcão de vendas ou no momento da venda em si?
- Quais medidas você toma para garantir que seus clientes estejam no melhor estado de espírito para gastar na sua empresa? Considere como eles são recebidos, tratados, se têm que esperar e o nível do serviço que receberão. ●

DERRUBANDO OS MITOS SOBRE PRECIFICAÇÃO

A forma como empresários, CEOs, diretores e gestores veem as técnicas de precificação é fruto do que viram sendo feito em outro lugar ou, em muitos casos, é uma espécie de mito. A maioria deles nunca fez qualquer pesquisa sobre o assunto, não leu nenhum livro ou sequer conversou com um especialista para ajudá-los a compreender esse ponto crucial de qualquer negócio: a precificação.

Este capítulo analisa alguns dos mitos mais comuns que afetam o modo como as empresas fazem seus preços e mudará completamente sua atitude em relação ao assunto.

TÓPICOS DO CAPÍTULO

▶ Mito 1: Clientes querem sempre o mais barato.

▶ Mito 2: A precificação do tipo "isca", ou "boi de piranha", funciona.

▶ Mito 3: Um desconto de 50% é um desconto de 50%.

▶ Mito 4: A forma como o preço é apresentado não importa.

▶ Mito 5: Todos os preços devem terminar em "9".

▶ Mito 6: A melhor pessoa para definir o preço é o vendedor.

▶ Mito 7: Definir os preços é uma decisão a ser tomada uma vez por ano.

▶ Mito 8: Todo cliente vale a pena e cada venda importa.

▶ Mito 9: Aumentar os preços leva à perda de clientes.

■ Mito 1: Clientes querem sempre o mais barato

Esse é o maior mito de todos, e todo o capítulo anterior tratou desse assunto em detalhes. Se, por acaso, você não leu o Capítulo 7, volte e leia-o agora mesmo.

Existem outros mitos a serem considerados. Os principais tomadores de decisão costumam usar termos como "isca", ou "boi de piranha", sem realmente entender as implicações financeiras das estratégias de preços que utilizam. Ou, ainda, podem ter estabelecido seus preços com sua própria percepção sobre o impacto psicológico de alguns números.

■ Mito 2: A precificação do tipo "isca", ou "boi de piranha", funciona

Um atacadista com sede na cidade de Bristol possui várias filiais espalhadas por todo o Reino Unido. Empresas com muitas filiais são ótimas para se testar o impacto de uma série de questões, pois é possível adotar táticas diferentes para cada uma delas e depois comparar os resultados. Em empresas com sede única, é bem mais difícil fazer esse tipo de análise.

A empresa de Bristol tinha uma filial em particular que era conhecida por vender alguns dos produtos mais procurados pelos clientes a preços incrivelmente baixos, enquanto as outras unidades do grupo cobravam preços muito mais elevados pelos mesmos itens.

A justificativa apresentada pelo gerente dessa filial foi a de que esses produtos eram apenas "iscas" ou "bois de piranha". Ele acreditava que, ao anunciar esses itens populares a preços muito baixos, estimularia os clientes a entrarem na loja para comprá-los e, depois, esses consumidores acabariam levando outros produtos. O gerente também achava que, se a sua loja praticasse os mesmos preços que as outras filiais, seus clientes ficariam insatisfeitos e acabariam comprando *todos* os produtos da concorrência.

A lógica dessa tática de precificação é boa: se vendermos um produto A por um preço muito baixo, podemos atrair um determinado número de clientes que, depois, comprarão os produtos B, C, D e assim por diante, o que pode valer a pena. A questão fundamental é saber se o lucro bruto gerado pela venda dos itens adicionais é maior ou menor do que o lucro perdido em função do sacrifício na margem dos produtos usados como "isca".

Como a Bristol tinha a vantagem de ter muitas filiais, ela pode comparar o volume de vendas dos itens usados como "isca" em cada unidade, e verificar o impacto dessa tática na quantidade vendida dos outros produtos.

Eles compararam os resultados de duas unidades, de tamanhos similares, em Cardiff e Birmingham. Na loja de Cardiff, cobravam £30 por uma caixa com 50 metros de fio elétrico, um produto básico, do dia a dia e de alto giro. Em Birmingham, vendiam o mesmo produto por £20.

Tabela 8.1 – Comparativo entre as filiais Cardiff e Birmingham

	Cardiff	Birmingham
Preço de Venda	£30	£20
Custo	£18	£18
Vendas por mês	100 caixas	200 caixas
Lucro bruto por mês	£1.200	£400

Os resultados mostraram que a unidade de Birmingham, mesmo tendo vendido o dobro da outra, gerou um lucro bruto de apenas £400, ou seja, um terço das £1.200 obtidas pela filial de Cardiff.

A questão, porém, é saber se a loja de Birmingham vendeu muito mais de outros produtos, de forma que o lucro bruto dessas vendas adicionais superava ou não as £800 perdidas pela venda da caixa de fios elétricos de £30, pelo valor promocional de £20.

A Bristol analisou as vendas de fios elétricos vendidos por cada uma de suas filiais, e as comparou com o volume comercializado de outros vários produtos, que o gerente de Birmingham acreditava estarem vendendo mais por causa do preço reduzido do fio elétrico. Para simplificar, comparamos as médias dos resultados de todas as outras filiais com os de Birmingham.

Tabela 8.2 – Venda mensal de fio elétrico: Outras filiais x Birmingham

Produto	Outras filiais	Birmingham
Fio elétrico (n.º de caixas)	110	200
Quadro de energia	54	48
Interruptor de luz	423	442
Eletrodomésticos	34	38
Sistemas de alarme	15	12

O resultado final foi que a quantidade de outros produtos vendidos pela filial de Birmingham estava um pouco acima, e em alguns casos até abaixo, da média das outras filiais que vendiam o fio elétrico no preço normal, mais alto. Simplesmente não era verdade que os clientes atraídos pelo preço extremamente baixo do fio elétrico estavam gastando mais em outros produtos. A conclusão, testada de várias outras formas, foi de que os clientes eram atraídos pelo preço baixo, mas isso tinha pouco ou nenhum impacto no volume de venda dos outros produtos. Alguns clientes até disseram que, às vezes, iam até a filial de Birmingham só para comprar o fio elétrico no preço promocional e adquiriam os outros itens nas lojas concorrentes.

Depois de fazerem os cálculos, verificaram que o lucro bruto perdido por causa do preço reduzido do fio elétrico não estava sendo compensado, nem superado, por qualquer ganho gerado pelas vendas de outros itens decorrentes dessa promoção. Certamente, a oferta aumentou o fluxo de clientes na filial de Birmingham, mas eles compravam apenas a oferta e depois iam embora. Essa abordagem de produto "isca" não funcionou e, na verdade, comprometeu o posicionamento de preços da Bristol, pois muitos clientes ficaram sabendo que, dependendo da filial em que comprassem, haveria uma grande diferença no preço cobrado. Clientes odeiam injustiça!

A verdade, mais uma vez, é a falta de confiança ou de conhecimento dos vendedores. Em algum lugar, eles ouviram que os supermercados vendem pão e leite como "iscas" para gerar tráfego na loja, e que, uma vez lá, esses clientes gastariam muito mais na compra de outros produtos. Por isso, esses vendedores adotaram a tática da "isca", sem as evidências financeiras necessárias para respaldá-la. O fato é que é muito mais fácil vender um produto por menos do que por *mais*. O gerente da filial de Birmingham não usou os números da melhor forma para garantir que a "isca" funcionasse.

Entretanto, há algumas situações em que essa abordagem pode funcionar. Neste caso, será necessária uma análise financeira adequada para garantir que a perda de margem em um produto seja compensada pelo ganho em outro. O que precisa ser feito é condicionar o desconto em determinado produto à compra de outros itens.

Em suma, o atacadista de materiais elétricos poderia vender o fio com o preço reduzido em uma promoção do tipo:

- Caixa com 50 metros de fio elétrico por £20 **nas compras de £200 ou mais** limitado a um máximo três caixas por cliente.
- Caixa com 50 metros de fio elétrico por £20 **na compra de um quadro de energia de £50 ou mais**.
- Caixa com 50 metros de fio elétrico por £20 para **todos os clientes cadastrados que gastam mais de £1.000 por mês**.

O preço promocional de £20 será oferecido somente aos consumidores que têm chances de voltar a comprar ou para os clientes leais que já gastam muito com a empresa. Seja qual for o seu negócio, sacrificar o preço – e, consequentemente, o lucro bruto –, na *esperança* de compensar essa perda com a venda de outros itens tem poucas chances de sucesso.

▎Mito 3: Um desconto de 50% é um desconto de 50%

Considere o que talvez seja a maior mentira de todas sobre precificação: a famosa *venda com 50% de desconto*.

Você já deve ter visto muitas vezes na TV, em outdoors ou on-line, anúncios de sofás, ternos ou cozinhas planejadas, etc., oferecendo descontos de 50% ou mais, podendo chegar a 70% sobre os preços anunciados. Esses descontos podem ser aplicados durante, por exemplo, uma "Liquidação de Verão" ou na "Black Friday", embora todos nós saibamos que a maioria dessas empresas opera esse procedimento de forma contínua.

Como essas empresas conseguem dar descontos tão altos e ainda ter lucro? Talvez elas estejam usando algumas poucas ofertas selecionadas, na esperança de atrair os clientes para a loja e fazê-los comprar outros itens mais caros. Após explorar a tática dos produtos "isca" e considerando que essas promoções de 50% de desconto normalmente afetam todo o mix de produtos, simplesmente não faz sentido dar tais descontos para se obter lucro com a venda de outros itens. As chances de o cliente comprar um segundo terno, ou uma segunda cozinha planejada, são mínimas.

O objetivo da empresa é promover uma ideia convincente, de alto valor, que faça com que os clientes venham até a loja para dar uma olhada. Eles aumentam o peso do seu lado da balança de valor dizendo para os clientes que os itens anunciados valem mais do que o preço cobrado. Os 50% de desconto são apenas uma sacada de marketing para chamar a atenção dos clientes.

Na verdade, dar desconto não faz sentido. Vejamos o exemplo de um sofá ofertado por uma loja de móveis. O anúncio mostra uma super oferta de 50% sobre o preço de tabela de £1.000, reduzindo o valor cobrado para £500. Uau! Economizar £500 na compra de um sofá parece uma verdadeira pechincha.

Agora observe atentamente essa oferta, especialmente as letras pequenas que ficam em algum canto do anúncio e você verá algo escrito, do tipo:

ESSE PRODUTO FOI DISPONIBILIZADO para venda, pelo preço de tabela, por um período de pelo menos 28 dias em uma loja no Reino Unido.

Essa informação foi introduzida pela legislação de defesa do consumidor para fazer com que as empresas parassem de anunciar um preço qualquer mais alto, só para depois poderem dar descontos de forma artificial. Isso evita que elas enganem os clientes fazendo-os pensar que fizeram um negócio melhor do que foi na realidade.

No exemplo da loja de móveis, descobri que eles poderiam adquirir um sofá do fornecedor por £300 e pretendiam vendê-lo por £500, obtendo uma margem de contribuição, ou lucro bruto, de 40%. Como a ideia era dar um desconto de 50%, então eles simplesmente dobraram o preço para o valor de £1.000. Para atender à legislação, eles colocavam o sofá à venda pelo preço de £1.000, meio escondido nos fundos de uma loja qualquer no Reino Unido para, 28 dias depois, poderem anunciá-lo com 50% de desconto. É improvável que eles tenham vendido algum sofá pelas £1.000 e, na verdade, isso é irrelevante.

Essa prática é comum em todo o Reino Unido e em vários setores, especialmente por parte de empresas que têm muitos pontos de venda e grandes verbas de publicidade. A verdade é que o desconto nesses produtos não existe. Essas empresas estão apenas se aproveitando do desejo natural dos consumidores por uma pechincha e os *fazem crer* que estão fazendo um bom negócio.

É claro que, do ponto de vista comercial, a desvantagem desse tipo de prática é que as empresas estão condicionando os consumidores a acreditarem que as margens de lucro são muito altas, já que elas são capazes de oferecer tanto desconto. Como resultado disso, cada vez mais os clientes esperam receber algum desconto em toda compra que fazem. Uma loja que não adote esse tipo de prática, ou seja, não majora os preços para depois dar desconto, terá que superar o desejo do cliente por grandes descontos desenvolvendo as habilidades de negociação dos vendedores, para explicar aos clientes o motivo de não poderem dar descontos (além, é claro, de falar sobre as outras boas razões para comprar deles). A outra alternativa é fazer como os outros varejistas, ou seja, oferecer um preço inicial mais alto para poder dar descontos.

O grande desafio é descobrir se a forma de apresentação do preço tem algum impacto sobre a decisão de compra do cliente, ou se é melhor definir preços reais, logo no início, e se preparar para lidar com os pedidos de desconto dos clientes.

Mito 4: A forma como o preço é apresentado não importa

Imagine as diferentes formas que você pode apresentar o preço de um vestido novo e como isso pode influenciar a decisão de compra do cliente. O resultado que você quer é ter £100 no caixa. Então, a questão agora é tentar identificar qual a melhor maneira de apresentar o preço, de forma a dar ao cliente a percepção de que ele fez um bom negócio.

Então, como você poderia apresentar o preço de £100?

Quadro 8.1 – Alternativas de apresentação do preço de um vestido de £100

Forma de apresentação do preço	Mensagem percebida
O preço é £100	É pegar ou largar, o preço é esse
50% de desconto, agora por £100	Ótima compra, o preço era de £200, economize £100

Forma de apresentação do preço	Mensagem percebida
Agora pela metade do preço, só £100	Ótima compra, o preço era de £200, economize £100
Promoção de final de estação, £100	Vale mais, mas pode estar saindo de moda
Oferta da semana: apenas £100	Vale mais, mas tem limite de prazo para efetuar a compra
Agora, só £99,99	Preço especial – parece uma pechincha
O preço era £150, agora você economiza £50	Você está economizando dinheiro comprando esse produto
£150 com direito a £50 de *cashback*	Você pode perder as £50 se demorar para resgatá-las
Nosso preço é de apenas £100	Sugere que o preço da concorrência é mais alto

Há muitas formas de se apresentar um preço, e você pôde ver no Quadro 8.1 que a maneira como você faz essa apresentação pode ter um efeito relevante sobre como ele é percebido pelo cliente. Agora, faça as suas próprias considerações sobre qual dessas opções têm mais chances de convencer cliente a pagar £100 pelo vestido. É a primeira alternativa, objetiva e sem frescura, em que *o preço é de £100*? Ou seria a segunda ou terceira opção, nas quais a economia percebida é maior? A resposta a essas indagações depende se os seus clientes são outras empresas ou pessoas. Ou depende do tipo de produto, se é um item de compra recorrente ou é apenas um gasto eventual.

O ponto fundamental é que a apresentação do preço pode ter um profundo impacto na percepção do cliente sobre a oferta que está sendo feita.

O Capítulo 10 explora com mais profundidade as implicações financeiras do desconto nos preços e por que essa tática simplesmente não funciona como forma de se aumentar a lucratividade. O desconto só funciona quando é usado como uma ferramenta de apresentação do preço para fazer com que o cliente acredite que fez um excelente negócio.

Mito 5: Todos os preços devem terminar em "9"

Você o verá em tudo que compra, sejam roupas por £9,99 ou £29,99, ou até automóveis por £25.999. Embora os preços de imóveis raramente terminem em 9, você pode encontrar casas sendo vendidas a £399.995, por exemplo.

Então, por que o 9 é um número tão importante?

A maioria das pessoas diria que há um sutil efeito psicológico atuando e que o valor de £29,99 seria percebido, de forma subconsciente, pelo cliente como "na faixa de £20", mesmo faltando apenas um centavo para atingir a faixa de £30. Isso significa que a redução de um único centavo no limite entre duas faixas de preço pode aumentar a percepção de valor do cliente, causando a ilusão de que o produto é mais barato (na faixa de £20) do que realmente é (na faixa de £30). Talvez haja um pouco de verdade nisso, afinal quase todos nós, em algum momento, compramos alguma coisa por impulso e justificamos dizendo: "foram apenas umas vinte e poucas libras" ou "foi menos de £30", quando gastamos, de fato, £29,99 em algo do qual não precisávamos. Mas isso é apenas parte da explicação.

Então, qual é o verdadeiro significado do 9?

Se você tem idade suficiente para se lembrar de ter feito compras no início dos anos 80, sabe que esse foi o período em que não comprávamos tudo no cartão de débito ou crédito, mas usávamos talões de cheque ou dinheiro vivo. O uso de cheques costumava ser um problema e, como resultado, a grande maioria das compras era paga em dinheiro.

Além do fato de que estávamos no momento que antecedeu o aumento do número de pagamentos com cartões de crédito e débito, também foi um período em que poucos varejistas permitiam que você devolvesse produtos *sem perguntas*, caso decidisse que aquela compra não era realmente o que você queria. Uma vez que você saísse da loja, já era. Como resultado disso, simplesmente não havia a necessidade de manter cupons fiscais da compra para poder devolver o item uma semana depois porque o tamanho ou a cor estavam errados. Para quem não viveu essa época, pode ser difícil de acreditar, mas costumava ser assim!

Nesse cenário, imagine uma calça jeans vendida por, exatamente, £20. Você está com pressa, não precisa do cupom fiscal porque simplesmente não terá como devolvê-la mais tarde, e tem uma nota de £20 na carteira. O que acontece na hora do pagamento no caixa? Bem, o que pode acontecer é que você dê a sua nota de £20 para a pessoa do caixa e vá embora. Se você fez isso, o que poderia acontecer com a sua nota de £20? Pode ser que fosse direto para o caixa ou para o bolso do funcionário no caixa. Os varejistas tentavam combater os furtos de várias formas, usando clientes ocultos para testar a honestidade do operador de caixa ou notas marcadas, mas isso é algo muito difícil de ser controlado. Então, para evitar o roubo de dinheiro vivo pelos operadores de caixa, os comerciantes precificavam seus produtos de forma que os clientes tivessem que esperar pelo troco, ou seja, em vez de colocar o preço de £20, usavam £19,99. Desta maneira, o cliente entregaria a sua nota de £20 e esperaria pacientemente pelo troco de um centavo. Mesmo sendo um valor insignificante, os clientes ainda ficariam na loja aguardando o troco, o que forçaria o operador do caixa a registrar a venda.

Isso quer dizer que o algarismo 9 nos preços é usado a décadas como mecanismo para se evitar furtos do caixa, não como uma sofisticada tática psicológica para se estabelecer o preço um pouco abaixo do limite entre duas faixas. Todos nós ficamos acostumados com a ideia de que os preços devem sempre terminar em 9.

Com o uso predominante de meios de pagamento eletrônicos, a importância do uso do 9 como mecanismo antifurto desapareceu. Contudo, os clientes foram doutrinados a acreditar que um preço que tenha um 9 provavelmente está *correto*.

O problema com esse mito que diz que colocar os preços um pouco abaixo dos números cheios estimula os clientes a comprar, é que muitas empresas ficam presas a preços abaixo do valor redondo e nunca têm coragem de ultrapassar esse limite.

O Capítulo 11 explora com muito mais profundidade o significado real dos números nos preços. Mas, se você ainda acredita que usar o 9 em um preço – logo abaixo do limite do valor cheio – é um fator psicológico crítico, pense novamente.

Mito 6: A melhor pessoa para definir o preço é o vendedor

Essa é uma fala comum dos vendedores. No entanto, outros defendem que é o marketing que deveria estabelecer os preços. Mas dificilmente você escutará alguém dizer que essa é uma decisão a ser tomada pelo financeiro.

O argumento usado para defender a ideia de que os vendedores é que deveriam definir os preços é que eles estão mais próximos dos clientes, sabem o que a concorrência está fazendo e precisam de flexibilidade para ajustar os preços no ponto de venda para fechar a venda. Isso é, mais ou menos, como colocar a raposa para tomar conta do galinheiro!

Definir preços é, em última análise, uma decisão financeira. Qualquer empresa precisa saber quanto custa o produto que revende ou produz. Isso inclui compreender os custos ocultos de manter um negócio e como fazer o rateio correto dos custos fixos em tudo que você vende. Até mesmo os contadores podem ser envolvidos em discussões sobre qual a melhor forma de rateio das despesas indiretas ou de absorção dos custos fixos. O que é preciso é uma compreensão clara do impacto financeiro das várias estratégias de preços. De forma simplista, você pode optar por um preço mais baixo e alto volume de vendas, ou um preço mais elevado com uma expectativa de vendas mais baixa.

De posse das informações mencionadas, a empresa precisa entender o que a concorrência está fazendo, conversar com os clientes sobre o que eles esperam de cada produto ou serviço, e fazer uma série de indagações e pesquisas de mercado. É claro que as equipes de vendas e marketing são fundamentais nesse processo.

Em última instância, o preço é uma decisão estratégica a ser tomada pelo dono da empresa, CEO, diretores ou gestores. Em qual nível de preços a empresa quer atuar no mercado? Quer ter um preço *premium* e oferecer alta qualidade, ser uma opção barata com uma boa relação custo-benefício, ou vender grandes quantidades a preços muito baixos? Isso talvez envolva desafios e debates entre todas as filiais da empresa para se discutir as alternativas, implicações financeiras e o impacto na estratégia global de crescimento da empresa.

O que é visto na maioria das empresas é que há pouca ou nenhuma discussão e, na maioria dos casos, é o diretor de vendas ou os gestores de vendas que têm a maior influência sobre quais preços serão praticados. Mesmo que haja um debate de alto nível envolvendo um grupo mais amplo de pessoas, essa informação muitas vezes é descartada, porque mesmo depois de uma definição de preços cuidadosamente elaborada, as equipes de vendas ainda podem, indiscriminadamente, dar descontos sobre os preços acordados. O Capítulo 10 aborda isso em detalhes.

O problema em permitir que os vendedores definam os preços, direta ou indiretamente, por meio de descontos não controlados, tem duas implicações.

A primeira é que os vendedores raramente têm as habilidades financeiras necessárias para compreenderem as consequências das decisões que tomam e pelas quais nem sempre são diretamente responsáveis. Na grande parte das empresas que têm equipes de vendas, você encontrará inúmeros exemplos em que um caminho foi tomado sem qualquer compreensão das suas implicações financeiras. E isso não acontece só nas pequenas empresas em que não há processos muito elaborados de precificação, mas também em grandes corporações multinacionais.

Algumas empresas que atuam on-line desenvolveram um modelo de negócio de cupons, em que conseguem de seus fornecedores descontos de 40% a 60%, para oferecerem "ofertas do dia" aos assinantes do seu serviço. Isso é muito comum no caso de hotéis e restaurantes, mas também atinge uma ampla gama de pequenos e médios negócios. Esses fornecedores são persuadidos a dar um desconto para que possam aumentar o grau de conhecimento dos assinantes sobre a empresa e, com isso, gerar uma onda de vendas a partir da imensa base de clientes dessas plataformas de desconto. Infelizmente, a taxa de sucesso dos fornecedores que aderiram a essas promoções é muito baixa. Isso acontece pelo fato de que muitas dessas empresas já estão com dificuldades quando aderem a esse tipo de campanha, e pesquisas sugerem que muitas não avaliam de forma adequada o impacto que um aumento repentino na demanda a preços muito baixos pode causar.

O maior problema é que ninguém calcula o verdadeiro custo de atender os níveis esperados, ou potenciais, de demanda que a promoção gera. Se o seu restaurante já está com problemas financeiros, a última coisa de que precisa é ficar lotado de clientes que pagam a metade do preço habitual. Seja qual for a sua ideia para gerar mais negócios, é preciso analisar os custos da iniciativa, tanto o gasto direto com publicidade ou vendas quanto em descontos no preço, milhas aéreas ou iPads gratuitos, por exemplo. Se o ganho com o aumento nas vendas para os novos clientes não corresponder ao investimento, não prossiga.

A segunda preocupação em deixar os vendedores definirem os preços remonta ao exemplo, já citado, do parque de diversões. Se definirmos preços com base nos piores clientes, inevitavelmente os reduziremos na tentativa de evitar conflitos com alguns deles. No parque, o dono queria reduzir os preços para mais de 99 mil clientes satisfeitos só para evitar conflitos com uma pequena minoria que reclamou.

É claro que os vendedores de qualquer empresa são os que mais vivenciam essas experiências ruins e, portanto, estão mais propensos, de forma consciente ou subconsciente, a definirem preços mais baixos para evitar conflitos futuros. Portanto, a ideia de que são os vendedores que devem definir os preços, já que estão mais próximos dos problemas, é justamente a razão pela qual eles não devem fazer isso.

Em qualquer negócio, o processo deveria envolver um grupo de pessoas em que todos contribuíssem para o debate sobre a precificação, incluindo o pessoal do financeiro, a equipe de vendas e, eventualmente, até o pessoal responsável pela entrega do produto ou serviço. Contudo, a decisão sobre a estratégia de precificação permanece sob a responsabilidade do proprietário do negócio ou do CEO. Dificilmente você verá a coisa acontecer dessa forma, e mesmo quando existe um certo nível de sofisticação e inteligência, o processo acaba sendo atropelado pela permissão para que os vendedores pratiquem descontos sem muito controle.

◼ Mito 7: Definir os preços é uma decisão a ser tomada uma vez por ano

Provavelmente, em cerca de 99% das empresas a definição dos preços é uma decisão tomada uma vez por ano. Chamar isso de "decisão" é, na verdade, dar mais importância ao assunto do que ele realmente tem na maioria das empresas.

Para negócios que fazem pelo menos alguma mudança nos preços, isso geralmente ocorre pela necessidade de se definir os preços para a próxima temporada (como no exemplo já mencionado do parque de diversões), ou apenas como um hábito de atualizar a tabela de preços, sempre no mesmo mês de cada ano. Em geral, essas empresas não estão fazendo qualquer movimento estratégico, de responder às mudanças do mercado, ou se ajustando ao valor percebido que os clientes têm do seu produto ou serviço. É simplesmente um movimento mecânico de atualização dos preços.

Em um capítulo anterior, exploramos as formas mais usadas para se precificar, como adicionar um *mark-up* sobre o custo, ou usar os preços do ano anterior como ponto de partida, e como qualquer reajuste anual de preços não responde à questão se a fórmula para se determinar o preço está correta. Na maioria dos negócios, pode demorar mais de cinco anos para que haja qualquer mudança efetiva na política de preços.

Há muitos problemas decorrentes da falta de discussão sobre preços. Como qualquer coisa que você faz, quanto mais fizer, melhor você fica. Se fizer alguma coisa apenas uma vez no ano, terá esquecido a maioria das questões debatidas na última vez. Você estará, na verdade, começando tudo outra vez. Além disso, os preços que você estabelecer para o próximo ano estarão totalmente contaminados pelo contexto do momento da revisão; ou seja, se a discussão sobre preços acontecer logo após um mês de vendas baixas ou de reclamação dos clientes, provavelmente você os fixará em patamares mais baixos. E se isso ocorrer após um período de alta nas vendas ou de aquisição de bons clientes, você corre o risco de ser muito otimista e definir preços altos demais. Todos nós reconhecemos que todo negócio tem altos e baixos durante o ano e, ao se definir preços uma ver por ano, é provável que eles não representem a sua realidade financeira como um todo.

Em um negócio bem administrado, o preço estará em todas as pautas das reuniões do conselho, e será debatido abertamente e de forma contínua. Isso pode significar ter que fazer um rodízio de certos produtos a cada mês, ou analisar segmentos de mercado ou grupos específicos de clientes de forma cíclica. Quanto mais natural for a discussão sobre preços, menos afetados emocionalmente seremos pelo desafio de aumentá-los ou de defendê-los junto aos clientes quando eles nos questionarem. Outro ponto apresentado mais adiante neste livro é sobre os méritos dos *pequenos* aumentos de preços, em que geralmente a empresa acrescenta algo como 0,5% aos preços a cada trimestre. Cada um desses aumentos de preços, isoladamente, é insignificante, e ao final do ano os preços terão subido pouco mais de 2%. Muitas empresas conseguem lidar com os clientes para justificar pequenos aumentos regulares, mas elas têm muita dificuldade para repassar um aumento anual maior de uma só vez.

O problema para as empresas é que elas fizeram do preço *a grande questão*, e às vezes elas não têm coragem de aumentar os preços e ter que lidar com as consequências que isso "pode" ocasionar. Ao lidar com o aumento de preços frequentemente, ele se torna apenas mais um dos assuntos debatidos internamente e discutidos clientes regularmente. Com isso, qualquer reação negativa poderá ser tratada de forma mais adequada dentro do contexto daquele período.

Se a empresa conseguir fazer do *preço* apenas mais um daqueles assuntos corriqueiros que merecem atenção, muito da pressão e do medo sobre o assunto se dissiparão.

> **TODA EMPRESA ORGANIZADA** deve ter um processo mensal, ou pelo menos trimestral, em que analisem questões como:
> - Desempenho financeiro atual.
> - Questões sobre marketing e geração de negócios.
> - Fluxo de pedidos.
> - Gestão de pessoas (contratações ou demissões, elogios ou repreensões).
> - Fluxo de caixa e outras questões bancárias.
> - Níveis de estoque.
> - Desenvolvimento ou revenda de novos produtos ou linhas.
> - Estratégia de preços e as mudanças necessárias para se maximizar o lucro.

Mito 8: Todo cliente vale a pena e cada venda importa

Uma grande empresa de materiais e equipamentos para escritório passava por dificuldades com seu fluxo de caixa e corria o risco de quebrar. Então, o dono da empresa chamou um consultor para conversar com os seus executivos sobre a situação financeira da organização e discutir sobre as medidas necessárias para reverter aquele quadro.

Uma das questões que emergiu e estava causando problemas significativos para o negócio, eram as margens de lucro, incrivelmente baixas, de alguns produtos. O gerente de vendas acreditava que não havia problema em vender um pacote de papel por £3,85, cujo custo de compra era de, aproximadamente, £3,75. O gerente argumentava dizendo que cada venda contava e que cada pacote vendido eram mais £0,10 de lucro no caixa. Ele nem sequer argumentou que era uma "isca", ou que essa estratégia levaria os clientes satisfeitos a comprarem outros itens, se limitando a dizer apenas sobre o lucro em cada pacote.

Há alguma lógica nessa atitude. Eles venderam muito papel e obtiveram um lucro de £0,10 em cada pacote.

A verdade é que não valia a pena ter que vender 10 pacotes de papel para gerar um lucro bruto de apenas £1. Então, os contadores analisaram os custos indiretos do produto. Eles precisavam adicionar ao custo bruto de £3,75 uma margem suficiente para aumentar o valor de cada venda e a quantia gasta mensalmente pelas contas corporativas, pagar as despesas e fazer as entregas. A desculpa que eles usavam para justificar o fato de não considerarem outros custos no cálculo do preço do pacote de papel era a de que, como os clientes já estavam comprando outro produto que, por si só, já seria entregue, então não haveria custo extra em entregar o papel junto.

Como no exemplo da tática da "isca", apresentada anteriormente, havia falhas nesse raciocínio, pois em muitos casos o pacote de papel era o único produto comprado pelos clientes. Afinal, era tão barato! De fato, havia um custo para se fazer a venda. O mais curioso era que a quantidade de papel que eles compravam era muito diferente da que eles vendiam. Há várias razões para isso acontecer e, se o seu negócio demanda controle de estoque, sem dúvida você irá se deparar com esse tipo de situação. Sempre havia algumas caixas que estavam um pouco danificadas, o que significava que seriam vendidas mais barato que o usual ou até jogadas no lixo. Os pacotes de papel não têm número de série, portanto são difíceis de rastrear. Isso facilitava a ação de alguns funcionários que os colocavam em suas pastas e os levavam para casa. O último problema era quando o cliente perguntava: "se eu comprar vinte pacotes de papel, você me dá um de graça?". Infelizmente, a resposta a essa pergunta frequentemente era "sim". Você não precisa ser fera em matemática para saber que 20 pacotes de papel, com uma margem de contribuição de £0,10 cada, são apenas £2 de lucro bruto. Ao dar um pacote de graça, cujo custo de aquisição fora £3,75, eles simplesmente destruíram qualquer margem que havia e ainda tiveram algum prejuízo.

O que acontece na prática é que há muitas situações em que o somatório de todos esses pequenos lucros de cada produto é eliminado por um único evento ou ação e, portanto, não são suficientes para cobrir os custos totais, ou seja, geralmente perde-se dinheiro.

Além disso, eles haviam se esquecido de um recurso fundamental: o *tempo*. A empresa vendia mais de 100 mil pacotes de papel por ano. Esses pacotes tinham que ser encontrados no estoque, separados e entregues aos clientes. Para cada pacote deveria ser emitida uma nota fiscal, mesmo que isso fosse feito junto a outros produtos. Tempo é dinheiro na forma de salários, seguro nacional, entre outras coisas. Há também um outro custo ainda maior: o custo de oportunidade do tempo gasto pelos vendedores, movendo grandes volumes de itens de baixa lucratividade. Isso quer dizer que eles deixavam de gastar esse tempo cuidando de outros clientes e persuadindo-os a comprar produtos mais lucrativos.

Pense em uma empresa que tenha um número regular de clientes habituais, como gráficas rápidas ou eletricistas comerciais, por exemplo.

Se essas empresas tivessem informações financeiras precisas para classificar todos os seus clientes com base nas vendas e no lucro gerados por cada um deles, teriam ao final uma ampla lista dos melhores e dos piores compradores. Desta forma, seria possível traçar uma linha divisória abaixo da qual provavelmente não seria rentável fazer negócios, por causa dos custos administrativos para se cuidar daquele cliente.

Só você é capaz de decidir onde essa linha divisória deve ser traçada. Você pode, por exemplo, estabelecer que um cliente que gaste menos de £1.000 por ano não é lucrativo, ou que este valor seja de £50 por ano. A princípio, esse valor não importa. Onde quer que você trace a linha, sempre haverá um número significativo de clientes que ficará abaixo dela.

Uma pesquisa sobre práticas contábeis solicitou que as empresas listassem seus clientes por ordem decrescente de lucratividade. Talvez não tenha sido uma surpresa que os maiores clientes fossem, também, os mais lucrativos e os menores, os menos rentáveis. O que essa pesquisa também revelou foi que, em média, essas práticas contábeis representavam 125% dos lucros da empresa, em 80%

dos seus clientes e, na verdade, perdiam 25% dos seus lucros (para fechar a conta em 100%) nos 20% dos clientes menores.

> **UMA EMPRESA QUE TEM** uma receita de £100 mil por ano faturou efetivamente £125 mil dentro de uma faixa significativa de seus clientes, mas perdeu £25 mil com aqueles clientes que estavam na parte inferior da lista.
> Meu Deus!

Essa situação é muito comum em vários setores, independentemente do porte da empresa. O que está claro é que, se o tempo e o esforço gastos com os 20% dos menores clientes fossem investidos na garantia de que os 20% dos maiores clientes recebessem um serviço de excelência, gerenciado de forma mais proativa, e cultivado de tal maneira a obter referências úteis a outros potenciais compradores, os lucros aumentariam drasticamente.

Às vezes, a decisão mais lucrativa é dizer *não*, recusar a venda ou livrar-se daquele cliente pequeno e complicado. A maioria dos vendedores venderá um produto ou serviço por um preço qualquer acima do custo bruto e, muitas vezes, serão constrangidos a fechar negócios em que ou perdem dinheiro ou perdem tempo que poderia ser empregado em outra atividade. Nem toda venda vale a pena e alguns clientes não são tão bons quanto outros. Se você quiser lucrar mais, aprender a dizer "não" é uma questão fundamental.

Mito 9: Aumentar os preços leva à perda de clientes

Esse é, naturalmente, um dos temas mais importantes do livro. Se o aumento dos preços for acompanhado por uma explicação melhor do valor entregue ou pela garantia da qualidade, muitos clientes podem estar dispostos a pagar mais pelo seu produto ou serviço.

Em muitos casos, a resposta mais adequada é aumentar os preços e aceitar que, de fato, você perderá alguns clientes, mas, no geral, lucrará muito mais com os que ficarem do que com os que saírem. Então, está tudo bem aumentar os preços e perder alguns clientes. Eliminar os clientes de baixo valor, sensíveis aos preços e que só ficam reclamando e te fazendo perder dinheiro pode ser algo realmente positivo.

O mito, na verdade, é que perder clientes é uma consequência *inevitável* do aumento dos preços.

Uma das propriedades do preço é que ele transmite ao cliente uma percepção de valor e qualidade simplesmente em virtude da quantia cobrada. Se você quisesse comprar um relógio, por exemplo, seria capaz de andar por qualquer rua do comércio local e ver um gama enorme de preços variando de apenas alguns trocados até milhares de libras. A percepção do cliente mediano é de que quanto mais caro for o relógio, melhor a sua qualidade. Então, será que realmente existe uma diferença entre o custo de um relógio da marca Breitling, vendido por cerca de £4.000 e o de um Rolex, vendido a £10.000? Pode-se dizer que há, de fato, uma diferença significativa na qualidade desses dois relógios? Bem, sem dúvida os fabricantes argumentariam que sim, mas provavelmente os insumos de produção e os custos de fabricação não seriam tão diferentes assim. A principal diferença é o *valor da marca*. Esse é o valor adicional que o consumidor paga baseado na sua percepção de valor da imagem que possuir um Rolex transmite em comparação a um Breitling.

Portanto, aumentar o preço de certos produtos ou serviços mudará a percepção de alguns clientes sobre a qualidade intrínseca que você entregará.

Certa empresa estava lutando para obter lucro. Não foi necessário muita análise para se chegar à conclusão de que eles simplesmente não cobravam o suficiente pelos serviços prestados. Por todas as razões já discutidas nos capítulos anteriores, eles ficaram petrificados com as consequências de se aumentar os preços.

Por isso, foi sugerido a eles que fizessem uma pesquisa por telefone com uma amostra dos clientes, usando o *script* a seguir:

> **FIZ QUESTÃO DE LIGAR** pessoalmente, afinal, você é um cliente valioso e importante para nós. Fizemos, recentemente, uma análise dos nossos negócios para garantir que tenhamos saúde financeira suficiente para continuar a cuidar dos nossos clientes de forma adequada no futuro. A questão é que não acreditamos que possamos fazer isso com os baixos preços que estamos cobrando de você atualmente.
>
> Portanto, pretendemos aumentar nossos preços nos próximos 12 meses, de forma que, ao final desse período, estaremos com os preços cerca de 8% mais caros do que agora. Eu queria que você soubesse disso com antecedência, e tivesse a certeza de que a razão para isso é exclusivamente permitir que possamos manter e melhorar a qualidade e o padrão do serviço que clientes como você esperam de nós.
>
> Espero que você continue a fazer negócios conosco ou, pelo menos, nos avise com antecedência sobre qualquer decisão em mudar de fornecedor. Posso contar com as suas compras no futuro?

Muitas respostas dadas pelos clientes pesquisados foram positivas, com alguns até dizendo que ficaram aliviados com a decisão da empresa em aumentar os preços, pois já estavam preocupados com a garantia que o fornecedor continuasse a cuidar deles adequadamente. É claro que existe o risco de que muitos clientes digam que ficarão com você e procurem imediatamente outro fornecedor. A situação foi monitorada e, seis meses depois, nenhum cliente havia deixado a empresa.

O fato é que muitas empresas que vendem produtos de alta qualidade, sejam joias, roupas, sapatos, carros ou viagens de férias, usam o preço mais alto para se posicionarem no mercado de alta qualidade e exclusividade para seus produtos. Essas empresas não teriam qualquer queda nas vendas se aumentassem seus preços.

Uma última consideração é que os preços podem posicionar um negócio em um determinado segmento de clientes, e que aumentar o preço pode abrir um grupo totalmente novo de consumidores. Se você está tentando vender uma casa, você pode colocá-la no mercado por, digamos, £299.000. Muitos clientes em potencial podem definir como critério de pesquisa casas entre £300.000 e £350.000 e, com isso, não achar a sua casa em nenhuma busca. Aumentar o preço para, por exemplo, £310.000, mesmo que você esteja disposto a vender pelos £299.000 iniciais, colocará o seu imóvel em uma busca muito mais ampla.

RESUMO

Existem muitos mitos que afetam a forma como as empresas e as pessoas definem os preços que cobram. A maioria delas não enxerga os preços como uma questão crítica e acabam por não investigar a realidade de seus negócios, produtos ou serviços. Geralmente, elas acatam o que lhes é dito sem questionar, e definem seus preços com base nessas falsas percepções.

Todas essas questões requerem atenção, assim como um grupo de pessoas para debater e discutir todos os pontos-chave para a tomada de decisão em preços. Se você deixar essa decisão para a equipe de vendas, é quase certo que terá prejuízo em várias ocasiões de venda.

Você deveria acreditar nas seguintes afirmações:
▶ Clientes querem custo-benefício, e não apenas o preço mais barato.
▶ A tática de "isca" não funciona.
▶ Um desconto de 50% não representa apenas a metade do preço.
▶ A apresentação do preço é, de fato, importante.

- ▶ Os preços não têm que terminar sempre em "9".
- ▶ O vendedor não é a melhor pessoa para definir o preço.
- ▶ Definir preços não é uma decisão a ser tomada apenas uma vez por ano.
- ▶ Nem todo cliente vale a pena e nem toda as vendas importam.
- ▶ Aumentar os preços pode causar a perda de alguns clientes, mas isso não é o fim do mundo.

■ Colocando em prática

Faça com que sua equipe de preços analise todos os mitos discutidos e entenda como eles podem ser um problema para sua empresa. Em seguida:

(1) Analise todos os seus preços para garantir que não haja "iscas" intencionais ou acidentais, isto é, que cada produto ou serviço tenha um preço que dê uma margem aceitável.

(2) Reveja a forma como os seus preços são apresentados em todos os lugares onde aparece (ou seja, no material de vendas, no seu site, etc.). Considere as opções para apresentá-los de uma forma mais dinâmica, como, por exemplo, usar a expressão "preços especiais", ou como você pode aumentar o preço de tabela para oferecer um desconto maior. Desenvolva um plano para testar essas mudanças em um pequeno número de produtos e, com isso, medir a reação dos clientes.

(3) Assegure-se de que a equipe de precificação se reúna pelo menos trimestralmente para debater e considerar mudanças nos preços de forma regular. Defina as datas das próximas quatro reuniões para garantir que sejam agendadas e que todos estejam devidamente preparados para elas.

(4) Faça com que o pessoal do financeiro que participa da sua equipe de preços determine o ponto abaixo do qual não é

rentável fazer negócios. Isso deve levar em conta o esforço necessário para gerenciar até mesmo o menor cliente e o lucro que você precisa obter para que uma venda valha a pena.

(5) Liste todos os clientes que estão abaixo do nível definido no ponto 4 e decida qual ação deve ser tomada, desde simplesmente dizer que você não quer mais fazer negócios com eles, até comunicar um aumento nos preços (ou redução dos descontos que eles recebem), ou, ainda, ter uma conversa franca com cada um desses clientes para explicar a realidade financeira dos negócios que fazem. ●

USANDO GARANTIAS PARA COBRAR PREÇOS MAIS ALTOS

Os capítulos anteriores abordaram, sob várias perspectivas, um aspecto crítico do processo de compra, que é o risco assumido pelo cliente ao adquirir um produto ou serviço. Como vendedor, você também assume riscos como, por exemplo, receber após a compra ou adquirir estoques ou materiais que nunca venham a ser vendidos ou usados. Ao longo deste capítulo, você verá o risco da perspectiva do outro.

O nível de risco do consumidor depende das especificidades da venda. Em um dos extremos da escala, o risco incorrido pelo cliente é de o fornecedor não entregar o que foi prometido, para quando foi prometido, e se o preço cobrado será realmente o que foi acordado. Considere, por exemplo, uma construtora fazendo uma reforma de ampliação da cozinha que ultrapasse o orçamento e o prazo acordados com o cliente.

O menor risco para o comprador, nesse caso, é o de que poderia ter comprado o mesmo serviço por um preço menor, simplesmente procurando uma oferta melhor de outra empresa.

- ▶ Risco ou recompensa.
- ▶ Política de garantia do menor preço.
- ▶ Usando garantias para aumentar o valor percebido da sua oferta.
- ▶ Oferecendo alternativas de preço com e sem garantias.
- ▶ A maioria dos clientes é honesta.
- ▶ Oferecendo uma garantia como benefício adicional.

▇ Risco ou recompensa

Toda decisão de compra é uma relação de equilíbrio entre o risco e a recompensa para o consumidor. A recompensa é uma boa relação custo-benefício, enquanto o risco é pagar demais por alguma coisa. Em relação ao risco, há dois extremos. De um lado, o problema é o cliente pagar mais do que deveria, e do outro é ele ser surpreendido por algo muito diferente da sua expectativa, tanto em relação ao preço final quanto à qualidade. Entre esses dois extremos, há muitos outros riscos, como a entrega não acontecer no prazo combinado ou o serviço não estar de acordo com os padrões. As consequências desses riscos variam desde perdas reais tangíveis, como o desmoronamento da ampliação da cozinha, até o simples desconforto do cliente ao perceber que poderia ter conseguido um negócio melhor se tivesse procurado mais.

É a percepção do risco que muitas vezes trava a decisão de compra. Nesse momento, o cliente está avaliando o equilíbrio entre comprar em outro lugar e negociar mais para reduzir o risco, ou decidir rapidamente e fechar o acordo mesmo que não seja, eventualmente, o melhor negócio.

Agora *coloque* o preço na equação.

Basta pensar por um instante sobre quanto tempo e pesquisa são necessários investir na decisão de gastar £50.000 em uma reforma. Tenho quase certeza que você tentaria encontrar uma construtora que já tenha trabalhado para algum conhecido seu, que pudesse lhe dar informações sobre a qualidade do serviço, detalhes dos padrões de acabamentos (maçanetas, luminárias, etc.) e também a respeito de prazos e condições de pagamento. Isso tudo é compreensível, afinal, £50.000 é bastante dinheiro, e muita coisa pode dar errado em uma reforma.

Compare isso à decisão de comprar uma chaleira elétrica para o escritório. Não importa se você a comprou em uma loja pagando o preço cheio ou com desconto, a verdade é que ela custou relativamente pouco dinheiro. Ao comprá-la, você não saberá se ela é realmente boa, mesmo que você confie na marca, porque a maioria das chaleiras são muito parecidas e fazem a mesma coisa. O ponto é que essa decisão envolve pouco dinheiro, um risco menor e, por isso, é mais fácil decidir sobre a compra.

O que isso demonstra, e que instintivamente você já sabia, é que quanto mais alto for o preço do que está sendo adquirido, mais se pensa na compra. Portanto, não só para você, mas para todos os clientes, a relação entre preço mais alto e risco maior é clara. Também quase sempre é verdade que produtos mais caros requerem processos de compra mais complexos. Por exemplo, a compra de uma casa no valor de £400.000 envolve muitos aspectos, como: localização, disponibilidade de escolas na região, vizinhança, etc. Já a compra de uma calça por £10 é relativamente simples.

Se você quiser cobrar preços mais altos pelo que você oferece, é provável que você esteja aumentando os riscos para o cliente. Digamos que você esteja procurando um lugar para comer, então você encontra dois restaurantes e ambos parecem bons. Um deles cobra £3 pelo *couvert* e £12 pelo prato principal, e o outro £4 pelo couvert e £16 pelo prato principal.

Os dois restaurantes oferecem baixo risco, pois você gastará cerca de £50 em uma refeição para duas pessoas, o que está em um patamar de gastos que não exige que você discuta se pode ou não se dar ao luxo de comer fora de casa. No entanto, um dos restaurantes é aproximadamente um terço mais caro do que o outro e, como cliente, você está sendo convidado a assumir o risco de que ele é pelo menos um terço melhor. Ser ou não *melhor* é uma questão subjetiva. Pode significar um ambiente mais agradável, melhores opções de alimentos, um padrão de serviço mais elevado, ingredientes de melhor qualidade, etc. De forma subconsciente você está pensando: "será que vale a pena pagar o valor que estão cobrando a mais?".

De alguma forma, cada cliente, em cada compra, está sendo chamado a assumir o risco de que o produto ou serviço que ele está comprando corresponde ao preço cobrado. Qualquer dúvida leva à busca do consumidor por outras alternativas, o que representa um risco para o vendedor de que eles comprem da concorrência, ou que simplesmente *deixem de comprar*.

Então, o que as empresas podem fazer para reduzir a *percepção* de risco do cliente e aumentar tanto as chances de fechar a venda quanto a oportunidade de cobrar um preço mais alto?

A resposta é claramente reduzir o risco.

■ Política de garantia do menor preço

Muitas empresas oferecem uma garantia de que, se você vir o mesmo produto de outro fornecedor por um preço menor, elas farão o mesmo preço ou até cobrarão um valor menor. A maioria das grandes redes de supermercados oferece alguma forma de garantia do menor preço.

Por exemplo, a garantia oferecida pela rede ASDA é: "se não formos 10% mais baratos que as redes Tesco, Sainsbury's, Morrisons ou Waitrose, nos mesmos itens, pagaremos a diferença. Garantido!".

Já a Tesco oferecia o seguinte: "te daremos um *voucher* no valor da diferença se você encontrar preços mais baixos, dos mesmos produtos, nas redes ASDA, Sainsbury's ou Morrisons".

Então, por que as grandes redes de supermercados fazem isso e funciona?

Eles sabem que os clientes podem facilmente mudar de supermercado e que geralmente estão procurando um lugar agradável para fazer suas compras, que ofereça um bom custo-benefício, mas não necessariamente os preços mais baixos. Portanto, para evitar o risco dos clientes irem procurar por preços mais baixos na concorrência, os próprios supermercados afirmam que já fizeram essa pesquisa e estão oferecendo a melhor relação custo-benefício. A confiança com que esses supermercadistas anunciam seus preços é suficiente para convencer a maioria dos clientes a continuar comprando com eles.

Mas como é possível que todos eles sejam o mais barato? A resposta óbvia é que eles não são. Cada garantia oferecida por esses supermercados tem um conjunto de condições a serem cumpridas, como: quais produtos estão incluídos na garantia, como é feita a comparação com os outros supermercados, além do número mínimo exigido de itens a serem comprados, etc. São apresentados também exemplos detalhados de produtos que não podem ser comparados, as condições e limite de vezes que os clientes podem reclamar, etc. É praticamente impossível saber de qualquer supermercado quais são os produtos incluídos na sua política de garantia do menor preço, embora todos eles tenham longas listas de produtos, e até de seções inteiras de suas lojas, que são excluídos do processo de comparação.

Isso é uma espécie de truque? Não. Todos esses supermercados honrarão as garantias oferecidas. A questão é que poucas pessoas realmente se incomodam em fazer essas comparações de preços e um número ainda menor reivindica os *vouchers* ou descontos aos quais tem direito. Elas supõem que, ao prometer reembolsar a diferença, o supermercado já tenha verificado que está, de fato, oferecendo os preços mais baixos. Mesmo que os clientes reivindiquem a política de garantia do menor preço, o supermercado a cumpre dando *vouchers* que trazem o cliente de volta à sua loja.

No próximo capítulo, exploraremos o conceito geral de descontos e deixaremos claro que ao reduzir os seus preços, você acaba dando descontos para os 90% dos clientes que não os pediram, por causa dos 10% que o fizeram. Na verdade, apenas uma proporção relativamente pequena dos clientes é sensível ao preço, e isso é respondido exatamente pelas políticas de garantia de preço. Oferecer preços mais baixos em uma gama relativamente pequena de produtos comparáveis satisfaz os clientes sensíveis ao preço que se preocupam em conferir e reivindicar qualquer reembolso, mas não reduz os preços para o resto de nós que não nos importamos com isso. Eles só dão o desconto para os 10% dos clientes que se incomodam em constatar esta possibilidade e demandar o seu cumprimento.

Então, por que esses supermercados oferecem garantia do menor preço? Simplesmente porque todo mundo faz isso. Eles não podem passar uma ideia do tipo: "sabemos que somos mais caros, mas não nos importamos".

Usando garantias para aumentar o valor percebido da sua oferta

Na sua empresa, as garantias podem ajudar os clientes a superarem o medo que a maioria deles têm de assumir os riscos da compra, eliminando pelo menos um dos aspectos desse risco percebido por eles. No nível mais básico, o risco que os compradores percebem é o de que pode haver um preço mais baixo logo ali na esquina como, por exemplo, uma oferta de garantia do menor preço na concorrência. Em um patamar bem mais complexo, tem-se a garantia de satisfação total, com uma declaração abrangente de que, se o *cliente não estiver 100% satisfeito, haverá o reembolso de 100% do valor pago e sem perguntas.*

Entretanto, o aspecto mais importante é entender que, se é você quem dá a garantia, também é você quem define as regras. Todos os supermercados têm extensas listas de regras que definem como funciona a política de garantia do menor preço e para quais produtos. A rede de supermercados ASDA, por exemplo, às vezes impede que os clientes acessem essas listas por um determinado período (supostamente para atualizar o sistema), o que significa que as pessoas não têm como verificar nada.

De uma perspectiva de preços, oferecer qualquer tipo de garantia adiciona valor à sua oferta, especialmente se for algo que não está disponível na concorrência. Colocar mais valor no seu lado da balança aumenta as chances de fechar um acordo.

Uma empresa de consultoria executa projetos para várias organizações, que cobrem uma gama enorme de aspectos que levam à eficiência de um negócio. O que é prometido, basicamente, é a melhoria da lucratividade, se a empresa seguir as recomendações do consultor.

O problema para o consultor e para os clientes é que não fica muito claro como essa melhoria será entregue depois que o projeto se inicia. Às vezes, esses clientes estão lutando para sobreviver, o que significa que o custo potencial de contratação da consultoria é um grande passo e um grande risco ao mesmo tempo. Se o preço do projeto for uma opção do tipo "pegar ou largar", baseado apenas no tempo estimado para a execução do projeto e pago independentemente do sucesso, que cliente estaria disposto a correr esse risco?

■ Oferecendo alternativas de preço com e sem garantias

Considere três opções apresentadas a um cliente para contratar um projeto de consultoria voltado para a melhoria de uma empresa e aumento de sua lucratividade.

1. **O risco é do comprador**: pagar o preço fixo de £20.000, independentemente do sucesso do projeto.

----

2. **O risco é do vendedor**: o cliente recebe uma garantia de 100% e paga o preço £30.000. No entanto, ele só paga se achar que valeu a pena.

----

3. **O risco é compartilhado**: o cliente paga um valor de £7.500 adiantado e uma taxa de sucesso, a seu critério, entre £17.500. Ou seja, ele pagará no máximo £25.000.

Qual dessas opções você escolheria se fosse o cliente?

A **primeira opção** significa que, independentemente do resultado do trabalho, a empresa deverá pagar £20.000 em honorários ao consultor. Para a maioria das empresas de pequeno porte, que não estão acostumadas a pagar quantias dessa ordem a qualquer tipo de profissional, escolher essa opção seria dar um grande passo. Acrescente a isso a dúvida se o resultado superaria o investimento, e a falta de compreensão do dono sobre o que o consultor faria durante o projeto, e você verá como é difícil fechar uma venda nesses termos.

A **segunda opção** permite que a empresa decida, *ao final*, se o projeto agregou ou não valor suficiente para justificar o pagamento de £30.000. Embora o consultor possa ajudar o cliente a definir os objetivos do projeto — o que deve incluir nos lucros pelo menos o valor dos seus honorários em um ano —, a garantia dada ao cliente é a de que o valor a ser pago será definido por ele próprio, seguindo critérios que ele julgue adequados. Desta forma, ele poderá pagar qualquer valor entre £0 e £30.000.

A **terceira opção** compartilha o risco entre o comprador e o vendedor para que o consultor ganhe pelo menos £7.500 para cobrir os custos básicos de prestar o serviço e de parte do seu tempo. O custo total máximo para o comprador será de £25.000, se o comprador entender que o valor agregado foi suficiente para justificar o montante pago.

Qual das opções você escolheu? Supondo que você tenha sentido a necessidade de fazer algo para a sua empresa crescer, você consideraria a primeira opção? Será que você pagaria um bônus de 50% para ter a garantia de valor de 100% de satisfação, da segunda opção? Ou você escolheria a terceira opção, em que o risco é compartilhado?

Agora, avalie as mesmas três opções da perspectiva do consultor. Ele pode se dar ao luxo de dar uma garantia total sobre o serviço e não cobrar as £30.000? Será que os clientes não vão, simplesmente, escolher essa opção e usar a garantia para deixarem de pagar?

Faça as contas para as duas primeiras opções. O consultor fará, basicamente, o mesmo esforço para entregar o projeto, independentemente da opção de pagamento escolhida pelo cliente. Espera-se ter lucro mesmo com a opção de £20.000, mais barata, porque os custos alocados para orçar o projeto são calculados para cobrir as despesas com pessoal e custos fixos, além da margem de contribuição para gerar o lucro desejado. Digamos que, de £20.000, cerca de £15.000 são custos para realizar o serviço, e £5.000 são o lucro bruto. Se o cliente escolher a segunda opção, que tem a garantia embutida, pagará £30.000. Nesse caso, o consultor terá um lucro bruto de £15.000, desde que o cliente concorde que os resultados pactuados foram alcançados. Esse bônus de £10.000 reflete o risco assumido pelo vendedor, de não receber qualquer adiantamento pelo serviço.

Em outras palavras, se metade dos projetos forem vendidos com a opção da garantia, o consultor, na pior das hipóteses, cobrirá os custos de realizar todos os projetos (custos = 2 x £15.000 e honorários = 1 x £30.000).

A decisão para o cliente é fácil. O preço mais baixo é de £20.000, mas eles assumem todo o risco, e £30.000 é o preço mais caro, e o consultor assume todo o risco. Já para o consultor, a decisão é uma combinação de:

- O consultor acredita que possa oferecer ao cliente um aumento do lucro bruto superior a £30.000?
- O consultor confia que o cliente pagará um valor justo se ele conseguir entregar os resultados esperados?
- O consultor pode arcar com os custos de realizar o serviço e não receber o pagamento?

A maioria dos clientes é honesta

Pense por um momento sobre a natureza humana.

Como abordado nos capítulos anteriores, se uma empresa oferece três opções, isso por si só já aumenta as chances de que o cliente escolha uma delas. As pessoas evitam naturalmente o risco e, no exemplo do tópico anterior, foi oferecida ao cliente uma opção em que não há qualquer risco. Os clientes estão no comando, são eles que avaliam o valor e, portanto, o preço a ser pago.

A opção mais arriscada para o vendedor permite que o cliente pague entre £0 e £30.000. Mesmo que um projeto não atinja todos os objetivos estabelecidos, poucos clientes ficariam sem pagar nada. Se eles pagassem pelos menos *metade do valor* proposto inicialmente, o consultor já cobriria os custos do projeto.

A maioria das pessoas é, essencialmente, honesta. Elas serão justas e razoáveis na atribuição do valor aos serviços do consultor.

A empresa de consultoria que oferece essas garantias consegue cobrar um bônus de 40% sobre o valor padrão dos honorários, sendo que uma parcela dos clientes escolhe a garantia total (opção 2), em que o risco é do vendedor, e outra a do risco compartilhado (opção 3). Isso ocorre porque o consultor assume a maior parte do risco de entregar um lucro maior ao final.

Esse princípio pode ser aplicado a quase todos os tipos de negócio, em praticamente todos os produtos e serviços. Ou seja, suas chances de fechar uma venda aumentam quanto mais você assume os riscos da compra. Isso pode ser tão simples quanto a promessa de que seus preços são equivalentes aos da concorrência (como a garantia do menor preço dada pelos supermercados), ou tão desafiador quanto uma *garantia total de devolução* incondicional do valor pago. Não se trata apenas de tornar maiores as chances de fechar uma venda, mas o fato de que apenas poucos clientes reclamarão as garantias oferecidas.

Se essa redução do risco para o cliente refletir um preço mais alto do produto ou serviço, então, na maioria dos casos, a lucratividade da empresa aumentará. O que você não pode fazer é oferecer garantias sem cobrar por isso no preço. É claro que você pode oferecer apenas uma alternativa, que já venha com a garantia, ou pode optar por oferecer uma opção do tipo "pegar ou largar" por preço, e outra com garantias por um preço diferente.

Oferecendo uma garantia como benefício adicional

Outra possibilidade, muito comum nas lojas de produtos eletrônicos, é você encontrar um preço que inclua apenas a garantia legal, de 12 meses, por exemplo, e pagando um valor adicional você pode estender essa garantia para 5 anos. Será que isso pode funcionar em outras empresas?

UMA EMPRESA DE ALUGUEL de casas para temporada adicionou £100 ao preço da locação semanal de cada um de seus imóveis durante o verão. Depois disso, lançaram uma campanha chamada "Garantia Especial de Sol de Verão", na qual, caso chovesse por mais da metade do período locado, devolveriam £100 aos clientes para cobrir eventuais gastos com atividades *indoor*.

Restaurantes podem garantir um serviço rápido aos clientes na hora do almoço, deixando de cobrar pela refeição se ela não for servida em até 20 minutos após o pedido.

Atualmente, no Reino Unido, a maioria das lojas oferece uma política de reembolso bem acima de suas obrigações legais, porque elas sabem que isso incentiva os clientes a gastarem mais, já que podem ser facilmente ressarcidos se mudarem de ideia. Há muitos anos, quando as políticas de devolução eram aplicadas apenas nos casos de problemas com o produto, a Marks & Spencer se destacou em relação à concorrência oferecendo uma política descomplicada de troca ou reembolso, mesmo isso sendo feito em vales-compra da própria M&S. Muitos clientes optavam por comprar lá, só por terem a confiança de que poderiam devolver o que compraram se desejassem. O motivo pelo qual a M&S conseguia cobrar um preço *premium* por seus produtos era, em parte, porque os clientes valorizavam essa tranquilidade.

Hoje em dia, a maioria das lojas oferece essa política de devoluções porque pesquisas revelam que o fato de os clientes saberem que podem devolver os produtos, se necessário, os leva a comprar mais itens (como roupas, por exemplo). Além disso, muitos desses clientes simplesmente não se dão ao trabalho de voltar até a loja para devolver o produto ou pedir o reembolso. E mesmo quando isso acontece, há grandes chances de a maior parte do reembolso ser gasta imediatamente na própria loja.

Se você analisar bem o seu negócio, descobrirá várias formas de expressar a sua disposição em reduzir parte do risco que o cliente assume quando decide comprar de você. Isso é fundamental no processo de venda, mas também deve estar associado a um acréscimo no preço, ainda que pequeno. Se você oferecer algo a mais para o cliente, que tenha custo, e não colocar isso no preço, além de reduzir o lucro, estará colocando o seu negócio em risco.

Uma empresa começou a investigar essa questão e analisou várias situações em que poderia oferecer algum tipo de garantia aos clientes. Isso incluía a substituição de produtos defeituosos, a troca de itens comprados por engano — mesmo que o erro fosse do cliente —, a rapidez da entrega, a política de garantia do menor preço, etc.

Enquanto os gestores conversavam sobre essas questões, descobriram que muitos dos funcionários que atuavam na linha de frente respondiam com comentários do tipo: "já fazemos trocas para os clientes quando eles compram o item errado; já falamos para eles que os produtos comprados até a hora do almoço serão entregues no mesmo dia e que depois desse horário chegarão no dia seguinte; e falamos também que, se eles voltarem para reclamar que encontraram o produto mais barato em outra loja concorrente, normalmente damos a eles um vale-compra no valor da diferença".

Havia muitos outros exemplos de garantias de oferta de valor para os clientes citadas nessas sessões, ou seja, eles já estavam oferecendo padrões elevados de garantia. Mas havia três questões importantes:

- Eles não divulgavam essas vantagens em nenhum lugar, seja para os clientes atuais verem ou, ainda mais importante, para os clientes em potencial.

> - A informalidade dessa abordagem mostrava a inconsistência com que ela foi executada em toda a empresa e também com os clientes.
> - Essas garantias não estavam sendo levadas em consideração na formulação dos preços dos produtos.
>
>   De maneira geral, a empresa estava oferecendo aos clientes um risco bem menor que a concorrência, mesmo que de forma inconsistente, e ainda cobria os preços dos concorrentes que não ofereciam as mesmas garantias.
>
>   Meu Deus!

Em seguida, os gestores passaram um tempo entendendo melhor quais as garantias e os limites que deveriam oferecer aos clientes e como fariam para que a execução dessa abordagem fosse consistente na empresa como um todo. Eles também pensaram em formas de divulgar adequadamente essa abordagem aos clientes e potenciais clientes, e o que deveria ser feito para que isso se refletisse nos preços cobrados.

Um efeito colateral dessa política era que, ocasionalmente, alguns clientes mais focados em preço receberiam uma oferta especial, porém, sem todas as garantias que outros clientes recebiam. Resumindo, *eles pagariam 15% a menos, mas deveriam retirar o produto comprado na loja e não poderiam devolvê-lo, em nenhuma circunstância.*

RESUMO

- ▶ Os clientes estão muito mais dispostos a comprar se houver uma garantia que reduza alguns ou todos os riscos da compra e, como resultado disso, também estão mais propensos a pagar um preço *premium* para ter essa tranquilidade.
- ▶ As garantias podem assumir várias formas, desde uma vaga afirmação do tipo "eu garanto o serviço", seguida de um largo sorriso; até o outro extremo, com uma garantia formal e explícita como "devolvemos 100% do seu dinheiro e sem perguntas".

> ▶ A grande questão aqui é que quando você dá garantia, é você quem dá as cartas! Você decide o que será coberto, ou não, pela garantia, o quanto será cobrado pela tranquilidade que ela proporciona ao cliente, e todos os outros termos.

■ Colocando em prática

(1) Faça com que sua equipe analise tudo que a empresa oferece atualmente aos clientes como "garantia da qualidade ou tranquilidade". Veja como você pode comunicar melhor esses benefícios, de forma que sejam vistos como garantias pelas quais valha a pena pagar um preço *premium*; e peça-lhes que façam recomendações de mudança.

(2) Analise todos os seus produtos e serviços e considere os riscos que os clientes assumem ao comprarem de você.
- **Entrega no prazo**: não ter o produto ou serviço a tempo pode ter sérias consequências para o cliente.
- **Qualidade**: se o produto ou serviço apresentar algum problema, qual seria o impacto para os clientes? Seria, por exemplo, apenas a demora inconveniente na entrega do serviço ou os clientes correriam risco de morte pela falha do produto, como no caso de uma pastilha de freio que não funciona?
- **Custo-benefício**: como você pode garantir ao cliente que os preços que você pratica são justos? Você pode apresentar comparações de preços, oferecer o reembolso da diferença ou simplesmente *dizer que você estabelece os preços para refletirem um valor justo a ser pago pela qualidade e o nível de serviço que ele receberá.*
- **Mudança de mentalidade**: você pode encorajar o cliente a tomar uma decisão de compra mais rápida, eliminando os riscos irreversíveis? Algo do tipo: "sete dias para mudar de ideia e receber todo o seu dinheiro de volta".

Há muitas outras coisas que você pode fazer. Por isso, vale a pena perguntar a alguns clientes de valor e confiáveis, e até mesmo a ex-clientes, o que você poderia fazer para reduzir a percepção de risco que eles têm ao comprar da sua empresa.

(3) Agora olhe para tudo aquilo que você, inconscientemente, garante de todo jeito. O que você faria se um cliente dissesse: "desculpe, cometi um erro e comprei o produto errado", ou "mudei de ideia e não quero mais isso" ou ainda "o preço na loja da rua de baixo está £10 mais barato, o que você pode fazer para mim?"?

Converse com a sua equipe de vendas e descubra o que eles já fazem nessas situações, ou o que provavelmente fariam se elas acontecessem.

Munido dessas informações, desenvolva uma lista com 5 a 10 itens que você possa dar como garantia para se diferenciar da concorrência e, em alguns deles, cobrar um preço *premium*.

Escolha três dessas garantias pelas quais possa ser cobrado um preço *premium* e faça um teste com alguns clientes. Em seguida, atualize os procedimentos, os materiais de treinamento e capacite novamente a sua equipe para que essa nova política se torne parte da nova maneira de se fazer negócios.

(4) Para todas as alterações que você propôs, certifique-se de que o financeiro examine os números para confirmar se o custo da garantia oferecida está sendo adequadamente coberto pelo acréscimo correspondente no preço. Garanta que eles monitorem o impacto financeiro entre o número de clientes que optam pela garantia e o número dos que a usam efetivamente. ●

POLÍTICAS DE DESCONTOS

A pressão sobre o preço leva muitas empresas a darem descontos, porém, essa é a prática que tem maior impacto negativo sobre seus lucros. Controlar os descontos é fundamental para o sucesso do seu negócio.

> **ATENÇÃO!** Se a sua empresa costuma dar descontos, este capítulo pode ser o mais importante de todo o livro. Antes de tratar das razões ou soluções para esse problema, será útil compreender melhor a dinâmica financeira em uma empresa.

Embora seja praticamente impossível erradicar o desconto da sua empresa, estabelecer os custos com precisão, treinar o seu pessoal para entender as implicações em dar desconto e criar rotinas para ter mais controle sobre ele, são medidas que irão exercer um impacto profundo nos resultados finais do seu negócio.

Quem é afetado pelas políticas de descontos?

A maioria das empresas atualmente opera em um ambiente de negócios em que os descontos são esperados ou até mesmo *exigidos* pelos clientes, mas alguns setores são mais afetados do que outros.

Se você gerencia uma um negócio *business-to-business* (B2B), certamente você dá descontos para alguns clientes, em algum momento e em alguns dos seus produtos ou serviços. Além disso, muitos terão institucionalizado a prática de dar descontos a todos os clientes, em todos os produtos e a todo momento.

Agora, se você é uma grande loja de varejo, que lida com o consumidor final, talvez a questão do desconto não seja um problema assim tão grande. Quando entramos em uma grande loja de departamentos ou em um *home center*, vemos os preços marcados nas gôndolas e os aceitamos como não-negociáveis. Nesse tipo de varejo, raramente as pessoas chegam ao caixa e pedem "um descontinho". Assim como os grandes varejistas, bares, restaurantes e outras empresas do ramo de alimentação dificilmente são questionadas sobre seus preços. Trata-se de uma abordagem do tipo "pegar ou largar". Mas pechinchar, até mesmo nessas empresas, está se tornando mais comum, especialmente em lojas independentes, em que o cliente percebe que pode haver alguma margem para negociação, afinal, os preços não foram *fixados* pela matriz.

A dinâmica financeira do desconto

🗂 ESTUDO DE CASO

A Special Events Limited (SE Limited), uma grande empresa que já atua no mercado há muitos anos, vende e aluga equipamentos para uma variedade de empresas e consumidores. Seu faturamento anual gira em torno de £25 milhões. A situação deles estava ficando difícil, pois esse tipo de negócio requer grandes aportes de capital, e eles não estavam gerando lucro suficiente para continuar investindo.

Assim como muitas empresas fazem diante desse tipo de situação, eles iniciaram o ataque em duas frentes: a primeira em marketing, para conquistar novos negócios, e a segunda em um programa de redução de custos.

De maneira geral, os números da empresa se pareciam com os da Fig. 10.1.

O dono da empresa procurou ajuda externa para implementar o programa de redução de custos, que normalmente começa com a análise dos gastos mais elevados.

Comprar cerca de £18 milhões em produtos para revenda dá algum poder de barganha para negociar com os fornecedores, mesmo que você já tenha uma boa equipe de compras internamente. Reduzir a folha de pagamento é mais complicado, pois os cortes são difíceis de implementar e têm um custo imediato com as indenizações, além de um impacto negativo no moral dos funcionários. Os custos operacionais podem ser reduzidos por meio de pesquisas de preço ou cortes, mas em áreas como *vendas e marketing* isso entraria em conflito com o outro objetivo, o de aumentar as vendas. Muitas empresas podem reduzir algo em torno de 10% dos custos com um pouco de esforço, abrindo novas cotações de mercado ou pechinchando com os fornecedores atuais.

Figura 10.1 – Demonstração do Resultado do Exercício - Special Events Limited

special events LIMITED

	£ x 1.000	£ x 1.000
Faturamento		£25.000
Estoque inicial	£3.000	
Compras no ano	£19.000	
	£22.000	
Estoque final	(£4.000)	
Custo das mercadorias vendidas		£18.000
Lucro bruto ou margem de contribuição	28%	£7.000
Despesas gerais		
Folha de pagamento	£4.000	
Despesas com imóveis	£800	
Despesas com vendas e marketing	£600	
Custos financeiros	£350	
Custos de distribuição	£300	
Outras despesas	£200	
Total das despesas gerais		£6.250
Lucro líquido antes dos impostos		£750

Infelizmente, muitos proprietários e gestores deixam passar despercebido um dos maiores custos que uma empresa pode ter, e que a maioria delas não controla. No caso da SE Limited, esse custo poderia passar dos £5 milhões por ano.

Um *desconto* é a diferença entre o preço pelo qual você espera vender um produto ou serviço e a quantia efetivamente paga pelo cliente, depois de lhe dizer o quanto ele gasta com a sua empresa, numa espécie de ameaça velada de ir comprar na concorrência.

Na SE Limited, eles calcularam com precisão o desconto médio concedido em todos os produtos, para todos os clientes, em 21%. Isso não surpreendeu o CEO e, na verdade, ele achou que esse valor seria ainda maior. Mas ele ainda não sabia exatamente como essa questão estava relacionada à redução dos custos.

O impacto do desconto dado pela empresa pode ser ilustrado por meio de uma nova demonstração de resultados com alguns números a mais:

Figura 10.2 – Demonstração do Resultado do Exercício – Special Events Limited

special events
LIMITED

	£ x 1.000	£ x 1.000
Faturamento integral (sem descontos)		£31.650
Descontos concedidos	21%	£6.650
Faturamento efetivo (após os descontos)		£25.000
Estoque de abertura	£3.000	
Compras no ano	£19.000	
	£22.000	
Estoque final	(£4.000)	
Custo das mercadorias vendidas		£18.000

Lucro bruto ou margem de contribuição	28%	£7.000
Despesas gerais		
Folha de pagamento	£4.000	
Despesas com imóveis	£800	
Despesas com vendas e marketing	£600	
Custos financeiros	£350	
Custos de distribuição	£300	
Outras despesas	£200	
Total das despesas gerais		£6.250
Lucro líquido antes dos impostos		£750

Se o volume de negócios reportado pela SE Limited foi de £25 milhões – *depois* de um desconto médio de 21% –, então o volume de negócios antes dos descontos seria, hipoteticamente, de £31,65 milhões; o que significa que a empresa concedeu £6,65 milhões em descontos. Infelizmente, na maioria das empresas, o faturamento perdido por causa dos descontos não é controlado, não aparece nos demonstrativos de resultados e nem nos relatórios financeiros. O ponto de partida de cada venda é o preço efetivamente cobrado do cliente, *já com o desconto*.

Provavelmente você não conseguirá eliminar os descontos, da mesma forma que seria impossível reduzir a folha de pagamento para zero. Entretanto, no caso da SE Limited, os descontos são o segundo maior custo, atrás apenas do custo das mercadorias vendidas, e muito acima dos gastos com a folha de pagamento.

O impacto de uma pequena mudança na política de descontos

Considere o impacto de reduzir o custo total do desconto em 5%, ou seja, passá-lo de 21% para 19,95% (5% de 21% = 1,05%, logo: 21% - 1,05% = 19,95%).

Qual seria o impacto dessa mudança para o cliente?

- Um cliente que tenha comprado um quadro de distribuição de energia cujo preço inicial era de £220, e depois recebeu o desconto de 21%, acabou pagando £173,80, ou seja, o lucro bruto perdido pela loja foi de £46,20.

- Com a redução do desconto de 21% para 19,95%, o novo preço pago pelo cliente seria de £176,11 e o lucro bruto perdido pela loja cairia para £43,89.

- Portanto, o impacto para o cliente seria um acréscimo de apenas £2,31 sobre o antigo preço de £173,80, o que equivaleria a um aumento de 1,3%.

Sinceramente, você acredita que um cliente deixaria de comprar o produto só porque custa £2,31 (1,3%) a mais? Ou, ainda, ele se recusaria a comprar se você dissesse algo como: "podemos dar um desconto de 19,95% sobre o preço de tabela (em vez de 21%), tá bom pra você?"? É improvável que essa mudança no valor do desconto seja notada pela maioria dos clientes.

Do lado da empresa, qual seria o impacto se eles reduzissem o desconto médio de 21% para 19,95% (uma queda de 5%), sendo um pouco mais cuidadosos com a venda, ou apenas mais disciplinados na hora de dar descontos? Qual seria o resultado para a empresa?

> • Reduzir em 5% o percentual de desconto médio sobre o valor monetário de todos os descontos concedidos, que foi de £6.650.000, aumentaria em £332.500 o lucro líquido, já que todos os outros custos permaneceriam inalterados.

- O lucro líquido final antes dos impostos passaria de £750.000 para £1.083.500, o que significa um crescimento de 44,3%!
- Na verdade, cada queda de 1% no valor do desconto total gera uma economia de £66.500, um aumento no preço para o cliente de 0,27% (27 centavos sobre o preço de um produto de £100) e um crescimento do lucro de 8,9%.

Esse resultado é relativamente fácil de ser alcançado e o impacto pode ser ainda maior. O fato é que o lucro bruto das empresas pode aumentar drasticamente se elas simplesmente fizerem uma gestão mais ativa dos descontos.

Você pode estar pensando que esses números são irrelevantes para o porte da sua empresa. Independentemente do tamanho dela, é quase certo que os descontos representem um dos seus três maiores custos, juntamente com o custo das mercadorias vendidas e a folha de pagamento. Seja qual for a quantia que você perde *dando descontos*, dedicar alguma atenção a isso ajudará a reduzir esse custo. Cada £1 que você deixa de dar como desconto é £1 a mais no seu lucro líquido.

O ponto crucial é conseguir medir.

- O que você é capaz de medir, você consegue gerenciar.
- O que você gerencia, você consegue melhorar!

Resumidamente, dar descontos pode ser visto de uma perspectiva diferente, o que reforça a sua importância.

A ideia de que dar desconto conquista clientes é mito

Muitos executivos, em particular os que trabalham diretamente com vendas, argumentam que *precisam* dar descontos ou perderão clientes; ou que não conseguirão conquistar determinada conta se não puderem fazer alguma diferença no preço. Eu diria que a maior habilidade que se pode ter em vendas é a resposta certa, mas vamos supor que eles estejam certos. Então, basta calcular se o montante que eles perdem dando descontos é compensado pelo que eles recebem com as vendas adicionais para os clientes atuais ou novos.

A Tab. 10.1 mostra as principais faixas de lucro bruto, ou margem de contribuição, entre 20% e 60%. A seguir, na primeira coluna à esquerda, são propostos descontos nos preços entre 2% e 20%, que poderiam ser usados na tentativa de se aumentar as vendas. Os percentuais apresentados nas outras colunas representam o crescimento necessário nas vendas para compensar o lucro bruto perdido em função do desconto dado no preço. Agora, você deve fazer esta análise considerando o seu negócio como um todo, seja qual for o lucro bruto médio ou, ainda, aplicar esse mesmo raciocínio produto a produto. Os cálculos são exatamente os mesmos.

Tabela 10.1 – Crescimento necessário nas vendas para compensar o desconto

Lucro Bruto %	20%	25%	30%	35%	40%	45%	50%	55%	60%
Desconto	Crescimento necessário nas vendas para compensar o desconto								
2%	11%	9%	7%	6%	5%	5%	4%	4%	3%
4%	25%	19%	15%	13%	11%	10%	9%	8%	7%
6%	43%	32%	25%	6%	5%	5%	4%	4%	4%
8%	67%	47%	36%	30%	25%	22%	19%	17%	15%
10%	100%	67%	50%	40%	33%	29%	25%	22%	20%
12%	150%	92%	67%	52%	43%	36%	32%	28%	25%
14%	233%	127%	88%	67%	54%	45%	39%	34%	30%
16%	400%	178%	114%	84%	67%	55%	47%	41%	36%
18%	900%	257%	150%	106%	82%	67%	56%	49%	43%
20%	*	400%	200%	133%	100%	80%	67%	57%	50%

Para saber quanto a mais você terá de vender para compensar o desconto dado, basta cruzar a informação da coluna do lucro bruto da sua empresa, ou do produto que você está analisando, com a linha do desconto que você pretende praticar.

Exemplo:

O GERENTE DE VENDAS de uma empresa que vende porta-retratos digitais disse o seguinte: "quero reduzir nossos preços em 10% para que possamos aumentar as nossas vendas". A empresa atualmente compra os porta-retratos do fornecedor por £70 e os revende por £100; obtendo um lucro bruto de £30 ou 30%. Eles vendem cerca de 1.000 molduras por ano a £100 cada, o que dá um faturamento de £100.000, um custo de £70.000 e um lucro bruto de £30.000 ou 30%.

Se eles reduzirem o preço em 10% e venderem as próximas 1.000 unidades por £90, o faturamento cairá para £90.000. No entanto, o custo de aquisição desses 1.000 porta-retratos permanecerá em £70.000 e o lucro bruto será de apenas £20.000. A menos que as vendas aumentem, eles perderão £10.000.

Com o novo preço de venda de £90, eles obtêm apenas £20 de lucro bruto acima do custo de £70. Então, para recuperar as £10.000 de lucro perdidas por conta do desconto dado, eles precisarão vender mais 500 porta-retratos, só para terem o mesmo lucro que tinham antes da promoção.

Agora, se o seu lucro bruto fosse de apenas 20% e você quisesse dar 10% de desconto na intenção de aumentar vendas, seria preciso *dobrar* o número de vendas, ou seja, aumentar em 100%, só para voltar ao ponto inicial. A verdade é que, se você está dando descontos acreditando que as vendas adicionais compensarão a redução no preço, você está enganado.

Há apenas duas razões válidas para se dar desconto: a primeira é quando você usa o desconto como ferramenta de marketing para apresentar o preço de forma mais atraente, tendo calculado previamente um preço inicial capaz de suportar tal desconto. A segunda é quando o seu preço está errado e você precisa ajustá-lo ao valor real de mercado. Antes de usar esse motivo, você precisa fazer uma pesquisa de mercado séria para ter convicção dos dados informados.

Então, por que todo mundo dá desconto?

■ As quatro principais razões pelas quais se dá descontos

1. Porque todo mundo faz isso

A política de descontos no mercado *business-to-business* (B2B) é praticamente a mesma do varejo. Quando entramos em um supermercado ou loja de departamentos, estamos todos condicionados a sermos recebidos por cartazes oferecendo:

■ Leve 2, pague 1!

■ Promoção! 20% de desconto nos itens indicados.

■ 50% de desconto nos produtos que estão saindo de coleção.

■ Ganhe 10% de desconto nas compras acima de £50.

Há muitas variações desses exemplos, mas todas oferecem descontos aos clientes. Isso nos condicionou a acreditar que sempre há margem para se reduzir o preço, quando nos é apresentado um *valor de tabela* ou *preço cheio*.

Qualquer que seja a oferta, aceitamos passivamente o novo preço declarado. Se tiver um cartaz dizendo que o preço era £100 e agora é £80, aceitamos isso como sendo inegociável.

Não há uma preocupação real do consumidor com o preço, mas apenas uma reação automática ao preço apresentado. Quando se treina os vendedores a dizerem educadamente um "não" aos clientes quando eles pedem um desconto, a resposta mais comum é: "tudo bem, vou levar assim mesmo!".

Inevitavelmente, décadas de marketing baseado em promoções de preços condicionaram o comportamento do consumidor e pechinchar virou quase um "estilo de vida". Não dar desconto é visto como uma tentativa de lucrar excessivamente ou de extorquir o cliente. Obviamente, se todo o mercado adotar essa prática, será difícil você não oferecer descontos no seu negócio. O que precisamos fazer é encontrar uma forma mais sutil de gerenciar o problema. No final deste capítulo, há um bom número de técnicas que o ajudarão a fazer isso.

Exemplo disso, é uma empresa que entendeu a importância da precificação e publicou a sua política de descontos como parte de seus termos de comercialização. Essa informação foi incluída em todas as cotações de preços e nos rodapés dos e-mails da empresa.

POLÍTICA DE DESCONTOS:

Como empresa, trabalhamos muito para garantir aos nossos clientes a oferta de produtos da mais alta qualidade, excelência no atendimento e a melhor relação custo-benefício. Nossos preços foram fixados, após muita análise, em um patamar que nos permita alcançar esses objetivos e obter um lucro justo.

Descontos adicionais nos preços só poderiam ser concedidos em detrimento da qualidade dos nossos produtos, ou dos nossos padrões de serviço, o que não estamos dispostos a fazer.

Então, por favor, não peça desconto, pois os preços que praticamos já são os melhores que podemos oferecer.

Eles descobriram que ganharam mais negócios por meio desse modelo de transparência absoluta dos preços, e certamente lucraram mais eliminando as práticas de desconto aleatórias e sem controle que eram utilizadas no passado.

2. Porque eles pensam que isso aumentará o volume de vendas

Já comentamos sobre a falácia desse argumento. A Tab. 10.1 mostrou o volume de vendas adicionais necessário para variadas margens de lucro bruto, para que fosse possível compensar o lucro perdido em função dos descontos concedidos.

> **A CHANCE DE UM INCREMENTO** no volume de vendas ser suficiente para compensar o lucro perdido com o desconto é quase sempre nula.

É importante esclarecer que a busca pelo aumento do volume de vendas é uma das principais razões pelas quais as empresas dão descontos nos preços. Esse raciocínio é resultado da falta de entendimento sobre os impactos financeiros que tal prática ocasiona, ilustrados neste livro pelos exemplos já apresentados. As empresas não estão fixando preços cuidadosamente calculados ou tomando decisões com base em análises detalhadas das reações dos clientes. Elas veem as grandes redes de varejo fazendo promoções de preço regularmente, e imaginam que elas fizeram a lição de casa e chegaram à conclusão de que o desconto irá gerar vendas e lucros adicionais. O que essas empresas não conseguem entender é que o motivo para as grandes redes darem descontos tem razões completamente diferentes.

Imagine uma loja que venda uma jaqueta feminina, por exemplo. Se eles colocarem 1.000 unidades dessa jaqueta ao preço de £49 e o custo da mercadoria for de £29,40, eles terão 40% (ou £19,60) de lucro bruto, ou margem de contribuição, por cada jaqueta vendida. Suponha que eles vendam, nos primeiros três meses, 800 jaquetas a £49.

Então, eles se veem com 200 jaquetas ainda em estoque, e os produtos da nova estação chegarão em breve à loja. Diante disso, decidem reduzir o preço da jaqueta em 20%, para £39. Agora, o lucro bruto é de apenas £9,60 por jaqueta, aproximadamente metade do lucro anterior. Esse lucro menor não representa o patamar de lucro obtido com a venda de todas as 1.000 jaquetas. A loja já conseguira um bom lucro nas primeiras 800 jaquetas vendidas. O motivo para dar o desconto nas 200 jaquetas restantes é simplesmente "limpar as prateleiras" com o melhor preço possível, e não o de gerar lucro.

RESULTADOS DE VENDAS E LUCROS:

800 unidades x £19,60 de lucro bruto = £15.680 de lucro bruto. Então, mesmo que eles jogassem fora as 200 jaquetas restantes, ainda assim o lucro bruto total seria positivo:

200 unidades x £29,40 de custo = (£5.880) de prejuízo.

Lucro bruto nas primeiras 800 unidades	£15.680
Prejuízo nas 200 unidades jogadas fora	(£5.880)
Lucro total nas 1.000 unidades	**£9.800**

Se a loja conseguir vender rapidamente as últimas 200 jaquetas ao preço de £29,40, o lucro bruto total voltará para £15.680. Qualquer valor que obtiverem acima do custo de £29,40 os deixarão mais do que satisfeitos com o resultado geral. Na verdade, muitos desses grandes varejistas de vestuário oferecem roupas no final da estação para instituições de caridade, ou as vendem a preços super baixos aos próprios funcionários. Algumas lojas chegam até mesmo a destruir os estoques residuais no final da estação para não prejudicarem o seu posicionamento de mercado, evitando serem vistas como uma loja de descontos ou de preços baixos.

Você pode pensar que esse princípio se aplica apenas a produtos sazonais, como roupas, ou produtos perecíveis, como alimentos. Porém, ele se aplica a qualquer iniciativa que um varejista queira tomar, seja para limpar as prateleiras para dar lugar a novos produtos ou para gerar caixa se livrando do estoque excessivo.

> **O PONTO FUNDAMENTAL** é que o motivo pelo qual as grandes redes de varejo dão descontos é para limparem as prateleiras, se livrarem dos produtos de baixo giro ou ainda se desfazerem de produtos que perderão a validade e terão que ser descartados. **Elas não dão descontos nos preços como estratégia para aumentar os volumes de vendas.**
> Meu Deus!

Esses varejistas identificaram que os clientes se dividem em vários segmentos. Os compradores iniciais, ou *early adopters*, são o grupo de clientes para os quais eles venderão a maior parte dos estoques pelo preço mais alto. Então, eles diminuirão um pouco o preço para atrair o segundo grupo, o dos *price wary*, formado por clientes sensíveis ao preço que querem o produto, mas não estão dispostos a pagar o preço cheio. Finalmente, eles vendem o restante do estoque para os *bargain hunters* – os caçadores de promoção –, ou para consumidores com restrições de renda, que se importam mais com o preço baixo do que com o custo-benefício do produto. Esses dois últimos tipos de clientes geram pouco ou nenhum lucro para os varejistas, mas limpam as prateleiras e evitam os custos com o descarte dos produtos.

O que todos esses varejistas sabem é que o desconto no preço não só gera vendas adicionais, mas também deprecia o valor do produto até o próximo nível de consumidor.

3. Eles fazem o preço deixando uma margem para dar descontos

Esse problema foi abordado em profundidade no Capítulo 8, portanto, se você o pulou, volte e leia-o agora mesmo.

Não há nada de errado com essa abordagem. Manipular os preços para que os consumidores pensem que estão levando alguma vantagem, se aproveitando da vontade que eles têm de conseguir uma oferta melhor, não tem problema, desde que você cumpra a lei. Todos nós gostamos de pensar que compramos algo que vale £1.000 por apenas £500, mas a verdade é que esse desconto não é real.

A grande desvantagem desse tipo de prática é que ela condiciona os consumidores a acreditarem que o lucro das empresas é exagerado, por causa dos descontos que elas oferecem. Será que é melhor para uma pequena empresa não inflacionar artificialmente os preços e tentar superar a ignorância do cliente por meio de técnicas de vendas, ou ela deveria fazer como as outras, inflacionando os preços primeiro para dar o desconto depois? O que você não pode fazer de jeito nenhum é dar descontos elevados sem tê-los incorporados ao seu preço cheio, ou de tabela.

Um contador relatou o seguinte caso verídico, em uma conferência: um cliente particularmente difícil, estava sempre pedindo um desconto nos honorários da contabilidade, ao que o contador sempre recusava com firmeza. Num dado momento, o contador chegou no seu limite e disse:

> **DAVE, TODOS OS ANOS** temos essa mesma discussão sobre descontos. Este ano eu aumentei em £800 o preço dos meus honorários e, com isso, eu posso te dar 10% de desconto, o que equivale a £800 a menos. Tudo bem?

O cliente ficou encantado com o fato de o contador finalmente ter cedido, apesar do constrangimento ao qual ele fora submetido primeiro. A questão nunca foi a insatisfação com o preço dos honorários, mas apenas o desejo de sentir que tinha feito um bom negócio.

4. Os vendedores querem fechar a venda rapidamente

Os capítulos anteriores examinaram vários elementos que fazem parte de uma série de motivos pelos quais os clientes decidem comprar. O preço é apenas um dos aspectos que precisam ser explicados e discutidos com os clientes em potencial.

O problema é que a maioria das pessoas que atuam como vendedores nas empresas não são treinadas de forma adequada para desempenhar esse papel. Em geral, os vendedores recebem muito menos treinamento e desenvolvimento do que essa função merece e precisa. As habilidades da sua equipe de vendas são cada vez mais críticas para o sucesso da empresa e para a superação da cultura de dar descontos indiscriminadamente.

Vamos considerar o que um bom vendedor deveria fazer. Isso nos ajudará a entender por que são tão poucos.

- Preparar o seu *pitch* (discurso ou argumentação) de vendas baseado em pesquisas sobre o cliente em potencial, como: quem são os decisores, quais são suas necessidades, etc.

- Estruturar o *script* da ligação/*pitch* de vendas para garantir que eles passem pelos pontos fundamentais, e ao mesmo tempo revelem as necessidades e as preocupações do cliente.

- Usar materiais de apoio apropriados, como produtos para demonstração, leituras sobre vendas, folhetos, etc.

- Ser capaz de compreender a linguagem corporal para poder interpretar as reações do cliente.

- Saber o momento adequado de fechar a venda. Tentar fechar o negócio muito cedo ou tarde demais pode levar à perda da venda.

- Estar preparado. Um grande vendedor se adapta a qualquer situação e está sempre pronto para vender. Um grande vendedor é capaz de perceber qualquer sinal de compra do cliente e ter cartões de visita até mesmo no bolso do pijama!

Quando esses grandes vendedores estão vendendo, eles investigam as necessidades do cliente, ouvem com atenção os seus problemas e explicam como os atributos do produto ou serviço que estão vendendo o beneficiarão. Eles abordam questões como: quando o produto é necessário, como ele se adequa ao negócio do cliente, quando ele deve ser entregue, níveis de qualidade aceitáveis, cores, tamanhos, quantidades e também descobrem quais seriam os potenciais concorrentes. O preço é, obviamente, uma questão a ser abordada, juntamente com outras condições de pagamento ou possíveis descontos por *volume*.

Uma das principais causas para o uso equivocado dos descontos é a falta de habilidade dos vendedores para desempenharem bem a sua função, o que os leva a usarem o preço como único aspecto da venda a ser discutido com o cliente. Se você contrata vendedores, ou se for um deles, pense na última vez em que participou de um treinamento de vendas, ou leu um livro sobre linguagem corporal, etc.

Como limitar os descontos

Muitas vezes resiste-se à ideia de limitar o poder dos vendedores em dar descontos aos clientes. Muitos comparam isso a trabalhar com as mãos amarradas. É fundamental que as pessoas entendam, com alguns exemplos contundentes que apresentaremos, qual o impacto em dar *autonomia* aos vendedores para baixarem os preços.

Este estudo de caso é sobre uma pequena empresa de instalações hidráulicas, com faturamento anual de £100.000, que trabalha para clientes corporativos e luta contra o uso indiscriminado dos descontos.

🗂 ESTUDO DE CASO

Como muitos empresários, o Sr. T frequentemente se via na posição de ter que dar descontos para fechar a venda de um serviço (ou pelo menos ele achava que isso era necessário). Ele concedia quase £25.000 em descontos anualmente para garantir o volume de £100.000 em faturamento. Um consultor o convenceu a mudar essa prática. Antes, em uma venda de £125, ele daria um desconto de £25, gerando um faturamento líquido de £100. Agora, Sr. T teria o seguinte diálogo com os clientes:

Lamento não poder mais oferecer um desconto direto de 20%. Preciso cobrar o preço cheio de £125. Mas, como você é um cliente importante para nós, lhe farei uma oferta especial. Agora temos uma política de *cashback*, se você pagar à vista. Eu lhe darei um reembolso de £25, em dinheiro, para que você pague, de fato, apenas £100. Desculpe, mas esse é o novo procedimento implementado pela contabilidade.

Deixe-me esclarecer que não há aqui qualquer intenção em se evitar o pagamento de tributos, mas sim de mudar a percepção de valor do cliente e como a empresa contabiliza a transação, embora tenhamos insistido que o desconto fosse dado em dinheiro.

Então, o que muda na prática?

• Antes, o cliente tinha uma percepção de valor do produto de apenas £100. Qualquer que fosse o preço anunciado, na sua cabeça o desconto era um direito e o valor real do produto era de apenas £100. Ao devolver as £25 e dizer que o motivo é porque ele era um *cliente importante*, em vez disso ser percebido como um simples desconto, provavelmente o cliente perceberá o produto como valendo £125, e as £25 a menos como um bônus.

• Se o cliente precisar verificar quanto pagou pelo produto anteriormente, provavelmente só encontrará a fatura de £125 e não o reembolso de £25. Portanto, ele pode vir a aceitar as £125 como sendo o preço normal do produto em uma *compra futura*, sem perceber isso como um aumento no preço, já que o reembolso de £25 será visto como um benefício pontual.

• A maioria das pessoas gosta de receber um brinde ou algo de graça. O impacto do *cashback* faz com que o cliente fique contente com o aparente ganho extra. A questão é que os clientes mais satisfeitos são mais leais, gastam mais e indicam você.

- A empresa só dá o bônus e faz o reembolso em dinheiro no momento em que a fatura é liquidada. Portanto, se houver uma disputa de qualquer espécie, ela pode tentar reaver o valor total. Isso ajuda a reforçar os termos do acordo. Isto é, por que alguém que paga com 90 dias de prazo deveria receber algum desconto?

- A empresa também muda a forma como ela própria enxerga o desconto. Ao dar o reembolso em dinheiro vivo, ela fará uma avaliação mais criteriosa entre os clientes que realmente o merecem e aqueles que simplesmente o pedem. Quando você dá dinheiro vivo a alguns clientes, provavelmente você será mais rigoroso sobre quem deverá recebê-lo.

Inicialmente, a empresa recebia as mesmas £100 pelo serviço. Entretanto, com o tempo, essa prática solidifica sua atitude em relação a quem recebe o desconto e de qual valor, além de fazer com que o cliente aprecie muito mais o que está recebendo. Em muitas empresas, isso leva a reduções significativas nos descontos concedidos. Talvez o mais importante seja fazer com que as empresas saibam exatamente o quanto estão gastando em descontos.

A lógica dessas questões é puro bom senso, embora os aspectos práticos desse tipo mudança possam incomodá-lo. Não faz nenhuma diferença, em termos de faturamento, vender um produto por £100, ou vendê-lo por £125 e dar um reembolso de £25. Contudo, isso afeta a percepção de valor de ambas as partes da negociação.

Relembrando o estudo de caso da SE Limited:

Se eles faturassem pelo valor integral e depois pagassem o reembolso em dinheiro, isso representaria uma média de 21% do preço normal. Para fazer isso, eles precisariam ter em dinheiro vivo, em notas e moedas, cerca de £6.650.000 ao longo do ano, ou £25.000 por dia útil. Claro que isso seria impraticável. Eles precisariam contratar seguranças e controlar o acesso das pessoas.

No entanto, quando você vê a maioria das empresas simplesmente dando descontos em cima do preço de venda, percebe que qualquer vendedor pode dar qualquer desconto, para *qualquer* cliente, por *qualquer* motivo, simplesmente apertando um botão!

Se a empresa não adota o sistema de *cashback*, mas permite aos vendedores darem descontos diretamente do sistema, não há fechadura nessa porta! A mensagem para a equipe de vendas é: *entre e sirva-se*!

Mesmo nos negócios do Sr. T, em que o desconto médio de 20% equivale a £25.000, esse é o seu segundo maior custo e, mesmo pagando o reembolso aos clientes, ainda assim isso representaria um grande controle sobre os descontos.

> **A MAIORIA DAS EMPRESAS** possuem controles muito mais rigorosos sobre as £100 que mantém em dinheiro para troco, do que sobre as milhares ou milhões de libras que permitem que os vendedores deem aos clientes na forma de descontos sem critérios.
>
> Meu Deus!

Há um último ponto sobre descontos que é abordado com mais detalhes no Capítulo 14, "Fazendo as contas", mas é importante mencioná-lo aqui. A Fine Worldwide Goods Limited realizou um projeto para melhorar a sua lucratividade. Um dos primeiros passos foi elaborar uma planilha de cada produto com o custo, o preço de tabela e o lucro bruto (ou margem de contribuição) esperado.

A lista, com quase 5 mil itens em estoque, era mais ou menos assim:

Tabela 10.2 – Estoque de produtos – Fine Worldwide Goods Limited

LISTA DE PRODUTOS			
Produto	Custo	Preço de Tabela	Lucro Bruto
A	£10	£15	£5
B	£12	£16	£4
C	£8	£14	£6
D	£14	£20	£6
E	£20	£35	£15
F	£34	£44	£10
G	£48	£75	£27

Em seguida, adicionaram mais algumas colunas para mostrar o desconto médio aplicado a esses produtos, para os clientes que os compraram no ano anterior. Então, a lista ficou assim:

Tabela 10.3 – Estoque de produtos – Fine Worldwide Goods Limited

LISTA DE PRODUTOS						
Produto	Custo	Preço de Tabela	Lucro Bruto	Desconto Médio	Valor do Desconto	Lucro Bruto Revisado
A	£10	£15	£5	20%	£3	£2
B	£12	£16	£4	35%	£5,60	**(£1,60)** ←
C	£8	£14	£6	25%	£3,50	£2,50
D	£14	£20	£6	30%	£6	£0
E	£20	£35	£15	30%	£10,50	£4,50
F	£34	£44	£10	0%	£0	£10
G	£48	£75	£27	40%	£30	**(£3,00)** ←

Observe os produtos em que a empresa concedeu um desconto médio maior do que o lucro bruto – isso significa que esses itens foram vendidos com prejuízo.

Como isso foi acontecer?

Muitos de seus maiores clientes receberam descontos de 30%, por conta do alto volume de compras. No geral, esses clientes compravam cargas inteiras de produtos, a maioria com taxas de lucro bruto de 50% ou 60%. Logo, um desconto médio de 30% parecia razoável diante do grande volume de vendas. No entanto, alguns produtos tinham os percentuais de lucro bruto baixos, de 20% ou até mesmo de 10%. Então, mesmo que eles tenham obtido algum lucro no geral, alguns produtos geravam prejuízos significativos.

Isso não foi percebido porque ninguém fazia as perguntas certas. Você pode pensar que esse tipo de situação é rara, mas infelizmente ela acontece na maioria das empresas que têm um mix de produtos ou serviços mais extenso.

> **MILHARES DE EMPRESAS** concedem aos clientes, "acidentalmente", descontos superiores ao lucro bruto em determinados produtos ou serviços.
> Meu Deus!

Quando dar desconto é adequado

É importante dizer que "dar desconto" é, sim, uma ferramenta válida no repertório de técnicas dos profissionais de vendas.

Num mundo perfeito, seria possível cobrar um preço específico para cada cliente, levando em consideração todos os fatores que o afetam: sua percepção de valor do produto, sua capacidade de pagamento e, talvez, a urgência com que precisa do item. Pode haver mais de 100 fatores específicos que afetam a percepção de cada cliente, no lado dele da balança de valor.

Se eu puder cobrar do cliente A o preço máximo de £100 por um produto, mas o cliente B está disposto a pagar £150 pelo mesmo item, então eu gostaria de cobrar o máximo que cada um deles está disposto a pagar.

Uma série de razões nos impede de fazer isso incluindo a complexidade de se ter preços diferentes para cada cliente e, talvez, o nosso próprio julgamento moral do que é justo. Também tememos ser *descobertos* pelo cliente B, que pagou mais caro do que o cliente A, e não ter nenhuma justificativa plausível para explicar a diferença no preço.

Em muitas empresas, essa questão é contornada cobrando-se o mesmo preço de todos os clientes, mas dando descontos diferentes a cada um deles na hora de fechar a venda. Não há nada de errado nisso, e esse procedimento é o mais próximo possível que a maioria das empresas poderá chegar da maximização do lucro, cobrando de cada cliente um preço individual.

Os problemas com esse tipo de abordagem já foram exaustivamente discutidos até aqui. Não há processos estruturados, nem controle sobre a concessão de descontos pelos vendedores, tampouco a mensuração do montante gasto em descontos para se compreender o que isso custou anualmente à empresa, por produto ou por cliente.

Por isso, não se sinta obrigado a abandonar o desconto como uma ferramenta adequada de flexibilização dos preços para os seus diferentes tipos de clientes. Ele é uma ferramenta válida, mas precisa de uma gestão extremamente cuidadosa e deve estar prevista na sua estratégia global de preços.

RESUMO

▶ As empresas precisam ter mais controle sobre os descontos. Isso implica em melhores sistemas e processos, regras e regulamentos mais rígidos, e mais disciplina por parte dos vendedores que concederão os descontos. Na maioria das empresas, é muito fácil dar descontos. Se conseguirmos que os vendedores entendam a lógica de se controlar os descontos, enxergando-os como "dinheiro vivo", como no estudo de caso da empresa de instalações hidráulicas do Sr. T, então será mais difícil eles ignorarem esse raciocínio.

- ▶ Minimizar os descontos é uma parte crítica da estratégia de precificação.
- ▶ Você deve sempre quantificar os descontos que concede e ter boas regras, processos e sistemas para controlá-los.
- ▶ Mudar a forma como você usa os descontos, flexibilizando os preços para diferentes tipos de clientes, pode ser uma boa estratégia de preços, desde que adequadamente controlada e compreendida pelos vendedores e demais pessoas envolvidas no processo.

■ Colocando em prática

(1) Calcule o valor total de descontos que você concede atualmente. Peça à equipe do seu financeiro para comparar o montante de tudo que você vendeu, a preço de tabela, com o que foi efetivamente faturado. Configure o seu sistema para gerar relatórios detalhados com os valores globais, mas também estratificados por vendedor, filial, produto, cliente, etc. Se for possível, use o mesmo sistema que a sua contabilidade.

(2) Defina metas de redução dos descontos, com prazos para atingi-las, tanto para os valores globais quanto para os estratificados (vendedor, filial, produto, cliente, etc.) Depois calcule o impacto de cada uma dessas metas no lucro bruto total, caso você as atinja. Por exemplo, se você conseguir uma redução de 5% nos descontos, os lucros aumentarão em 50%.

(3) Estabeleça regras para a concessão de descontos na sua empresa. Por exemplo:
- • Níveis de autonomia (ou alçada) diferentes para dar descontos aos clientes, dependendo do cargo na empresa. Por exemplo, vendedores estão autorizados a conceder descontos de até 10% sem a aprovação do gerente. Já os gestores podem dar até 20% de desconto sem a aprovação do diretor.

- Perda do desconto pelo cliente se ele não seguir os termos do acordo, como por exemplo não pagar em dia.
- Os descontos nunca devem ser superiores ao lucro bruto obtido.
- Concessão de descontos apenas para compras acima de £100 ou £1.000.

(4) Uma vez que essas regras tenham sido aprovadas pelo CEO ou pela equipe financeira, elabore um plano de implementação para que as regras sejam comunicadas à equipe de vendas e aos clientes.

(5) Treine todo o seu pessoal de vendas a aplicar a estratégia de descontos. Todos eles devem ser capazes de explicar a tabela de *descontos versus volume* de vendas, assim como as outras questões discutidas até aqui. Para mostrar o tamanho do impacto que os descontos têm, coloque o valor do desconto médio mensal praticado, em dinheiro vivo, em cima da mesa durante o treinamento.

(6) Eleja um responsável para controlar os custos com a concessão de descontos, uma espécie de *controller de descontos*. Identifique com a sua equipe quem está dando mais descontos, por qual motivo e se existem clientes recebendo descontos excessivos. O *controller* de descontos deve ter por missão manter esse custo no nível mais baixo possível. Na maioria das empresas, alguém contratado por £30.000 ao ano se pagaria facilmente gerindo a questão dos descontos de forma apropriada.

(7) Peça ajuda a área de recursos humanos para vincular a parte variável da remuneração dos vendedores ao lucro bruto obtido nas vendas (após os descontos), de forma que eles sejam incentivados a ter mais controle emocional durante o processo de vendas e a limitarem os descontos. ●

11

APRESENTANDO O PREÇO DE FORMA APROPRIADA

Nos capítulos anteriores, tratamos da importância que é garantir que o pessoal de vendas fale para os clientes sobre todos os atributos e benefícios dos produtos, em qualquer decisão de compra, em alguma parte do processo de venda. Se o cliente não souber dessas informações, ele não as adicionará ao seu lado da balança de valor, no momento em que for determinar a quantia que estará disposto a pagar pelo produto.

No Capítulo 8, vimos que alguns clientes são motivados a comprar pela *percepção* de estarem obtendo uma grande vantagem. É comum ouvirmos de alguém que acaba de chegar de uma maratona de compras, a seguinte justificativa: "estava tudo com 50% de desconto, então comprei duas peças de cada e economizei o dobro!". Se a compra era realmente necessária, ou se o desconto era verdadeiro e representava um bom custo-benefício, nada disso tem importância diante do poderoso sentimento de ter conseguido uma pechincha.

Este capítulo desenvolve a ideia de que a forma de se apresentar o *preço* é um aspecto igualmente importante para se alcançar o maior volume de vendas global e, portanto, maximizar o lucro da empresa.

TÓPICOS DO CAPÍTULO

▶ O impacto da etiqueta de preço.

▶ O significado da clareza.

▶ A precisão é a chave.

▶ A importância dos algarismos no preço.

▶ Apresentação do preço na forma de pacotes ou combos.

▶ Quando revelar seus preços.

▶ Usando as palavras para causar impacto.

O impacto da etiqueta de preço

No varejo, a forma como o preço é exibido fisicamente pode ter impacto sobre como ele é percebido pelos clientes. O preço impresso em uma etiqueta é visto pelos clientes como real e preciso, passando a sensação de que fora meticulosamente calculado por alguém capacitado para isso, ou que um computador tenha feito cálculos complexos para se chegar ao preço *certo*. Se essas etiquetas de preço parecerem ter sido confeccionadas de forma adequada – como as etiquetas que vemos em alguns produtos eletrônicos em lojas de departamentos, por exemplo –, então haverá a suposição subjacente de que houve um esforço para se calcular aquele preço e para produzir as etiquetas, o que leva a crer que o preço está certo e é improvável que mude. Raramente os clientes questionam (mentalmente ou com o vendedor) um preço que está impresso adequadamente na etiqueta.

Por outro lado, uma etiqueta de preços escrita à mão pode ser vista pelos clientes como uma espécie de *julgamento*, de quem vende e de qual seria o preço certo e, portanto, seria apenas um ponto de partida. Por isso, nos pequenos varejos, em que a etiqueta de preços é manuscrita pelo vendedor ou pelo dono da loja, uma mensagem subliminar de que aquele preço é negociável acaba sendo passada aos clientes.

Por outro lado, quando uma etiqueta de preços impressa – que sugere que o *preço tenha sido rigorosamente calculado* – recebe um risco a caneta e um preço menor, *manuscrito*, substituindo o anterior, isso passa a ideia de pechincha. Nesse caso, o cliente aceita o preço original como válido, e a correção feita à mão transmite a mensagem de que a pessoa que fez a alteração prestou-lhe um favor.

Esse tipo de ação aproxima o cliente dos vendedores da empresa. Grandes redes de varejo usam chamadas do tipo "Oferta especial do gerente", ou algo como "A matriz não vai gostar, mas a oferta do dia é...". Agora imagine se seria possível a matriz ignorar uma oferta feita em qualquer uma de suas filiais. É claro que não, mas essa forma de apresentação do preço estabelece uma espécie de vínculo entre o vendedor da filial e o cliente, dando a ideia de que ele está recebendo uma vantagem em detrimento dos "donos" da empresa, que ficam bem longe, lá na matriz.

Esse tema está mais relacionado às *técnicas de vendas* do que à precificação pura e simples. Claramente, a forma como os preços são expressos e exibidos pode impactar profundamente na percepção dos clientes e, consequentemente, nas chances de eles comprarem ou não, dentro desses vários patamares de preços.

O significado da clareza

Pense na última vez que você foi comprar algo e os preços não eram exibidos. Pode ter sido numa loja de roupas, joalheria ou antiquário; ou, ainda, naquela ocasião em que você procurava a consultoria de um contador ou advogado.

Como você se sentiu? O que você presumiu? O que você fez?

Embora sua reação possa ter sido influenciada pelo seu grau de interesse na compra do produto ou serviço, em geral as pessoas reagem de forma muito semelhante.

Muitas pessoas sentem vergonha de perguntar qual é o preço! Elas acreditam que, fazendo isso, significa que não terão condições de comprar os produtos que estão em determinados níveis de preço. A maioria de nós já ouviu falar das boutiques de luxo em Londres, Paris ou da famosa Rodeo Drive, em Beverly Hills, em que prevalece a ideia de que, se você tiver que perguntar o preço, então é porque não pode pagar!

A suposição subjacente, para grande parte dos clientes, é de que os produtos ou serviços cujos preços não são exibidos, são caros. Eles acreditam que se os preços fossem razoáveis a empresa os mostraria abertamente. Aparentemente, ao esconder os preços, a suposição é de que eles são excessivamente elevados.

O que a maioria das pessoas faz? Elas passeiam pela loja por um curto espaço de tempo, procurando discretamente os preços na parte de baixo dos produtos ou escondidos nas peças, tentando transparecer que o preço não é importante e que se elas gostarem do item o levarão independentemente do preço. Então, elas deixam a loja sem perguntar o preço, sem saber quanto custa qualquer um dos produtos e sem comprar nada.

Os clientes não gostam de incertezas. Entretanto, se você decidir mostrar os seus preços, terá de considerar a imagem que quer transmitir, as emoções que despertará nos clientes (confiança, preço bom, urgência, etc.) para, em seguida, apresentar os preços de forma a alcançar os seus objetivos.

■ A precisão é a chave

Um dos fatores-chave na definição do preço é usar um número que demonstre um certo grau de precisão do preço.

Imagine uma pessoa que chamou várias empresas para apresentarem uma proposta para a instalação de painéis solares em sua casa. Suponha que não haja diferença perceptível entre os produtos e serviços prestados por todos os potenciais vendedores, e que não haja diferenças significativas nos materiais de vendas, nas habilidades dos profissionais ou na percepção quanto à honestidade de cada um dos fornecedores. A decisão de que a compra será realizada de uma dessas empresas foi tomada, e a pessoa pode escolher qualquer uma delas.

Foque agora na única questão que falta: o preço. Os preços das propostas apresentadas são tão próximos que o valor monetário não é um problema. Não há qualquer outra diferença como, por exemplo, uma das empresas não cobrar pelos impostos ou algo do gênero. Então, a decisão sobre qual empresa contratar será baseada, exclusivamente, na *percepção* do cliente sobre a proposta, dependendo da forma como o preço foi apresentado por cada fornecedor.

As cinco empresas a seguir apresentaram suas propostas de preço da seguinte forma:

Empresa 1: £5k, com tudo incluso.

Empresa 2: £4.999, incluindo os impostos.

Empresa 3: Em torno de £5.000.

Empresa 4: Entre £4.900 e £5.100, mas não saberemos o valor exato até terminarmos.

Empresa 5: O preço fixo, com tudo incluso, será exatamente £4.173,68 + os impostos, totalizando £5.008,42.

Como a maioria dos clientes interpretaria essas diferentes propostas? Basta pensar por um momento, antes de decidir, qual das cinco opções você escolheria e por qual razão.

A **Empresa 4** é potencialmente a mais barata, mas também pode ser a mais cara. Vamos explorar todas as opções e considerar o que se passa pela mente do cliente ao tomar a decisão.

O uso do valor abreviado de "£5k", na apresentação do preço da **Empresa 1,** sugere que ele não fora calculado adequadamente. Não é nem mesmo expresso de forma completa, como "£5.000", com todos os zeros. Isso implica que é uma estimativa baseada em um preço de mercado genérico ou num *valor aproximado*. A maioria dos clientes presumirá uma destas duas coisas: ou esse valor inclui um lucro muito elevado, ou há um grande risco do preço cobrado ser o maior. Isso acaba induzindo os clientes a pedir um desconto maior ou a evitar o risco de pagar um valor mais alto, levando-os a comprar em outro lugar. O preço da **Empresa 1** é visto como não tendo sido devidamente calculado e dá a sensação de não ser confiável ou de não estar correto.

A **Empresa 2** foi claramente persuadida pelo "mito do número 9", abordado no Capítulo 8, acreditando que o preço de £4.999 será visto pelos clientes como *adequado*, por estar um pouco abaixo de £5.000.

De fato, quanto maior o preço, menos crível se torna a questão do uso do número 9. Essa abordagem pode funcionar para itens de £1,99 ou £29,99, mas vai perdendo a eficácia à medida que os valores ficam maiores, e pode até soar ridículo. Um preço de £4.999 será inevitavelmente arredondado para £5.000, na percepção dos clientes. Eles provavelmente sentirão como se a empresa estivesse tentando enganá-los com um *truque* bobo, para fazer com que o preço parecesse uma oferta. Os consumidores não são estúpidos e sabem que as chances de um preço adequado, calculado para cobrir os custos e gerar um lucro decente, nunca ficaria a apenas £1 abaixo do montante arredondado.

A **Empresa 3** destruiu completamente a confiança do cliente em relação ao preço que propôs, pelo uso da expressão "em torno de". Há muitas empresas que usam essa ou outras expressões semelhantes, como: "mais ou menos", ou a palavra "estimativa" no lugar de "cotação". Essa é uma questão crítica, pois os consumidores detestam a incerteza que essas referências ao preço evocam. A expectativa natural das pessoas é a de que o preço final será sempre maior que a estimativa. A **Empresa 3** apresenta o preço "em torno de £5.000" porque, na verdade, não tem certeza de quanto o serviço custará, portanto, o preço final pode ser de £50 para mais ou para menos. Provavelmente, o cliente só presumirá que o preço será maior e que isso lhe custará centenas de libras a mais.

A **Empresa 4** limitou o grau de incerteza dos preços e sinalizou que ele poderia ser menor, mas há duas questões a serem consideradas. A primeira é a de que a maioria dos clientes presumirá que o preço sempre tenderá para o valor mais alto; que o fornecedor tentará enganá-los apresentando uma faixa de preços, mas pretendendo cobrar, de qualquer forma, a quantia mais elevada. Isso levará alguns clientes a comprarem em outro lugar, embora essa seja a proposta na qual o preço é, potencialmente, o mais baixo. A segunda questão diz respeito àqueles clientes que têm a expectativa de pagar o menor valor da faixa de preços. Eles acabam ficando insatisfeitos quando têm de desembolsar os valores mais altos da escala, mesmo isso tendo sido combinado desde o início. Na maioria das empresas, qualquer incerteza a respeito do preço afasta o cliente ou leva a discussões futuras. É a receita para se ter problemas.

Então, seja pela dúvida que suscita as expressões "em torno de" ou "estimativa", ou pela incerteza inerente à uma faixa de preços, os clientes preferem evitar a dúvida e assumir que o pior acontecerá – o que os levará a avaliarem as propostas pelo preço mais alto apresentado por cada um dos fornecedores.

A **Empresa 5** definiu um preço que implica em uma série de coisas. A primeira delas é que o preço não mudará, e o cliente pode confiar que o valor apresentado na proposta será o efetivamente cobrado. A segunda é a precisão do preço, incluindo até mesmo os 42 centavos finais, sugerindo que ele tenha sido meticulosamente calculado e que foram considerados todos os custos do serviço. A maioria de nós entende que, ao comprarmos algum produto ou serviço, a empresa que nos vende precisa ter lucro, mas queremos que ele seja justo. Usar números muito específicos dá a impressão de que todas as variáveis necessárias à formação do preço foram devidamente consideradas, incluindo um patamar de lucro justo.

Embora isso possa variar de produto para produto, os clientes esperam receber o mesmo tipo de proposta que os outros. Quando vemos preços arredondados ou faixas de preço, receamos que ele seja cobrado apenas de nós e possa ter sido majorado com base na percepção do vendedor a respeito do nosso poder aquisitivo. Isto é, os clientes se preocupam se o preço pela instalação de um painel solar para uma casa com uma Porsche nova na garagem, por exemplo, seria mais alto que o cobrado para outra residência, que tem apenas um carro com 10 anos de uso. Quando recebemos uma proposta de preço com números muito específicos, presumimos que ele fora meticulosamente calculado para esse serviço, independentemente das circunstâncias, e não que ele saiu do nada!

Vamos olhar para isso de uma outra perspectiva. No Capítulo 10, discutimos o problema em dar descontos. Agora, discutiremos por que a precisão nos descontos é fundamental.

A Premier Wholesale Limited fatura cerca de £1 milhão com a venda de ferramentas e equipamentos para revenda. Dave, o gerente de vendas, estava ao telefone com um cliente relativamente novo, que indagava sobre um possível desconto.

Do lado de fora do escritório, era possível escutar apenas a fala de Dave ao telefone:

- **Dave**: Sim, nós temos o produto em estoque. Eu consigo enviá-lo ainda hoje.
- **Silêncio** (enquanto alguém falava do outro lado da linha).
- **Dave**: "Normalmente", esse é vendido por £1.000 mais os impostos.
- **Silêncio.**
- **Dave**: Sim, é claro que podemos fazer alguma coisa no preço, que tal 30% de desconto?
- **Silêncio.**
- **Dave**: Não, 30% é o desconto que damos para todo mundo.
- **Silêncio.**
- **Dave**: Ótimo, vou resolver isso agora mesmo.

O que realmente aconteceu foi que o cliente havia perguntado: "será que você pode me dar um desconto?", e Dave já foi dando, logo de cara, um abatimento de 30%, em vez de começar com um percentual menor. Afinal, "30% é o desconto que damos pra todo mundo, daí fica mais fácil calcular o novo preço".

Quando Dave disse a palavra "normalmente", enviou um forte sinal para o comprador de que havia margem para negociação. Dizer simplesmente qual é o preço reduz bastante esse risco.

Entretanto, uma vez que o processo de venda tenha iniciado, serão necessárias boas habilidades em negociação para se minimizar a queda no preço.

Isso acontece com muitos vendedores. Talvez eles comecem com 30%, ou menos, 10%, ou talvez 20%. Quase sempre o desconto será um múltiplo de 5%, simplesmente porque é mais fácil para o vendedor calcular!

O principal problema com esses descontos arredondados é que ninguém acredita muito neles. Se o cliente pede um desconto e o vendedor lhe diz "posso te dar 20%", ele pensará que ainda há alguma margem para negociação. De fato, no exemplo real acima, mesmo após receber os 30% de desconto, o cliente ainda pediu mais. Isso também aconteceria se ele tivesse oferecido 5%, 10% ou 15%, ou qualquer outro desconto "redondo". Portanto, os valores de descontos arredondados são vistos pelos clientes como números fictícios, passíveis de negociação. Vejamos como a conversa que Dave teve com o cliente poderia ter sido diferente:

- **Dave**: Sim, nós temos o produto em estoque, eu posso enviá-lo ainda hoje.
- **Silêncio.**
- **Dave**: "Normalmente", esse modelo é vendido por £1.000, mais impostos.
- **Silêncio.**
- **Dave**: (depois de digitar aleatoriamente na calculadora) Eu poderia fazer um preço especial só para você. Baseado no modelo de máquina específico que você está comprando, e desde que você pague em dia, posso dar um desconto de 21,27%. Isso significa que você pagará £787,30.

Como você se sentiria se fosse o cliente? Claro que você preferiria 30%, mas se não soubesse que esse desconto era possível, e a oferta de 21,27% fosse feita, é muito mais provável que você acreditasse que esse preço está correto e tenha se baseado na precisão dos números e na sua impressão de *cálculo elaborado*. Além disso, a empresa vinculou o desconto a uma máquina específica, e não necessariamente a todos os produtos. E essa condição ainda dependia de o cliente efetuar os pagamentos em dia. Isso permitiu que a empresa criasse descontos diferentes para os produtos e até os cancelasse se o cliente não honrasse os pagamentos.

Tentou-se essa abordagem na venda seguinte e, embora não haja qualquer evidência científica, o próximo cliente aceitou o desconto de 21,27%, sem contestação. O impacto financeiro dessa redução de 8,73% no desconto (de 30% para 21,27%) foi enorme. Nesse exemplo, reduzir o preço em £212,70, em vez de £300, adicionou um valor extra de £87,30 às vendas, o que significou um aumento no lucro bruto daquela máquina de £250 para £337,50, um crescimento de 35%. Mais uma vez, era apenas uma questão de uso adequado do tempo, para se vender da forma correta e apresentar o preço de uma maneira mais elaborada.

Outra empresa chegou a proibir os descontos arredondados: 5%, 10%, 15%, 20%, 25% e assim por diante. Se um cliente pedisse 10% de desconto, o vendedor teria que dar 9% ou 11%, mas não poderia, de forma alguma, conceder os 10%. Os vendedores ficaram perplexos quando a empresa adotou essa medida.

A questão central era fazer os vendedores *pensarem*. Depois de um período forçando-os a negociar melhor os possíveis descontos com os clientes e a argumentar mais, com base nos atributos e benefícios dos produtos, em vez de simplesmente dar um desconto de 5% ou 10%, o desconto médio caiu e os preços efetivos subiram.

Com o tempo, eles verificaram que os vendedores adquiriram o hábito de argumentar mais sobre o preço, fazendo com que o antigo desconto médio de 20% caísse imediatamente para 19%; e depois, gradualmente, chegasse a 18%, a 17% e, finalmente, a 16,73%. Isso só aconteceu porque foi difícil para os vendedores oferecer novamente os descontos padrão arredondados. Além disso, eles foram treinados para argumentar mais com o cliente, discutir abertamente a questão do preço e, claro, a escolher um valor de desconto que fosse mais crível para os clientes do que os antigos *números arredondados*. Antes, quando eles ofereciam 20% de desconto, muitos clientes pediam 25%. Quando passaram a oferecer um valor mais específico, como 17,4%, os clientes não pediam nada a mais.

■ A importância dos algarismos no preço

Já falamos em outro capítulo sobre o mito acerca do número 9. O seu uso no limite de faixas de preços teria o poder de impactar psicologicamente os consumidores, sugerindo que o preço representa um valor muito inferior ao que de fato é, aumentando a percepção da relação custo-benefício de um produto ou serviço.

Um grande experimento realizado nos Estados Unidos testou o impacto de certos preços na demanda. Eles trabalharam com uma grande empresa de vendas por catálogo, e testaram a demanda por alguns produtos a preços diferentes. Por exemplo, uma jaqueta feminina, que aparecia no catálogo em uma bela foto acompanhada de um texto bem feito, era oferecida por meio de 60 mil catálogos enviados a toda a base de clientes da empresa. Em um terço desses catálogos, a jaqueta era vendida a US$44, em outro terço a US$49, e para o terço restante a US$54. A jaqueta custava para a empresa US$20, então eles teriam um lucro bruto de US$24, US$29 ou US$34 por item, respectivamente.

A distribuição dos catálogos foi aleatória, de modo que pessoas vizinhas poderiam receber preços diferentes. Vejamos os resultados:

Tabela 11.1 – Lucro bruto gerado por faixa de preço da jaqueta

Preço	Unidades Vendidas	Lucro Bruto
US$44	1.000	US$24.000
US$49	1.500	US$43.500
US$54	1.000	US$34.000

Há duas conclusões particularmente interessantes no estudo. A primeira é que o volume de jaquetas vendidas a US$44 e a US$54 foi o mesmo, sugerindo que o preço mais alto ou mais baixo não teve impacto sobre a demanda. Talvez tenha sido a bela imagem da jaqueta, a boa argumentação do texto ou até a posição do anúncio no catálogo que impactaram as vendas, e não o preço. Isso confirma muito do que este livro prega, ou seja, preço não é tudo.

A segunda conclusão que o estudo revelou foi que as pessoas preferem um preço com o algarismo 9 no final. Como já explicamos, o 9 é um número familiar e confiável e pode-se concluir que a chave é o número em si. Entretanto, o estudo mostrou apenas que o 9 era um número mais "popular" ou mais significativo do que o número 4. A questão é se ele também é mais significativo do que, por exemplo, o número 3 ou o número 8.

Peça às pessoas para pontuar algo numa escala de 1 a 10 (em que 10 é excelente), e a grande maioria escolherá a pontuação 7. Isso se dá porque 7 é o número menos provável de provocar uma indagação do tipo: "apenas um 6, o que houve de errado?", ou "um 8, o que você gostou em particular?".

Participamos de um seminário que tratava do poder dos números para se vender aos clientes e ficamos impressionados com a informação de que o 7 é um número incontroverso e, portanto, poderoso.

Como resultado, alteramos as nossas propostas para que todas as cotações terminassem em 7. Uma cotação de £10.000, por exemplo, seria alterada para £10.007.

Ficamos surpresos com a melhora na taxa de conversão das propostas depois da mudança. Embora muitos clientes tenham pedido para arredondar o preço para baixo, retirando as estranhas £7, pouquíssimos questionaram o valor total da proposta.

Sarah Hill Builders

Os números que você usa atualmente para apresentar o preço dos produtos ou serviços que vende têm impacto direto sobre a percepção do comprador quanto à sua credibilidade e, em última análise, à sua disposição para pagar o valor cobrado. Existe o risco de que qualquer apresentação arredondada do preço, seja como percentual ou preço promocional, faça com que o cliente duvide que esses preços sejam reais, justos, devidamente calculados ou inegociáveis.

Um produto qualquer, vendido por £10,07, será mais atrativo para os clientes do que a £10. Se isso também aconteceria no caso de o preço ser £10,09 ou £9,99, não se pode ter certeza. Isso contrasta totalmente com a prática de muitas empresas, que definem seus preços simplificando a apresentação para o cliente, usando valores e percentuais arredondados.

Apresentação do preço na forma de pacotes ou combos

O Capítulo 6 falou sobre o agrupamento de produtos na tentativa de encorajar os clientes a comprarem mais itens por vez, o que não aconteceria se esses produtos fossem oferecidos um a um. Um dos fatores críticos para o sucesso nas vendas é a oferta de preços para pacotes ou combos.

Façamos uma comparação simples entre ofertas individuais e outras opções agrupadas. Em geral, uma tabela de preços por produto dá a vantagem ao cliente, uma vez que lhe permite avaliar cada item e o seu respectivo preço isoladamente. Na maioria dos casos, os clientes não comprarão certos itens que o vendedor gostaria de vender, se ofertados separadamente. Essa transparência os leva a escolher só os produtos que querem.

Por outro lado, os pacotes ajudam o vendedor. Primeiro, é mais simples trabalhar com um pacote de preço único, ou seja, é mais fácil vender o mesmo combo para todo mundo. Quanto mais fácil for agrupar os produtos, vendê-los e entregá-los, menores serão os custos com marketing e vendas. Empacotar os produtos também fará com que os clientes avaliem o valor da oferta como um todo e acabem adquirindo itens que não seriam comprados, se fossem vendidos separadamente.

Quando um vendedor desagrupa os produtos de um pacote, ele conduz a venda para uma análise item a item. Se, por exemplo, o bombeiro hidráulico, do qual falamos anteriormente, tivesse cobrado £5.750 para arrumar o banheiro, o cliente faria, na sua cabeça, a comparação entre o preço total a pagar e o serviço realizado. Por outro lado, se o bombeiro hidráulico apresentasse um orçamento detalhado, item a item, listando as horas de trabalho que seriam gastas em cada etapa do serviço e por especialidade; o preço de cada peça da banheira, das torneiras e dos rejuntes; o preço para remover o lixo da obra ou para encomendar as peças, enfim, tudo bem detalhado, embora o preço total continuasse sendo exatamente o mesmo, é provável que esse cliente (e muitos outros), ao analisar a lista detalhada, questionasse o preço ou a quantidade de certos itens. Mesmo que esse cliente estivesse satisfeito com o preço total anteriormente, agora ele poderia se tornar insatisfeito por achar que alguns itens têm quantidade ou preço excessivos.

O contrário também pode acontecer. Para algumas empresas, pode ser interessante listar todos os itens de um pacote para demonstrar claramente o seu valor. Como exemplificado no Capítulo 6, a Microsoft faz questão de mostrar o preço individual de cada *software,* para que possam convencer os potenciais clientes a comprarem o pacote Home Office por um preço muito mais baixo.

E no seu negócio, o que seria melhor fazer? Ocultar os preços dos itens e só mostrar o preço do pacote, sem qualquer explicação sobre os valores de cada produto? Ou mostrar tanto o preço do pacote quanto o de cada um dos itens separadamente, para que os próprios clientes avaliem a economia que o pacote representa, e então decidam, por si só, a melhor opção?

A resposta é: *depende.* Veja o tópico "Colocando em prática", ao final deste capítulo, e saiba como testar isso no caso específico da sua empresa.

O que você precisa fazer é olhar para os produtos e serviços que você vende e tentar identificar maneiras de agrupá-los. A princípio, você pode analisar o seu negócio para ver se existe alguma oportunidade mais óbvia de se fazer isso. Entretanto, na maioria das empresas, é o movimento de desenvolver pacotes atraentes, que agreguem algum valor para os clientes, que as leva a encontrar novos atributos e benefícios a serem adicionados a esses pacotes. Embora seja meio óbvio quando se trata de produtos complementares, como no caso de empresas que vendem um PC, junto a uma impressora, *softwares* e outros periféricos, adicionar serviços aos pacotes pode ser uma boa tática. Em um dos capítulos anteriores, examinamos uma empresa de softwares que incluía nos seus pacotes serviços como treinamento, suporte e revisões de projeto.

Quando revelar seus preços

Se o seu negócio é um varejo, em que os clientes são livres para procurar o que quiserem, em lojas físicas ou on-line, então você deve mostrar o preço de forma bem clara. E, caso você ofereça descontos, seja transparente a respeito dos termos e condições de pagamento. Manter o preço em segredo nesse tipo de negócio pode causar incertezas para os clientes e os levar a procurarem a concorrência.

Entretanto, se você trabalha com prestação de serviços, em que o preço pode variar de cliente para cliente, como é o caso de um escritório de advocacia ou de um marceneiro – ou se o seu negócio opera no ambiente *business-to-business* (B2B), em que certa flexibilidade na negociação é esperada –, tome cuidado para não falar sobre o preço muito cedo.

É essencial considerar, primeiramente, tudo que será colocado no lado do cliente na balança de valor, ou seja, todos os benefícios e implicações de se fazer negócios com a sua empresa. Só depois, num segundo momento, é que você deve olhar para o preço, no seu lado da balança de valor. O objetivo final continua sendo equilibrar a balança, para que cliente e vendedor concordem com o preço e o valor, ou que ela penda ligeiramente em favor do cliente e ele sinta que fez um excelente negócio.

É mais difícil fazer a balança de valor se equilibrar quando você coloca primeiro todo o "peso" do seu lado, apresentando o preço ao cliente, para só depois adicionar os atributos e benefícios que têm valor para ele. É muito melhor fazer a balança pender completamente para o lado do cliente, mostrando, primeiramente, tudo que você oferece a ele, para em seguida verificar se o seu preço cobrado a inclinará para o outro lado.

> **CERTIFIQUE-SE DE QUE** o cliente tem clareza do valor que você oferece, antes de dizer-lhe o preço.

Aqui cabe uma advertência: se você levar isso à risca, como algumas empresas o fazem, poderá despertar um sentimento de desconfiança no cliente, fazendo-o acreditar que está tentando enganá-lo, ao evitar falar sobre o preço.

Certa vez, um casal precisou orçar uma cozinha planejada para a sua residência. No entanto, a empresa vendedora insistia em refazer o projeto, na tentativa de incluir todas as "soluções inteligentes" que oferecia, evitando a todo custo falar sobre o preço. Num dado momento, o casal se irritou e recusou-se a discutir qualquer outra coisa. Nesse processo, eles perderam completamente a confiança na empresa e, qualquer que fosse o preço final da cozinha, jamais comprariam deles.

Então, quando você receber um sinal inequívoco de que o cliente quer falar sobre o preço, discuta-o imediatamente. Em muitos casos, esse é um sinal de compra do consumidor, ignorado pelo vendedor, que gera um alto custo para a empresa.

Usando as palavras para causar impacto

Após tudo que já foi dito, ainda há uma sutileza adicional sobre a questão da apresentação dos preços. Há muitas formas de dizer a palavra "preço", e cada uma delas terá um impacto ligeiramente diferente na cabeça do cliente.

Quando se usa isoladamente a palavra "preço", por exemplo, ela expressa tão somente o valor monetário que o cliente pagará por um item. Não é feito, nesse caso, qualquer comentário relativo ao valor que o produto ou serviço entregará ao cliente, na forma de atributos e benefícios, como contrapartida pela quantia paga.

Se você usar as expressões: "preço atual", "preço da semana" ou "preço especial do dia", deixará implícito que o preço poderá subir, o que desperta um senso de urgência na cabeça do cliente. Quanto mais rápido você fizer o cliente comprar, melhor será.

Usar o termo "investimento", quando se fala sobre serviços de contabilidade, por exemplo, fará com que o cliente considere o valor pago numa perspectiva de continuidade, de obtenção de benefícios no longo prazo.

Já a palavra "honorários" é mais usada em firmas de serviços profissionais (advocacia, consultoria empresarial, etc.), emprestando certa credibilidade ao preço, baseando-se na presunção de que estes profissionais são confiáveis.

O dicionário está cheio de palavras que poderiam ser acrescentadas a essas, que transmitem mensagens específicas aos clientes. É possível que você já tenha visto alguma oferta de preço em que figuram palavras como: "loucura total", "inacreditável", "arrasadora" e tantos outros adjetivos que evocam a ideia de barganha, pechincha ou excelente custo-benefício.

Essas palavras, expressões e termos serão aplicados de forma distinta a cada tipo de negócio, dependendo dos produtos e serviços comercializados, dos clientes típicos e da imagem que se pretende projetar.

RESUMO

- ▶ A forma como você apresenta os preços dos seus produtos ou serviços pode ter grande impacto na disposição do cliente a pagar o valor que está sendo cobrado.
- ▶ Tornar o preço transparente e compreensível, bem como preciso e crível, diminuirá boa parte da pressão para reduzi-lo, feita pelos clientes que evitam a incerteza.

Colocando em prática

(1) Altere todos os preços e descontos dos seus produtos ou serviços, nos casos em que o arredondamento dos valores esteja minando a credibilidade da sua mensagem.

(2) Observe todas as formas como seus preços são apresentados. Desenvolva e implante descrições que expressem seus preços de forma mais positiva, ou seja, como *investimento*, em vez de custo.

(3) Faça uma revisão geral da forma como seus preços são apresentados. Eles sugerem ao cliente que há margem para negociação? Eles são claros e inequívocos para os clientes? Implemente as mudanças necessárias para dar mais transparência e segurança aos preços apresentados.

(4) Faça uma análise sobre como os seus principais concorrentes descrevem seus preços e adote as melhores práticas no seu negócio. Assegure-se de que a sua equipe de vendas seja treinada para explorar as incertezas que os seus concorrentes podem criar pela forma como apresentam seus preços. ●

12

PRECIFICAÇÃO DIRECIONADA

Nos capítulos anteriores, vimos como os clientes decidem comprar os produtos ou serviços da sua empresa, em vez de fazê-lo na concorrência; como levá-los a comprar mais; ou simplesmente como persuadi-los a pagar um preço mais alto por aquilo que estão comprando. Como vimos, há muitas questões envolvidas na decisão de compra do consumidor, das quais o preço é apenas uma delas. Você precisa compreender que o preço pode ser uma ferramenta bastante positiva para se fechar uma venda, em vez de apenas algo a ser reduzido para equilibrar a balança de valor.

O Capítulo 6 analisou a ideia de se agrupar produtos e serviços na forma de pacotes de preços, na expectativa de que, ao oferecer mais opções, permitirá aos clientes mais exigentes comprarem uma solução *premium*, e aos que são sensíveis ao preço comprarem opções mais baratas. Este capítulo discorrerá sobre como podemos usar o preço como alavanca para direcionar, deliberadamente, os clientes de um produto ou serviço para outro. Há uma série de benefícios nisso, que serão apresentados a seguir.

Essencialmente, o propósito da precificação direcionada é incentivar os clientes a comprar os produtos que *você* quer que eles comprem. É usar o preço como meio para desencorajá-los a comprar outros itens ou incentivá-los a adquirir os que você deseja.

TÓPICOS DO CAPÍTULO

▶ Os benefícios de se direcionar os clientes para outras alternativas.

▶ O exemplo da pizza.

▶ Os pontos críticos que você precisa conhecer.

▶ Ofereça alguns itens caros para aumentar a atratividade das outras ofertas.

Os benefícios de se direcionar os clientes para outras alternativas

Antes de abordarmos o "como" neste capítulo, consideraremos o "porquê". Quais os benefícios de se direcionar o cliente a comprar uma ou outra opção, ajustando o preço para encorajá-lo a fazer isso?

REDUÇÃO DOS NÍVEIS DE ESTOQUE — Fazer com que os clientes comprem mais de um mesmo produto em particular, para liberar o capital imobilizado em excesso de estoque, ou para abrir espaço na prateleira ou, ainda, para desovar estoques que possam perder a validade ou o interesse dos clientes. Ajustar o preço do produto em questão, ou o preço das alternativas a ele, poderá impactar no volume desse item que será movimentado.

UPSELLING — Levar os clientes a comprarem um produto de qualidade superior e, portanto, mais caro, aumenta o valor da venda. Por exemplo, no caso do cortador de grama, discutido no Capítulo 6, a porcentagem de lucro bruto foi a mesma em todas as opções de preço, entretanto, as alternativas mais caras geraram muito mais caixa.

DIRECIONAMENTO DA COMPRA PARA ITENS MAIS LUCRATIVOS — Fazer com que os clientes comprem um produto mais lucrativo, no lugar de outras alternativas a ele. Essa medida não implica em vender um item necessariamente mais caro, mas sim um cujo o lucro seja maior.

■ GERAÇÃO DE RECEITA RECORRENTE — Persuadir o cliente a comprar produtos capazes de gerar receitas recorrentes, a partir das quais serão obtidos lucros extras no futuro. Mais uma vez, voltando ao exemplo do cortador de grama, havia mais potencial de geração de receitas recorrentes nas opções que incluíam a versão a combustível, pois demandavam mais assistência técnica, em comparação com a versão elétrica do mesmo produto.

Mais uma vez, a implementação dessas medidas demandará o treinamento e o aprimoramento das habilidades em vendas do pessoal de linha de frente. É claro que o preço também é um fator relevante na tomada de decisão, que influenciará o cliente a comprar uma opção em detrimento de outra.

■ O exemplo da pizza

O projeto para aumentar os lucros do parque de diversões que vimos no Capítulo 2, o Dr. Fun's Amusement Park, avaliou a lucratividade do seu principal restaurante, dentro do parque. A pesquisa inicial encontrou vários problemas. Um deles era o fato de que a área coberta, com mesas para os clientes fazerem as refeições, ficava muito próxima do espaço para recreação infantil. Logo, essas mesas acabavam sendo ocupadas pelos pais das crianças que ali brincavam e que, na maioria das vezes, não compravam nada no restaurante.

Além disso, quando os clientes que de fato estavam interessados em consumir se dirigiam ao restaurante, acabavam desistindo de fazer o pedido por conta da falta de um lugar vago para se sentarem, ou pela sensação de que o lugar estava tão lotado, que levaria muito tempo para serem atendidos. Embora essa não seja uma questão de precificação, os clientes que pagam preços de restaurante pelas refeições têm a expectativa de poderem se sentar para comer. Com isso, a balança de valor acabava se inclinando para o lado errado e levava os clientes a procurarem opções de *fast-food* no parque, ao ar livre, em que os preços e as margens eram bem menores.

Era fundamental liberar a área de alimentação para fazer com que os clientes percebessem mais valor em fazer a refeição no restaurante, assentados e em um local coberto, em vez de optarem pelas opções de *fast-food*.

A seguir, foram analisados os produtos oferecidos e consideradas questões como, por exemplo, os custos com os ingredientes e, portanto, a lucratividade. Também observou-se o tempo de preparo das refeições e, consequentemente, os custos com salários e o impacto da rapidez do atendimento.

As conclusões foram bastante óbvias:

- As batatas fritas eram um produto com alta margem. Com demanda elevada, fáceis e rápidas de se produzir, é possível prepará-las ininterruptamente, sem correr o risco de ter que jogá-las fora por excesso de produção.
- As pizzas tinham uma margem razoavelmente alta, mas a quantidade de ingredientes, o tempo de preparo e a mão-de-obra para produzir uma unidade eram praticamente os mesmos para todos os tamanhos (pequena, média ou grande). Portanto, quanto maior a pizza, mais lucrativa ela era.
- Um cliente ocupava em média uma mesa por cerca de 30 minutos. O processo de recepção do pedido, pagamento da conta e limpeza da mesa era praticamente o mesmo, tanto se o cliente, ou a família, consumissem apenas uma porção de fritas com refrigerante, ou se comprassem uma refeição mais completa, que incluísse pizzas, hambúrgueres, bebidas quentes e sorvetes, por exemplo.

A intenção, claramente, era incentivar os clientes a comprar maior quantidade dos produtos mais lucrativos e a aumentar o gasto geral por refeição.

No capítulo sobre o agrupamento de produtos na forma de pacotes, analisamos como essa tática incentiva os clientes a gastar mais. Nesse contexto, foi elaborado um combo que oferecia uma pizza pequena, uma porção de batata frita e uma bebida por um preço menor do que a soma dos preços individuais de cada um desses itens. O preço individual dos itens era: pizza, £3,99, porção de batata frita, £1,50; e a bebida, £1, totalizando £6,49. Entretanto, se o cliente comprasse o combo pagaria apenas £5,99. Essa promoção, de fato, levou ao aumento do *ticket* médio de cada venda. Se você quiser ver essa estratégia sendo aplicada, basta ir ao McDonald's mais próximo!

Vejamos então como a precificação direcionada foi implementada no restaurante do parque para aumentar a venda das pizzas.

Embora vendessem três tamanhos de pizza – pequeno, médio e grande –, eles descobriram que as pizzas grandes eram, geralmente, compradas por famílias e compartilhadas entre eles. Por esse motivo, focaram as pizzas pequenas e médias para tentar melhorar a lucratividade, por meio da precificação.

Na tabela a seguir, são apresentados os dados das alternativas de pizza oferecidas pelo restaurante:

Tabela 12.1 – Lucro bruto, por tamanho da pizza*

Tamanho da Pizza	Custo de Produção	Preço de Venda	Lucro Bruto	Percentual das Vendas
Pequena	£2,90	£4,00	£1,10	50%
Média	£3,20	£5,00	£1,80	50%

* Os números foram simplificados para facilitar o entendimento. Por favor, não se prenda à ideia de que os produtos deveriam ter um preço de £3,99 ou £4,99.

O que podemos verificar, a partir desses dados, é que o custo de produção de uma pizza média é apenas um pouco maior que o da pizza pequena, £0,30. Os custos com mão de obra e o tempo de cozimento, para ambos os tamanhos, são praticamente idênticos e, para os ingredientes, um pequeno acréscimo. Considerando a diferença de £1,00 entre os dois tamanhos, o lucro na pizza média é visivelmente maior.

É claro que faz sentido vender mais pizzas médias do que pequenas, pois serão £0,70 a mais de lucro bruto por unidade. Além disso, a margem das pizzas médias é de 36%, enquanto a das pequenas de 27,5%.

Ao analisarem os resultados, verificaram que a quantidade de pizzas vendidas, dos dois tamanhos, foi praticamente a mesma, sugerindo que o valor adicional de £1 fora percebido pelos clientes como sendo justo, diante do maior tamanho da pizza média, o que manteve a balança de valor equilibrada.

Mas o objetivo neste caso não era garantir que todos os produtos vendidos tivessem um preço justo, se comparados uns aos outros, mas sim agregar valor e aumentar o lucro. Então, a pergunta era: o que pode ser feito para incentivar os clientes a comprarem a pizza média, em vez da pequena?

O box a seguir apresenta quatro alternativas para se incentivar os clientes a comprarem a pizza média e os riscos envolvidos. Deve-se considerar o fato de que não é possível antecipar as reações dos clientes e, portanto, é preciso apostar em uma destas ideias e testá-la na prática.

> • **ADICIONAR INGREDIENTES (*TOPPINGS*) GRÁTIS** — Adicionar mais cogumelos ou bacon, a um custo para a empresa de £0,10, terá pouco impacto no lucro bruto (de £1,80 para £1,70, ou de 36% para 34%), mas esclarece a diferença de valor entre os dois tamanhos de pizza. O risco incorrido nessa alternativa é adicionar £0,10 ao custo de todas as pizzas médias, e os clientes não mudarem da pequena para a média, o que levaria apenas à redução do lucro. É um risco baixo, se considerarmos que poderia ser feito um teste durante uma semana e, se não funcionasse, bastaria suspender a promoção.
>
> • **AUMENTAR O PREÇO DA PIZZA PEQUENA** — Se os clientes concordavam que £1 a mais no preço da pizza média era justo, então, aumentar o preço da pizza pequena, de £4 para £4,50, poderia fazer com que muitos clientes migrassem para o tamanho médio, diante do aumento na relação custo-benefício dessa opção.

Essa alternativa é um pouco mais arriscada, já que alguns clientes podem achar o novo preço da pizza pequena muito alto, e acabarem desistindo da compra, ou escolhendo outra coisa, como um hambúrguer, por exemplo. Novamente, existe um pequeno risco de se perder clientes.

- **REDUZIR O PREÇO DA PIZZA MÉDIA** — Em relação ao custo-benefício, tem-se a mesma situação do tópico anterior, ou seja, se os clientes atualmente veem a diferença de preço entre os dois tamanhos como justa, então, reduzir o preço da pizza média, de £5,00 para £4,80, provavelmente incentivará alguns clientes a migrar do tamanho pequeno para o médio. Ainda assim, o lucro bruto da pizza média será maior que o da pequena.

  O risco dessa alternativa é menor, porque uma redução no preço não incomodaria os clientes. Mas, se o restaurante fracassar em migrar os clientes do tamanho pequeno para o médio, em uma quantidade suficiente, o lucro de todos os clientes que já compravam a pizza média por £5,00 será perdido.

- **ACABAR COM A OPÇÃO DA PIZZA PEQUENA** — As pessoas que quisessem pizza não teriam outra opção, senão comprar o tamanho médio ou o grande, porque a opção pequena, menos lucrativa, não estaria mais disponível.

  Essa é uma opção tão arriscada quanto a do item 2, em que alguns clientes podem simplesmente desistir de comprar a pizza. Mas, em um lugar como um parque de diversões, provavelmente eles comprariam alguma outra coisa. Uma vantagem adicional, neste caso, é simplificar o cardápio, oferecendo menos opções aos clientes, o que tornaria a preparação um pouco mais rápida e fácil.

Nenhuma das opções apresentadas é isenta de risco, seja de perda de clientes ou de redução no lucro, caso clientes suficientes não migrem para a alternativa mais lucrativa.

Então, decidiu-se aumentar o preço da pizza pequena em £0,50, o que gerou os resultados a seguir:

Tabela 12.2 – Lucro bruto, por tamanho, após o aumento no preço da pizza pequena*

Tamanho da Pizza	Custo de Produção	Preço de Venda	Lucro Bruto	Percentual das Vendas
Pequena	£2,90	£4,50	£1,60	40%
Média	£3,20	£5,00	£1,80	60%

* Novamente, os números foram simplificados para facilitar o entendimento.

Como é possível notar, os custos de produção permanecem inalterados, o lucro bruto de cada tamanho de pizza ficou muito semelhante e a margem de lucro variou cerca de 1%. Agora, a empresa não se importava mais com qual das opções os clientes comprariam, já que o lucro de ambas era satisfatório.

A tabela a seguir mostra o impacto que a migração de 10% dos clientes, da pizza pequena para a média, provocou. Mas, o que isso significou em termos do lucro bruto total?

Tabela 12.3 – Comparação entre o lucro bruto total antes e depois do aumento

Antes do Aumento		Depois do Aumento	
50 pizzas pequenas, com lucro bruto de £1,10 cada	£55	40 pizzas pequenas, com lucro bruto de £1,60 cada	£64
50 pizzas médias, com lucro bruto de £1,80 cada	£90	60 pizzas médias, com lucro bruto de £1,80 cada	£108
Lucro Bruto Total para 100 pizzas	£145	**Lucro Bruto Total** para 100 pizzas	£172

Após o aumento do preço da pizza pequena, o lucro bruto total para cada 100 pizzas cresceu de £145 para £172, um incremento de 18,6%.

Essa é a essência da precificação direcionada.

■ Os pontos críticos que você precisa conhecer

A questão mais crítica no uso da precificação direcionada é certificar-se de que você conhece a situação atual, antes de considerar qualquer mudança nos preços. Certamente você precisará saber o valor exato do lucro que obtém em cada item vendido. E isso não é tão simples de se calcular, como no caso do lucro bruto (embora ele seja um bom ponto de partida), mas deve abranger também aspectos como o impacto das trocas realizadas pelos clientes ou das vendas complementares. Em outras palavras, não adianta forçar os clientes a comprarem o produto A, que parece mais lucrativo, se ele for trocado frequentemente, ou se o produto B gerar receitas recorrentes mais significativas. A empresa do cortador de grama, que já mencionamos, pode trabalhar com uma marca de cortador de grama que dê mais lucro, mas que costuma apresentar muitos problemas durante o prazo de garantia, ou pode preferir vender um cortador a combustível, com menos lucro do que o elétrico, mas que gera receitas recorrentes com serviços e manutenção.

Depois de conhecer o lucro real de cada item, você também precisará saber a quantidade vendida de cada um deles. É possível identificar as quantidades com base nos preços, mas é muito mais fácil se o seu sistema informar os números.

Após conhecer esses fatos, será necessário investigar aquilo que os economistas chamam de elasticidade da demanda dos produtos, ou seja, a sensibilidade dos clientes ao preço. Em outras palavras, qual será o impacto no volume de vendas, à medida que os preços sobem ou descem? O problema é que não há livros com essas informações e a elasticidade varia de empresa para empresa, de cliente para cliente e até mesmo de um dia para o outro. O que você precisa fazer para descobrir a elasticidade da demanda de cada um dos seus produtos é usar o velho e bom sistema de tentativa e erro.

O ponto de partida é identificar produtos ou serviços em que os clientes possam escolher entre uma opção A e outra opção B, com base na percepção de valor deles. Isso pode ser tão simples quanto no caso da pizza, pequena ou média, ou pode ser qualquer tamanho de pizza *versus* hambúrguer. No Capítulo 6, estudamos o caso de uma empresa que oferecia as opções ouro, prata ou bronze; cada uma delas contemplando diferentes níveis de serviço, com variações na frequência de contato.

Quando você conhece os custos e o lucro verdadeiros de cada opção, fica mais claro em quais situações os clientes escolherão a opção A ou a B, e você poderá começar a testar o impacto de usar os preços para direcionar os clientes para comprarem aquilo que você quiser vender.

Minha sugestão seria fazer os testes de forma gradativa, conversando com alguns clientes de confiança e perguntando a opinião deles sobre o custo-benefício de cada opção; ou seja, se eles comprariam a opção A ou a B por "X libras", e se essa decisão mudaria se os preços fossem alterados para "Y libras".

Você também pode testar novos preços em clientes individuais ou grupos que já não são lucrativos e, portanto, perdê-los não seria um problema. Se a sua empresa possui mais de uma unidade, você poderia testar os novos preços, filial por filial, o que lhe permitiria comparar os resultados entre elas.

Existe um ponto muito importante que precisa ser compreendido. Nos capítulos anteriores, vimos que a maioria das empresas já cobra um preço abaixo do nível de percepção de valor do cliente. A falta de confiança para cobrar o preço adequado é um problema crítico para muitos negócios. Portanto, uma estratégia simples seria aumentar um pouco os preços para ver o que acontece. Na minha experiência, com um grande número de empresas, nada acontece. Os clientes aceitam o aumento do preço e a empresa, simplesmente, ganha mais dinheiro. O aumento é tão pequeno e o valor percebido pelo cliente é tão alto, que eles não reagem. O objetivo da precificação direcionada é fazer os clientes reagirem. Queremos fazê-los migrar para uma alternativa de produto ou serviço mais lucrativa. Isso pode ser feito aumentando-se a percepção do custo-benefício da sua oferta, ou fazendo as demais opções parecerem muito piores. Contudo, é improvável que pequenas mudanças no preço forneçam dados suficientes para se avaliar as reações dos clientes ao preço.

No caso das pizzas, por exemplo, se tivéssemos aumentado o preço da pequena, de £4,00 para £4,03, e reduzido o da média, de £5,00 para £4,97 – desconsiderando o que já foi dito nos capítulos anteriores sobre a importância dos algarismos e dos limites de preço, talvez nenhuma mudança na quantidade de pizzas vendidas seria percebida e, com isso, não teríamos insistido no plano.

> **O QUE MUITOS PROJETOS** sobre precificação nos mostram é que pouquíssimas empresas pensam na ideia de encorajar os clientes a comprarem seus produtos mais lucrativos, já se dando por satisfeitas por eles terem comprado alguma coisa.
> Meu Deus!

Se você juntar as ideias abordadas no Capítulo 6 (Aumentando o *ticket* médio) com as ideias deste capítulo, é possível desenvolver uma grande variedade de pacotes de produtos ou serviços, precificados de forma a incentivar os clientes a optarem pelos mais lucrativos. Tudo o que você precisa fazer é ter clareza dos números e vontade de fazer.

Ofereça alguns itens caros para aumentar a atratividade das outras ofertas

O último ponto que quero abordar neste capítulo é a situação em que usamos um preço muito alto em determinado item, para encorajar os clientes a comprar outra opção, de preço mais baixo, criando a percepção de um custo-benefício excepcional.

Uma pequena empresa de instalações hidráulicas se especializa na oferta de projetos personalizados de decoração de banheiros. O preço de um projeto típico fica entre £5.000 e £10.000, dependendo do tipo de banheiro que o cliente quer e o nível de qualidade dos acabamentos e acessórios. O dono da empresa simplesmente dizia que o preço dos projetos variava de £5.000 a £10.000, e que depois discutiriam o valor que o cliente estaria disposto a gastar. Isso se aproxima da estratégia de níveis de preço (ouro, prata ou bronze), já descrita anteriormente. O cliente tomará sua decisão de compra com base na sua avaliação individual da balança de valor, em cada nível de preço.

O que aconteceria se adicionássemos uma opção *platinum*, no valor de £25.000?

Muitas coisas ocorreriam. Primeiro, com essa opção adicional, presume-se que a empresa será capaz de entregar um banheiro *top*, "de outro mundo". Isso dá muito mais confiança ao cliente de que ela tem condições de entregar qualquer uma das opções mais baratas, com um alto padrão; ou seja, a empresa adiciona credibilidade à mensagem de qualidade que pretende transmitir.

Segundo, só pelo fato de oferecer uma alternativa de £25.000, a empresa aumenta a percepção do custo-benefício da opção de £10.000, fazendo-a parecer muito melhor do que antes, quando ela era a mais cara. Um cliente que pensava em £10.000 como um valor muito alto, não verá mais esse valor da mesma perspectiva. Embora essa ação não mude a capacidade de pagamento do cliente, agora ele certamente verá a alternativa de £10.000 como uma opção cujo custo-benefício é melhor do que antes, quando esse era o preço mais alto.

E pode ser que, eventualmente, a empresa se surpreenda com um cliente que diz: "ótimo. Vou querer a opção *platinum*, de £25.000!".

Muitas empresas podem se beneficiar da inclusão de uma opção *premium* entre as alternativas oferecidas ao cliente, pois, mesmo que nenhum deles venha a comprá-la, a percepção de valor para todas as outras opções aumenta em função disso.

Uma empresa que vendia *playgrounds* para jardins oferecia um mix de produtos que ia de £1.000 até cerca de £10.000. Eles achavam muito difícil persuadir os clientes a comprarem a opção mais cara, até que incluíram no mix um "castelo dos sonhos de toda criança" por, aproximadamente, £16.000. No ano seguinte, eles venderam apenas uma unidade desse castelo, mas as vendas das alternativas que eram as mais caras anteriormente mais do que dobraram.

RESUMO

▶ Em qualquer negócio, a prioridade número um é vender. Uma vez que o vendedor esteja na situação em que isso é possível, ou seja, quando a balança de valor está próxima da posição de equilíbrio, então ele deve ficar atento ao que pretende vender, seja para movimentar linhas de produtos que estão com estoque em excesso, ou para direcionar o cliente para comprar algo mais lucrativo.

▶ É aí que entra a precificação direcionada: flexibilizar os preços das várias alternativas que os clientes têm à disposição, como alavanca para fazê-los migrar para os produtos que a empresa quer vender.

▶ Se o intuito da empresa é reduzir os estoques de produtos com baixo giro, quase sempre ela baixa o preço desses itens, quando, em vez disso, poderia aumentar o preço das alternativas com a mesma facilidade.

▶ Agora, se a ideia é usar a precificação direcionada para aumentar o lucro final, então o problema é que normalmente não há dados suficientes sobre as margens de lucro para se usar essa técnica corretamente. Antes da empresa considerar o uso da precificação direcionada, ela precisa saber exatamente qual é o lucro em cada um de seus produtos.

▶ Se você combinar os pontos tratados neste capítulo com as orientações do Capítulo 6, sobre como agrupar produtos e

■ Colocando em prática

(1) Certifique-se de que você conhece o lucro bruto, ou margem de contribuição, de cada produto ou serviço que vende na sua empresa.

(2) Quando tiver as informações do item 1, identifique quem poderá ter acesso a elas para que sejam usadas corretamente. A equipe de precificação precisará definir preços-alvo, valores máximos de desconto e os preços de itens comparáveis, como parte da precificação direcionada. Entretanto, tenha cuidado para que as informações sobre lucros e margens não sejam usadas pelos vendedores só para baixar os preços até o menor valor possível, e facilitar o fechamento da venda.

(3) Identifique todos os produtos que necessitem de uma promoção de vendas imediata, seja pelo excesso de estoque ou porque podem se tornar obsoletos ou vencidos. Reveja os preços para incentivar as vendas desses itens, por exemplo, ganhando um desconto na compra de 10 unidades, em vez de um desconto geral nos preços.

(4) Mantenha um registro dessas promoções para que as repita a cada três ou seis meses, ou com outra periodicidade à sua escolha, para que você tenha um programa permanente de desova de estoques excessivos.

(5) Identifique todos os produtos em que os clientes tenham duas ou mais opções de compra semelhantes, como cortadores de grama a gasolina ou elétricos, ou alternativas ouro, prata e bronze. Para esses itens, faça o seguinte:

- Certifique-se de que você conhece o lucro bruto de cada item.
- Identifique qualquer outra implicação, como o potencial de receitas recorrentes ou compras complementares.
- Identifique as preferências da sua empresa sobre quais produtos deseja priorizar a venda.
- Peça à equipe de precificação que defina as faixas de preço para a realização dos testes de direcionamento, para os produtos que você deseja.
- Uma vez que a equipe de precificação fique satisfeita com os resultados dos testes, faça com que ela treine a equipe de vendas adequadamente e atualize todos os materiais de vendas relevantes.

(6) Verifique se os sistemas que a sua empresa usa são capazes de identificar vendas por item da tabela de preços, ou seja, pizzas pequenas *versus* pizzas médias, em vez de pizzas em geral.

(7) Analise todos os produtos e serviços que você vende e identifique uma opção *platinum*, que possa ser acrescida à sua tabela de preços, para aumentar a percepção de valor dos clientes em relação às outras opções. ●

LIDANDO COM O FATOR HUMANO

Inevitavelmente, qualquer iniciativa que uma empresa empreenda envolverá o fator humano.

Isso inclui muitos elementos do comportamento, como a fuga da dor (ou medo) e a busca pelo prazer, e também uma ampla variedade de características individuais, como: honestidade, confiança, diligência, etc.

Este capítulo pode ser o mais difícil de se ler. Ao mesmo tempo em que parece fácil ver e entender esses traços em outras pessoas, raramente reconhecemos que também possuímos algumas das características negativas.

Embora cada indivíduo seja único, existem algumas características muito frequentes e comuns que caracterizam a maior parte das pessoas. Portanto, tente pensar sobre como essas características afetam seus colegas de trabalho e seus clientes, em vez de a si mesmo. Depois de aceitar que essas características são pertinentes e precisam ser geridas nos outros, pode ser mais fácil analisá-las em relação a si mesmo.

TÓPICOS DO CAPÍTULO

► A maioria dos gestores não foi treinada para lidar com preços.
► Capacidade consciente.

- ▸ Não tenha medo de procurar informações externas.
- ▸ As pessoas-chave na fórmula do lucro.
- ▸ Lidando com a necessidade da sua equipe de agradar os clientes.
- ▸ Ajudando sua equipe a focar o lucro.
- ▸ Lidando com o fator humano dos seus clientes.
- ▸ Medo!

■ A maioria dos gestores não foi treinada para lidar com preços

Provavelmente, o fator humano mais significativo em qualquer projeto de melhoria em uma empresa é que a grande maioria das pessoas nunca participou de um treinamento formal sobre como administrar um negócio. Existem algumas poucas pessoas que fizeram um MBA por conta própria, e aplicaram o que aprenderam no negócio, e outras que trabalharam em grandes corporações, e tiveram a chance de se desenvolver em treinamentos *on-the-job* sobre negócios. A realidade, no entanto, é que cerca de 95% dos proprietários e gestores de empresas nunca foram formalmente treinados sobre como administrar uma empresa, e vão descobrindo o que têm que fazer à medida que as coisas acontecem.

Agora, esse não é o ponto. Não estou sugerindo que deva existir um teste de aptidão para que você possa administrar um negócio, embora seja possível extrair lições valiosas de categorias profissionais, como advogados e contadores, que têm padrões mínimos para aprovação em exames de proficiência e requisitos para manterem a qualificação. Não há problema no fato de empresários e gestores desenvolverem suas habilidades em "tempo real" e em condições reais.

O problema, na verdade, é que essas pessoas acreditam ser as únicas a desenvolverem suas habilidades dessa forma. Eles saem para trabalhar todos os dias com a incômoda dúvida de que alguém, em algum lugar, irá pará-las e dizer: "ei, você não está qualificado para fazer este trabalho!".

Ah, se eu ganhasse uma libra para cada vez que digo a alguém: "esta pode ser uma pergunta idiota, mas...". O idiota, óbvio, é não perguntar quando se tem uma dúvida, por medo de parecer ridículo.

Isso cria um sentimento de insegurança. Empresários e gestores se sentem desconfortáveis em levantar as mãos e dizer: "eu não entendi", ou "desculpe, mas eu não tenho ideia do que você está falando. Você poderia explicar novamente desde o início?". Isso também gera certa introversão, pois eles acreditam que pedir ajuda, conselhos ou sugestões, em áreas que já deveriam ter conhecimento, é uma admissão de que não são capazes.

Para que os clientes compreendam esse ponto crítico, eu costumo explicar-lhes os quatro estágios da capacidade.

Capacidade consciente

1º Estágio – Inconscientemente incapaz

Minha filha tinha três anos quando eu lhe disse: "já está na hora de você saber amarrar os cadarços". Até eu dizer-lhe isso, ela era inconscientemente incapaz. Ou seja, ela nem tinha ideia de que não era capaz de amarrá-los, porque nem sabia que deveria fazê-lo. Ela estava alegremente inconsciente com a sua incapacidade.

2º Estágio – Conscientemente incapaz

No momento exato em que eu fiz a afirmação, ela se tornou conscientemente incapaz. Pelo fato de eu ter levantado a questão, subitamente ela se tornou dolorosamente consciente de sua incapacidade.

3º Estágio – Conscientemente capaz

Nos dias e semanas seguintes, ela desenvolveu a habilidade de amarrar os cadarços e, a cada conversa nossa, ela se tornava, gradualmente, conscientemente capaz. Isso significava que, se ela focasse a tarefa e evitasse outras distrações, agora seria perfeitamente capaz de amarrar os próprios cadarços.

4º Estágio – Inconscientemente capaz

Finalmente, depois de perseverar por algumas semanas, ela se tornou inconscientemente capaz. Agora ela podia amarrar seus cadarços sem ter que pensar, e até mesmo se estivesse conversando sobre o que iria comer no café da manhã. Amarrar os cadarços se tornou uma atividade automática, que ela fazia inconscientemente.

O problema em muitas empresas é que seus proprietários e gestores são inconscientemente incapazes em certas questões. Há muitas coisas sobre as quais eles não têm consciência de que não sabem. Assim que essas questões vêm à tona, eles se tornam, imediatamente, conscientemente incapazes.

> **UMA VEZ QUE A QUESTÃO** da incapacidade consciente é levantada, proprietários e gestores tornam-se dolorosamente conscientes de suas limitações, dos erros que cometem, de algumas decisões equivocadas que tomam e, frequentemente, do pouco que sabem sobre como administrar um negócio.
>
> Esse é normalmente um ponto em que o entusiasmo deles diminui, os níveis de energia despencam e eles querem jogar a toalha – finalmente foram pegos!
>
> A realidade, porém, é que nada mudou.
>
> Meu Deus!

Não tenha medo de procurar informações externas

Meu desafio como *coach* e mentor é fazer com que esses tomadores de decisão entendam que nada mudou. Tomar consciência do que eles não sabiam não muda em nada seus negócios. Embora ter uma lista de 100 coisas a serem feitas possa parecer um retrocesso, na verdade eles não deram nenhum passo para trás. Agora, pelo menos, eles terão uma boa lista de iniciativas para ajudá-los a impulsionar os negócios. Para muitos a ignorância é uma bênção, mas se você se esforça para ter um negócio bem-sucedido e para alcançar uma posição em que se sinta plenamente capaz para administrá-lo, precisa atravessar o doloroso estágio entre ser conscientemente incapaz e o estágio final. Pensar que você se torna pior sabendo que há coisas que você desconhece não faz sentido.

Pense em como você se sente praticando esportes: seja qual for a modalidade, sem dúvida, em algum momento, terá enfrentado tanto alguém melhor quanto pior do que você. Quando você joga contra um adversário melhor, você está muito mais consciente de suas limitações e de suas maiores habilidades. No entanto, quando você joga contra alguém que não seja assim tão bom, se sentirá mais confiante e com mais controle. Suas habilidades são essencialmente as mesmas em qualquer um desses dois cenários; mas a maioria das pessoas se beneficiará mais jogando contra alguém melhor, pois isso ajuda a compreender como são feitas as melhores jogadas, aprende-se novas dicas e técnicas e, na pior das hipóteses, serve para você avaliar se consegue jogar em um nível mais alto. O seu desempenho também pode melhorar diante de um desafio, embora isso possa não ser tão prazeroso quanto ganhar de alguém pior que você.

Isso é o mundo dos negócios. Você precisa aceitar que não sabe tudo, e que sempre haverá alguém que possui habilidades, conhecimento e experiência para agregar. Mesmo os melhores esportistas do mundo têm treinadores, e muitos deles jamais derrotariam os atletas que treinam. É sobre aceitar que ninguém pensará que você é um idiota só por fazer uma pergunta cuja resposta você não sabe. Conheci muitos empresários, e tenho propriedade para dizer que os menos capazes não eram os que não sabiam as coisas, mas sim os que pensavam que já sabiam de tudo!

Portanto, seja qual for o seu papel na empresa, precisará aceitar o fato de que se trata de uma experiência de aprendizado contínuo. Seja aberto a conversar com outras pessoas, peça conselhos, orientação e apoio, caso necessite. Dedique tempo suficiente para aprender as habilidades de que precisa. Leia livros, use ferramentas de pesquisa on-line, faça cursos e jamais tenha medo de pedir ajuda. Ler este livro já é um bom começo, mas não pense que pedir ajuda a outras pessoas para implementar as ideias é sinal de fraqueza ou falta de capacidade.

As pessoas-chave na fórmula do lucro

Se você deseja realmente que a sua empresa atinja todo o seu potencial, então precisará criar um ambiente em que todos compreendam e aceitem a necessidade do desenvolvimento e aperfeiçoamento contínuos. Seja por meio de treinamentos internos ou de consultoria externa, uma cultura que exija que você seja melhor amanhã do que é hoje será um elemento crucial para o sucesso.

Voltando à questão da precificação, existem duas categorias principais de pessoas envolvidas nas questões que tangenciam esse assunto. A primeira categoria inclui os *tomadores de decisão*, que podem ser: o proprietário, o gestor, o conselho administrativo, o CEO, os diretores, etc. É essencial que os tomadores de decisão estejam totalmente confortáveis com o conceito de desenvolvimento e aperfeiçoamento contínuos e que a única constante nos negócios é a *mudança*. Nada está parado. É necessário esforço para adaptar-se a eventos e evoluir. Pode ser uma recessão econômica, a tecnologia ou questões pessoais, como limitações de financiamento, etc. Os tomadores de decisão precisam lidar com a precificação em um nível estratégico em suas empresas.

No contexto da precificação, esses tomadores de decisão precisam conduzir o processo de análise, debate e implementação das mudanças que ocorrerão, decorrentes das iniciativas sugeridas nas seções "Colocando em prática" deste livro.

O segundo grupo de pessoas essencial para a implementação das alterações na precificação inclui qualquer pessoa que trabalhe na linha de frente, lidando com questões de preço junto aos clientes. Na maioria das empresas, esse grupo incluirá:

- Vendedores.
- Gerentes de conta.
- Atendentes e vendedores de loja.
- Televendas.
- Gestores de vendas.

Em alguns casos, isso pode incluir todas as pessoas da empresa que se prontificarem a fazer a sua parte, quando necessário.

Durante muitos anos trabalhando com empresas de todos os tipos e portes, conheci pouquíssimas pessoas que poderiam ser descritas como profissionais de vendas – o que significa que eles tiveram algum treinamento em técnicas de vendas, como ser capaz de compreender a linguagem corporal, saber o momento ideal para se fechar a venda, saber negociar e comunicar-se bem, fazer uma demonstração ou apresentação de um produto, etc. Esses *supervendedores* aperfeiçoam continuamente suas habilidades lendo livros, ouvindo *podcasts* ou assistindo vídeos de treinamento. Encaram a venda de forma profissional, preparando-se permanentemente, pesquisando os clientes, planejando a abordagem de vendas, etc.

Se você quiser usar os preços para aumentar seus lucros, em algum momento precisará lidar com as pessoas que terão dificuldades em transmitir esta mensagem. Essas pessoas precisarão de estrutura e orientação. Elas demandam motivação e gestão, além de treinamento e apoio. Se você quiser, de fato, saber como tornar seu negócio mais lucrativo, invista tempo e dinheiro no seu pessoal de linha de frente.

Quando um cliente diz que "está meio caro", você precisa certificar-se de que a sua equipe está pronta para essa objeção, treinada para lidar com ela e capaz de usar as várias opções para se equilibrar a balança de valor, em vez de simplesmente dar um desconto automático como resposta.

Olhemos pelo lado positivo. É da natureza humana tentar agradar os outros. Espero que todos os seus funcionários tenham esse desejo, porque isso é fundamental para o sucesso da sua empresa no longo prazo. Os clientes gostam de lidar com pessoas *legais*, que estão genuinamente interessadas em ajudá-las. O problema é que há uma variedade de formas de se agradar os clientes, mas nem todas são boas para o negócio.

A forma mais barata para fazer os clientes sorrirem é prestar um serviço excepcional. Todos nós já passamos tanto por experiências boas, que nos fizeram gastar mais e voltar depois, quanto por momentos ruins, quando sentimos vontade de ir embora, nunca mais retornar e falar mal para todo mundo sobre aquela experiência desastrosa.

Meu colega e eu fizemos uma ótima refeição em um restaurante, recebemos um serviço de primeira, de uma excelente garçonete. Ela se mostrou entusiasmada e interessada em oferecer as opções de pratos disponíveis, ouviu nossas preferências e sugeriu as especialidades do *chef*. Isso fez com que nos sentíssemos únicos e gastássemos muito mais do que pretendíamos. O preço dos pratos e das bebidas se tornou muito menos relevante, porque a experiência foi magnífica.

Quanto custa entregar esse serviço excelente? Grosso modo, nada. Educação e um sorriso no rosto não custam nada, como se diz por aí. Investir em treinamentos, pagar mais do que o salário mínimo da categoria, recrutar pessoas com o perfil adequado, ter um funcionário extra atendendo para assegurar que todos os demais tenham condições de servir os clientes, tudo isso exige um investimento relativamente pequeno, se comparado ao retorno. A ideia é bem simples. Clientes satisfeitos gastam mais e pagam mais caro do que os insatisfeitos. Um restaurante que ofereça apenas o básico em termos de refeição, mas preste um serviço excepcional se sairá bem melhor do que outro estabelecimento que sirva pratos magníficos, mas o serviço seja básico. As pessoas adoram se sentir especiais e bem cuidadas, e pagarão um preço mais alto por isso ou gastarão mais, por exemplo, pedindo uma garrafa extra de vinho ou uma sobremesa. Na melhor das hipóteses, farão as duas coisas.

A outra maneira de fazer os clientes sorrirem é adicionar mais valor à oferta. Todo mundo gosta de ganhar uma surpresa, e todos gostamos de receber um pouco mais do que esperávamos. Isso pode ser tão simples quanto ter acesso liberado à mesa de saladas em um restaurante, sem nenhum custo adicional; ou encontrar um buquê de flores dentro do carro que você acaba de comprar; ou, ainda, ter a mudança para sua nova casa providenciada pelo corretor que a vendeu para você.

Na maioria das empresas, agregar valor é uma ferramenta essencial para se concluir uma venda, fazendo com que a balança de valor penda para o lado do cliente, como abordamos em profundidade no Capítulo 5. Se tivermos várias opções para agregar valor a uma venda, com um custo relativamente baixo, podemos fazer os clientes sorrirem.

A última opção – e deve ser utilizada apenas em último caso – é baixar o preço para melhorar a percepção do cliente em relação ao custo-benefício da oferta. O problema na maioria das empresas é que, frequentemente, dar desconto é o primeiro recurso que os vendedores usam, porque é o jeito mais fácil de fazer o cliente que está diante deles sorrir. E o problema do desconto é que, para cada £1 a menos no preço efetivamente cobrado, significa £1 a menos no lucro final.

Além dos dirigentes e do pessoal de linha de frente, há um terceiro grupo de pessoas que afeta o negócio, por meio de vários canais. O pessoal que trabalha nos bastidores, fazendo cobranças, entregas, atendendo ligações ou interagindo direta ou indiretamente com os clientes, por meio dos diversos canais on-line do mundo atual.

Os objetivos desse grupo são basicamente os mesmos do pessoal de linha de frente, ou seja, tornar a experiência do cliente tão agradável e positiva quanto possível, sabendo que clientes satisfeitos gastarão mais, pagarão preços mais altos e recomendarão a sua empresa para outras pessoas.

Lidando com a necessidade da sua equipe de agradar os clientes

Você se lembra do cara chamado Derrick que mencionamos neste livro? Ele era um vendedor muito querido pelos clientes, e dava descontos elevados para fazê-los sorrir. Quanto mais descontos ele dava, mais sorridentes os clientes ficavam, e com mais frequência voltavam para vê-lo.

Essa história se repete em muitas empresas, e em todos os tipos de negócio. O desejo natural humano de agradar os outros pode ser mais fácil e rapidamente satisfeito baixando-se o preço, do que explorando-se as opções de se agregar valor. Você precisa orientar claramente seus funcionários sobre como eles podem agregar valor para os clientes. Faça uma lista com todos os benefícios e vantagens que eles podem oferecer aos clientes. Certifique-se de que seus funcionários entendam o custo e o valor de cada um deles. É claro que você também deve estabelecer padrões mínimos de atendimento ao cliente e garantir que todos os cumpram e procurem melhorá-los continuamente. Mas, acima de tudo, torne mais difícil para os seus funcionários (e até para você mesmo) dar descontos. Isso pode ser feito limitando-se o número de pessoas autorizadas a baixar o preço, para quem, quando e por que. Providencie um sistema que calcule o custo dos descontos nos preços por produto ou serviço, por cliente, por filial e até por vendedor. Releia o Capítulo 10 para consolidar seus conhecimentos sobre essa questão.

Ajudando sua equipe a focar o lucro

Eu já mencionei que as pessoas são normalmente preguiçosas. Elas podem simplesmente não fazer nada, a menos que sejam forçadas a agir. Também serão mais atraídas pela solução mais rápida, a opção mais fácil e a ideia mais simples. Esse comentário pode parecer duro, mas quem escolheria, deliberadamente, a opção mais difícil ou a solução mais complexa? No contexto de preços, isso geralmente acarreta em um modelo simplista de precificação, que facilita a vida do vendedor. Isso é abordado, sob vários aspectos, ao longo do livro, mas fica bastante evidente em situações como:

- Oferecer descontos de 10%, 20% ou 30%, porque são mais fáceis de se calcular do que 16,58% ou 23,97%. Vendedores preguiçosos avançam rapidamente para um desconto de 20%, quando, com um pouco de esforço, poderiam negociar apenas 15,83%, por exemplo.
- Usar sempre o mesmo preço unitário e, nas vendas de maior volume, simplesmente multiplicar esse preço pela quantidade. A maioria das empresas deveria oferecer descontos nas compras de volumes maiores ou pacotes para aumentar o *ticket* médio. Mas, para isso funcionar, esses

pacotes precisariam ser explicados aos vendedores. Porém, entendê-los exigiria esforço.

Pesquisas comprovam que, quanto mais tempo um vendedor despende com um cliente, maior o valor monetário da venda. Vender mais requer tempo para se explorar outros produtos e serviços que o cliente considera e, certamente, inclui a investigação da percepção de valor desse cliente. Leva tempo para se equilibrar a balança de valor, explicando-se os atributos e benefícios do produto, ou tentando-se agregar valor pela adição de outro benefício. Certamente, será necessário investir algum tempo para explicar e justificar, com confiança, o preço cobrado.

A tentação de muitas pessoas – mais uma vez, a natureza humana atuando – é tentar finalizar a venda rapidamente, e ir atrás do próximo cliente. Na maioria dos casos, o jeito mais rápido de fechar a venda é baixar o preço até que o cliente fique satisfeito. Os vendedores simplesmente diminuem o preço, sem recorrer a nenhuma das outras opções para se equilibrar a balança de valor e fechar um bom negócio.

Vamos considerar o outro lado da questão: os seus clientes não querem se sentir enganados, achar que pagaram mais do que o preço justo ou, pelo menos, achar que não pagaram mais do que outros clientes. Nenhum de nós gostaria que isso acontecesse.

Lidando com o fator humano dos seus clientes

Os capítulos anteriores exploraram a forma como você discute as questões sobre preços com seus clientes e como alguns fatores, como a forma de pagamento, afetam a sua tomada de decisão. O que os clientes esperam é flexibilidade e transparência em relação ao preço, em qualquer venda. Quando um cliente diz que o preço está caro, na verdade ele não quer escutar de você "tudo bem, vou te dar 20% de desconto", porque isso daria a entender que você tentou aplicar-lhe um truque para tentar cobrar 20% a mais no preço. Entretanto, se a sua resposta for: "obrigado por levantar este ponto, posso dedicar alguns minutos para lhe explicar como chegamos a esse valor, para que você entenda os nossos preços?", talvez isso já seja o suficiente. Se ainda assim ele insistir em ganhar um desconto, talvez você devesse dizer-lhe: "posso ver se consigo incluir alguma coisa para melhorar a nossa proposta, se isso ajudá-lo a fechar o negócio conosco ainda hoje". Na maioria das vezes, uma explicação clara, aberta e objetiva é tudo que os clientes desejam. Uma simples garantia de que o preço que você está propondo está correto ou justo.

Haverá diferenças no processo de compra dependendo da pessoa com quem você está lidando. Se você está negociando com a área de compras de uma organização, provavelmente eles serão melhores em negociar do que você, focarão mais o preço, e já terão excluído do processo os fornecedores que acreditem não ter a qualidade adequada ou que não serão capazes de cumprir prazos. Com esse tipo de pessoa, você precisa tentar negociar maiores volumes de compra por preços mais baixos, e garantir que as condições de pagamento estejam claras. Mas não pense que preço é tudo. Eles podem enfrentar problemas relevantes, como prazos de entrega, garantias de qualidade ou gestão simplificada da sua conta. Esses clientes, muitas vezes maiores e mais sofisticados, compreendem a questão da balança de valor e, embora sejam mais incisivos para conseguir o que querem, os preços continuam sendo apenas um dos vários elementos da negociação. Estar preparado é a chave.

Se você está lidando com uma pessoa que simplesmente tem a responsabilidade de gastar o dinheiro da empresa em alguma coisa, como papel para impressão, por exemplo, ela pode ter sido instruída a fazer três cotações, ou a não se esquecer de pedir um desconto. Você precisa investigar o que ela quer, para quando quer e, talvez, explicar-lhe porque o mais barato pode não ser o melhor. Normalmente é apenas um exercício de compra, em que o preço é uma questão automática que você deve tentar jogar para o final da lista, em favor de todos os outros atributos e benefícios de se comprar aquele produto ou serviço de você.

Se for um consumidor final, os mesmos princípios se aplicam. Um diálogo que cubra as principais questões de valor, além dos atributos e benefícios, é essencial. Pode ser uma questão mais direta, já que o dinheiro que está sendo gasto é deles, mas, como vimos nos capítulos anteriores, poucos clientes compram o produto mais barato só pelo preço em si. Todos almejamos os melhores produtos e serviços, a preços baixos; mas somos espertos o suficiente para saber que produtos com preços baixos demais raramente são bons.

Seus vendedores precisam pensar sobre as motivações dos consumidores e, em especial, sobre o indivíduo com quem estão lidando. Poucos clientes focam o preço mais baixo e deixam de considerar outros aspectos da compra. O trabalho do vendedor é desvendar o que é mais importante para cada cliente. A natureza humana tentará levar os vendedores a tomarem um atalho para vender mais rápido, e você precisa garantir que isso não aconteça, treinando-os, aperfeiçoando o sistema e estabelecendo algumas diretrizes e regras sobre o que eles podem ou não fazer. Eles reclamarão que isso é como pedir-lhes para fazer malabarismo com uma mão nas costas – mas até isso pode ser feito, com três bolas e muita prática!

Medo!

Vamos combater o medo. O exemplo anterior do DFAP, o parque de diversões, foi um exemplo extremo, em que o proprietário queria reduzir os preços para mais de 99 mil visitantes, em resposta a apenas 40 clientes que se queixaram. Inúmeras vezes ouvi vendedores expressarem esse medo de várias formas, isto é, perderiam a venda se não dessem um desconto no preço.

Então, como você pode lidar com essa questão?

Primeiramente, separe a pessoa que tem de lidar com a reação do cliente da pessoa que é responsável por decidir a ação a ser tomada. Quando um cliente diz: "está muito caro, quero 20% de desconto", e você tem o poder de tomar essa decisão, é aí que o desejo humano de agradar o outro pode se tornar uma emoção poderosa. O simples desejo de conceder o desconto e passar para a próxima venda significa que você deverá percorrer um longo caminho até chegar à redução de 20%.

No entanto, se você disser algo como: "sinto muito, mas este é o preço que todos nós praticamos aqui na empresa, para assegurarmos que todos os clientes sejam tratados de forma justa. É por isso que eu não posso reduzir o preço para você, sem discuti-lo primeiro com um diretor, um gerente ou um outro colega", você já terá avançado bastante. O cliente terá a certeza de que o preço é consistente e uniforme para todos e, portanto, é "justo". Em segundo lugar, você se desvinculou da questão ao envolver outra pessoa que não está presente. Se a resposta ao pedido do cliente continuar sendo um "não", é a empresa, ou o diretor, ou o sistema que estão sendo resistentes ou inflexíveis, e não você. A reação mais comum dos clientes à afirmação acima é: "tudo bem, era só para saber".

Um vendedor de automóveis estava tentando vender um carro zero para seu cliente e negociava com ele o valor do seu usado na troca. Ele indagou ao cliente qual valor ele esperava que fosse pago pelo seu carro usado, e recebeu como resposta uma quantia muito elevada. O cliente esperava que o seu usado fosse avaliado em £5.000. O vendedor ficou com medo do cliente não concordar com o valor da avaliação e acabar desistindo do negócio inteiro. Então, o vendedor escutou o cliente manifestar o valor que esperava pelo seu carro na troca. E, em seguida, disse a ele que não estava autorizado a tomar aquela decisão, e precisaria consultar o gerente. Daí ele desapareceu por uns cinco minutos e, quando retornou, disse ao cliente: "olha, eu me empenhei ao máximo, mas o gerente me disse que £3.000 é o preço justo pelo seu carro". Então, num tom conspiratório e solidário, o vendedor emenda: "veja, eu preciso fechar esse negócio para bater a minha meta, e acho que consigo melhorar um pouco essa avaliação. Me fale qual é o mínimo que você aceitaria no seu usado que eu vou ver o que dá pra fazer". Então, o cliente lhe disse que £4.000 era o mínimo.

O vendedor sumiu por mais alguns minutos e, quando voltou, disse: "consegui £3.900, mas isso é o máximo que ele topou". Então, apertaram as mãos e cuidaram da papelada.

O que o vendedor fez, de forma inteligente, foi encorajar o cliente a revelar o menor valor que estava disposto a receber, e colocou a culpa pelas dificuldades na negociação em um gerente sem rosto. Se ele sentisse medo de perder a venda, poderia ter dificultado a negociação e cedido mais do que o necessário. Em vez disso, fez com que o cliente acreditasse que ele estava do seu lado e que era uma outra pessoa quem estava endurecendo a negociação. Será que ele realmente conversou com um gerente? Provavelmente não, mas mesmo que o tenha feito, teria de ser um processo bem ensaiado para que tivesse o mesmo efeito. Ao separar o cliente da pior parte da discussão sobre o preço, elimina-se o medo do vendedor de perder a venda ou de vir a discutir com ele.

É natural que qualquer um de nós fique na defensiva ao falar sobre o preço, já que qualquer negociação dessa natureza implica uma crítica ao produto ou serviço que estamos vendendo. Ao mesmo tempo, também é natural que evitemos o conflito. Logo, quando é a pessoa que está negociando quem também toma a decisão final sobre o preço, não é de se admirar que ela desista cedo demais e dê descontos excessivos. Permitimos que o medo de perder a venda afete diretamente a tomada de decisão do vendedor. Tal como foi dito no Capítulo 10, que tratava sobre descontos, fazer com que os vendedores tenham que pedir autorização para dar descontos torna muito mais fácil para eles dizer: "me desculpe, mas o gerente disse que eu só posso dar até x%".

Portanto, verifique os níveis de autorização para dar descontos que você dá para o seu pessoal de linha de frente, e avalie de que forma você pode adicionar etapas que minimizem o aspecto emocional de quem está negociando e favoreça o relacionamento com o cliente. É claro que os vendedores resistirão ao longo desse caminho, argumentando que precisam de autonomia para fechar o negócio, e que ter de consultar o gerente ou o diretor para conseguir uma aprovação não funcionará. Todos nós gostamos de nos sentir importantes, portanto, adicionar camadas de autoridade para as decisões sobre preços ou descontos pode fazer com que muitos vendedores se sintam menos importantes. Mas acredite, isso tornará sua vida mais fácil e a empresa mais lucrativa.

RESUMO

▶ Os seres humanos são criaturas engraçadas. Costumamos dizer uma coisa, quando na verdade queremos dizer outra. Temos inseguranças e idiossincrasias difíceis de se administrar. Como empresários e gestores, precisamos lidar com essas características humanas com muito cuidado, em qualquer projeto de mudança e, em especial, quando se trata dos aspectos emocionais dos preços.

▶ Se você quer que seu negócio seja bem-sucedido, existem alguns fundamentos do comportamento humano que você precisa abordar; incluindo o desejo de esconder as próprias fraquezas, de evitar conflitos e de sentir-se importante.

▶ Você precisa construir uma cultura em que se aceite a ideia de que ninguém sabe tudo, que todos devem continuar a se desenvolver e se aperfeiçoar e que, na verdade, todos têm a obrigação de fazê-lo se quiserem manter-se empregados. No contexto da precificação, isso significa que proprietários e dirigentes precisam estar muito mais abertos para discutir as questões principais, além de analisarem detidamente como tomam suas decisões sobre preços e como as implementam, considerando que serão operadas por seu pessoal de linha de frente.

▶ Retirar o fator humano do processo, ou restringir o seu impacto aplicando-se regras ou exigindo-se autorizações para dar descontos ou alterar-se a política de preços, contribuirá para a melhoria dos preços praticados e da lucratividade.

▮ Colocando em prática

(1) Faça uma revisão das habilidades das pessoas-chave da sua empresa, no contexto de preços, que inclua os tomadores de decisão e pessoas de linha de frente. Avalie suas habilidades

e experiências em precificação, vendas e atendimento ao cliente.

(2) Peça aos dirigentes e gestores da sua empresa que façam uma autoavaliação sobre a competência que possuem nas áreas de negócio listadas a seguir, e elaborem um plano de treinamento para cada uma delas. Devem ser apenas cursos introdutórios de curta duração, de um ou dois dias, que você possa contratar de profissionais na sua região:
- Entendendo sobre finanças.
- Gerindo e incentivando pessoas.
- Gestão de mudanças.
- Habilidades de liderança.
- Comunicação efetiva.

(3) A seguir, desenvolva um programa de treinamento para todo o seu pessoal de linha de frente (vendedores, atendentes, promotores, caixas, etc.), que inclua:
- Como interpretar a linguagem corporal.
- Como fechar uma venda.
- Negociação.
- Habilidades de comunicação.
- Habilidades de negociação por telefone ou canais digitais.
- Habilidades de apresentação.
- Conceitos básicos de finanças (*mark-up versus* margem de contribuição, etc.).

(4) Faça com que a sua equipe de precificação defina diretrizes para descontos e envolva a sua equipe de RH para elaborar e executar o treinamento de gestores de vendas e vendedores. O ideal é que os gestores de vendas façam o treinamento para os seus próprios funcionários, de forma que a mudança de cultura seja incorporada e reforçada por eles mesmos. ●

14

FAZENDO OS CÁLCULOS

É inevitável que pelo menos um capítulo deste livro seja dedicado aos números. Como contador, eu os conheço bem, para mim são fáceis de interpretar e compreender. Entretanto, muitos empresários tremem só em pensar que terão que se familiarizar com as *finanças* de suas empresas.

Este capítulo focará apenas indicadores financeiros cruciais para lhe mostrar onde as empresas perdem os lucros que poderiam e deveriam obter. Alguns pontos tratarão sobre os seus custos, outros sobre os preços reais e a queda no lucro.

A grande maioria dos empresários e gestores não consegue interpretar corretamente as demonstrações financeiras. Na verdade, eles não precisam saber fazer isso, mas deveriam, pelo menos, ter alguma noção básica para compreenderem o que as contas da empresa estão informando e como várias iniciativas afetam o lucro. Se um advogado dissesse que a maioria dos clientes não entende nada sobre direito, ou se um médico alegasse que a grande parte dos pacientes não sabe de medicina, você não acharia estranho? O problema é que, no mundo dos negócios, muitas pessoas acreditam que *deveriam* ter algumas habilidades financeiras inatas, e têm vergonha de aceitar que não as possuem e que precisam de ajuda.

No entanto, a intenção aqui não é constranger ninguém. Se você não for conhecedor dos números, ou se tiver dúvidas em compreender as implicações financeiras das várias iniciativas sugeridas ao longo do livro, basta encontrar alguém que tenha essa habilidade para ajudá-lo a controlar seus números. Os diagramas apresentados neste capítulo pretendem ser uma representação simples das principais questões de precificação, mas para o leitor que não está familiarizado com finanças, pode haver alguma dificuldade em compreendê-los. Então, se você não conseguir entendê-los, compartilhe-os com alguém do seu financeiro e tente usar apenas os números mais relevantes para o seu negócio, e os problemas parecerão se revelar para você. Essa ajuda pode vir do seu contador, ou de um consultor externo.

TÓPICOS DO CAPÍTULO

▶ **Você precisa conhecer os números.**

▶ **Nem todos os clientes são lucrativos.**

▶ **Etapas no cálculo do lucro.**

■ Você precisa conhecer os números

O ponto crítico para qualquer um envolvido na gestão de um negócio, e que deseje aumentar os lucros, é conhecer os dados financeiros para saber o que fazer e poder avaliar se houve ou não impacto decorrente das ações implementadas.

Ao trabalhar com empresários e gestores para melhorar os lucros, normalmente há situações em que é necessário fazer uma provocação à equipe antes, para se tratar a questão depois. Pode ser dizer algo como: "dar desconto no preço não funciona", ou "se baixarmos os preços em 10% teremos de aumentar as vendas em 50%, só para obtermos o mesmo lucro de antes". Provavelmente alguém questionará essa afirmação e pedirá para ver os cálculos que comprovem essas afirmações. E isso é ótimo, porque é muito melhor que se questione do que não concordar e ficar em silêncio, por receio de se expor.

Agora sim, eu posso entrar nos cálculos. O Capítulo 10 abordou a loucura de se dar descontos indiscriminadamente, e mostrou, em uma tabela, o impacto da queda dos preços nos lucros. Outro exemplo desse impacto é mostrado a seguir:

UMA EMPRESA ADQUIRE um modelo de cama elástica a um custo de £200 e a revende pelo preço de £400, ou seja, com um lucro bruto de £200, ou 50% de margem de contribuição. Ela vende cerca de 100 unidades dessa cama elástica por ano, então, o faturamento com esse produto é de £40.000, o custo total de aquisição é £20.000 e o lucro bruto £20.000, com uma margem de contribuição de 50%.

Se a empresa baixar o preço em 10%, e vender as próximas 100 unidades por apenas £360, o faturamento cairá para £36.000. No entanto, o custo de aquisição dessas 100 unidades permanecerá £20.000, mas o lucro bruto cairá para £16.000. A menos que as vendas aumentem, a empresa perderá £4.000 do lucro bruto. De fato, obter qualquer resultado inferior às £20.000 de lucro obtidas anteriormente faria dessa promoção um grande erro. Então, a pergunta é: quantas unidades de cama elástica a mais precisariam ser vendidas para se obter o mesmo lucro que tinham antes?

Bem, para se conseguir um lucro bruto total de £20.000, eles precisam de mais £4.000, ou seja, teriam de vender mais 25 camas elásticas. Se cada unidade é vendida a £360 e custa £200, então gera £160 de lucro bruto. Portanto, £4.000 (lucro bruto necessário) dividas por £160 (lucro bruto de cada unidade), é igual a 25 unidades. Logo, para se obter o mesmo lucro bruto de antes, com o novo preço (com 10% de desconto), seria necessário vender 125 camas elásticas.

Se você gerencia um negócio, precisa considerar esses números para cada um dos produtos ou serviços que vende. Se baixar o preço do produto A em x%, quantas unidades a mais precisará vender para obter o mesmo lucro bruto de antes? E, ainda, se você decidir aumentar o preço do produto B em x%, quanto pode deixar de vender para obter o mesmo lucro bruto de antes? Esses cálculos não são *opiniões* ou *julgamentos*, são fatos matemáticos.

Como tomador de decisão, você será obrigado a fazer uma avaliação subjetiva dessas mudanças no volume de vendas, em função de um aumento ou de uma queda no preço. Mas essa avaliação deve basear-se em dados financeiros, e não em suposições.

Muitos vendedores dirão algo como: "se baixarmos o preço em 10%, venderemos mais e ficaremos melhor". Esse é um julgamento instintivo, mas sem fatos financeiros. Se formos capazes de elucidar os fatos, teremos:

- Volume de vendas atual: 100 unidades por ano.
- Custo de aquisição da mercadoria vendida: £200 cada.
- Preço de venda: £400 cada.
- Margem de contribuição de 50% ou lucro bruto por unidade de £200.

Então, podemos dizer que uma queda planejada de 10% no preço reduziria a margem de contribuição para apenas £160 por unidade, e que seria necessário vender 25 unidades a mais para se obter o mesmo lucro bruto de antes. Então, a única avaliação subjetiva aqui é: "vender 10% mais barato levará a um aumento de 25% no volume de unidades vendidas".

O que toda empresa deve fazer é apontar os fatos financeiros e limitar as áreas de análise subjetiva ou instintiva. Na maioria dos casos, a realidade se torna óbvia, ou seja, assim como no exemplo anterior, na ausência de fatos, provavelmente os preços seriam reduzidos presumindo-se que os volumes e os lucros aumentariam. Mas, assim que a realidade se impõe e exige um salto de 25% nos volumes para que o lucro apenas se mantenha, nem mesmo o mais otimista dos vendedores pensaria que essa é uma iniciativa inteligente. E se, mesmo assim, a promoção fosse adiante, agora haveria um objetivo claro e mensurável para os vendedores, ou seja: se quiserem que a empresa reduza o preço em 10%, terão que vender, pelo menos, 25% a mais. Boa sorte!

Nem todos os clientes são lucrativos

No Capítulo 8, havia uma seção intitulada "Todo cliente vale a pena e cada venda importa". Esse tópico mostrou que a maioria das empresas tem uma gama muito variada de clientes, desde os "melhores", que compram regularmente, têm gastos elevados e qualificados, valorizam o custo-benefício e estão dispostos a pagar o preço que você cobra, até os piores clientes, que gastam pouco, eventualmente, e estão sempre reclamando.

Examinamos a ideia de se atribuir um valor diferente para cada cliente, seja com base nos gastos, na lucratividade ou até mesmo na dificuldade em lidar com ele. Você precisará definir o limite a partir do qual não se justifica, economicamente, lidar com determinado cliente; ou seja, se ele for muito exigente e pouco lucrativo, pode não valer o incômodo e o custo de atendê-lo. De posse dos dados sobre o valor de cada cliente, e definido o limite abaixo do qual, provavelmente, você perderá dinheiro, será fácil classificá-los e verificar quais estão abaixo desse limite.

Mais uma vez, há uma certa subjetividade na avaliação que os gestores da empresa precisam fazer, mas os detalhes apresentados no Capítulo 8 demonstram que a maioria das empresas perde dinheiro com parte da sua carteira de clientes. Isso é um pouco mais fácil nas empresas que atuam no *business-to-business* (B2B), com clientes devidamente cadastrados, pois o histórico de transações é mais consistente para se analisar cliente por cliente. No entanto, essa lógica também se aplica aos varejistas e outros negócios *business-to-consumer* (B2C), embora seja mais difícil fazer análises quando grande parte dos clientes é anônima. Mesmo que não se conheça esses clientes, é preciso tentar segmentá-los em: compradores frequentes, com gastos elevados; compradores frequentes, com gastos baixos; compradores ocasionais, com gastos elevados;

e compradores ocasionais, com gastos baixos. O objetivo é fazer com que os compradores frequentes com gastos baixos consumam cada vez mais, e os clientes ocasionais comprem mais vezes. Sem esses dados, será muito difícil desenvolver e implementar qualquer estratégia específica de melhoria.

Nos negócios B2B, em que as informações estão mais prontamente disponíveis, é apenas uma questão de se determinar e aplicar algumas regras que incentivem os clientes de baixa qualidade a gastarem mais, a pagarem mais ou a deixarem de comprar de você. Isso pode ser feito definindo-se preços mais altos ou restringindo-se descontos ou condições em que eles se enquadram. Algumas empresas implementam políticas de desconto retroativas, de forma que os clientes só recebem, por exemplo, 20% de desconto após terem comprado e pago mais de £1.000 (ou qualquer outro patamar de gastos estabelecido pela sua empresa) em produtos.

Várias empresas de varejo criaram planos de fidelidade (não tão grandes quanto o Tesco Clubcard, mas parecidos), em que prometem aos clientes participantes o acesso a condições especiais. Entre as vantagens estão ofertas e preços especiais em pacotes de produtos, participação em eventos de treinamento e demonstrações e até frete grátis nas compras acima de determinado valor. Embora o propósito desses programas seja mais promocional do que um mecanismo para a segmentação de clientes, há uma série de benefícios em adotá-los. Primeiro, eles dão acesso a informações sobre os clientes, até então anônimos – endereços de e-mail, nomes dos tomadores de decisão, etc. –, e ajudam a construir um histórico dos gastos com esse cliente. Isso também cria uma lista de clientes para os quais podem ser feitas ofertas especiais.

Um exemplo disso é uma grande rede de açougues do Reino Unido. Eles têm 99% de clientes no varejo, que frequentam qualquer uma de suas lojas para comprar carne fresca e produtos correlatos. Eles desenvolveram um clube de membros denominado The Ruby Club, que possui 14 mil associados cadastrados. A empresa consegue rastrear hábitos de consumo, promover ofertas especiais e sugerir ideias para churrascos, Páscoa, Natal, Dia dos Namorados e muitas outras ocasiões. Toda vez que eles enviam um e-mail, há um aumento significativo nas vendas dos itens em promoção.

Como um clube de membros se aplica à questão da precificação? Isso faz com que as empresas possam aumentar os preços para todos os clientes, de modo que os pouco frequentes e com poucos gastos paguem cerca de 4% ou 5% a mais no preço. Já os membros do clube, por sua vez, têm acesso a preços especiais se associando ao programa, o que os traz de volta aos preços originais ou, se gastarem o suficiente, a preços ainda mais baixos. A ideia é não dar descontos automáticos a todos os clientes, mas apenas àqueles que merecem.

Se algum cliente, que não faça parte do programa, reclamar do preço, a resposta é simples: "se quiser ter as melhores ofertas, junte-se ao clube". Os programas de fidelidade, ou clubes de membros, fomentam a geração de oportunidades perenes para novos negócios e a geração de dados e conhecimento sobre os clientes.

Uma coisa é certa e, provavelmente, se aplica ao seu negócio: os 25% dos seus piores clientes dão prejuízo, porque o lucro dessas vendas eventuais e de baixo valor não é suficiente para cobrir os custos de atendê-los.

Portanto, se você opera no B2B, faça os cálculos e defina o limite abaixo do qual não é rentável fazer negócios. Qualquer cliente abaixo desse limite deve ser levado a pagar mais, ou a aumentar o volume de compras, para ficar acima dele, ou ser encorajado a comprar em outro lugar.

No varejo ou em qualquer outra operação B2C, você também precisa considerar a ideia de que uma parcela dos seus clientes não gera lucro cada vez que compra de você. Mas, se eles forem anônimos, será difícil lidar com eles. Então, por que não capturar informações detalhadas desses clientes desconhecidos em algum tipo de programa de fidelidade ou clube de membros? Se isso não for possível, aumente os preços e dê descontos apenas quando os clientes comprarem acima de um determinado valor.

◼ Etapas no cálculo do lucro

Os diagramas a seguir mostram as diferenças entre o lucro que as empresas pensam (ou fingem) que estão obtendo e os lucros que elas realmente geram. Eles também analisam o lucro que poderia ser obtido se as empresas tivessem a segurança necessária para cobrar o que, de fato, valem; ou para melhorar a qualidade ou os atributos do que vendem. Pela complexidade do assunto, daremos um passo de cada vez.

O diagrama a seguir traça uma linha para o preço de qualquer produto ou serviço. À medida que o preço "**P**" aumenta, em direção ao preço máximo, o lucro "**X**" também cresce.

Figura 14.1 – Diagrama do Custo Estimado "**E**"

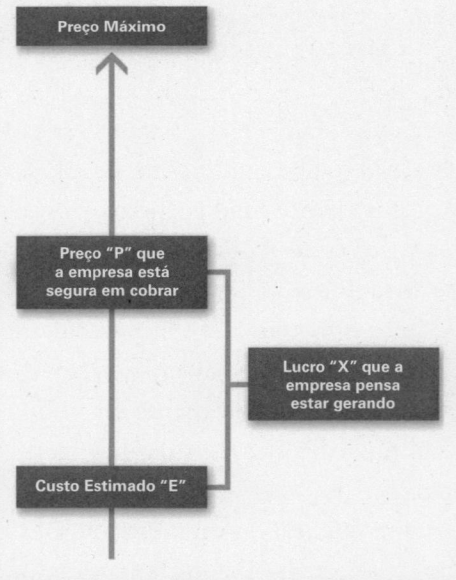

O ponto de partida no diagrama é o *custo estimado* "**E**", ou seja, o valor que a empresa gastou para adquirir ou produzir o que ela vende. O segundo elemento é o preço "**P**" que a empresa se sente segura em cobrar, e que comporá o valor geral de vendas que ela acredita obter de suas transações com os clientes. A diferença entre o preço

"**P**" e o custo estimado "**E**" é, portanto, o lucro "**X**" que a empresa acredita estar gerando. Abordaremos esse "acredita" mais adiante.

Portanto, se a empresa tivesse o custo estimado "**E**" de £75 para um produto, e ele fosse vendido a um preço "**P**", de £100; então a empresa teria um lucro "**X**", de £25, que equivale a uma margem de contribuição de 25%. Simples assim.

Para qualquer tipo de negócio, é fundamental garantir que os produtos ou serviços sejam vendidos por um preço acima do custo, caso contrário, teremos prejuízo. Sei que parece meio óbvio, mas você ficaria surpreso com a quantidade de empresas que não conseguem fazer isso na prática. Algumas erram por falta de conhecimento, enquanto outras o fazem deliberadamente.

Para entender melhor a equação de lucro, precisamos analisar os números com um pouco mais de profundidade.

Vejamos o caso em que as empresas vendem com prejuízo por acidente.

Se você tem um negócio em que adquire produtos para revenda, como por exemplo, um carro zero de £18.000, você conhece o custo exato daquilo que comercializa e sabe que precisará vender o automóvel novo por, pelo menos, £18.001 para ter lucro. Mas se, em vez de revender, você fabricasse produtos a partir de matérias-primas, ou se trabalhasse com serviços que envolvam conhecimento, experiência ou disponibilidade de tempo – como você calcularia o custo?

Em uma empresa, você deve saber o custo do que vende, monitorando os custos de cada etapa do processo – matérias-primas, tempo de máquina, horas de trabalho, etc. – e, pedindo ao contador que calcule o impacto dos custos fixos e outras despesas indiretas sobre o que você produz. Infelizmente, em empresas administradas pelo próprio dono, poucas têm esse nível de controle financeiro e, portanto, trabalham no escuro em relação ao custo efetivo dos produtos ou serviços que vendem. Se esse é o seu caso, então você precisa contratar alguns consultores para ajudá-lo a calcular com precisão o seu verdadeiro custo.

Mesmo que você consiga identificar com precisão o custo básico daquilo que vende, muitos ainda subestimam os custos periféricos de atender cada cliente. Uma grande empresa usa o termo *custo de servir*. Ela mediu o custo de aquisição dos estoques (salários da equipe de compras, frete, etc.), o custo de manutenção deles na prateleira (seguros, custos financeiros, perdas e desperdícios, furtos, aluguel do galpão, etc.) e os custos de venda e entrega (salários dos vendedores, custos de entrega, etc.). Por último, um custo frequentemente ignorado é o custo de receber (prestações, cobranças de dívidas, postagem de boletos e comprovantes, dívidas incobráveis, etc.). A consideração desses custos nos cálculos sugere que existe uma grande diferença entre o custo estimado "**E**", normalmente o mais utilizado pelas empresas, e o custo real "**R**" da venda (ver diagrama a seguir). Em média, o custo real foi 5,8% superior ao custo estimado. Seja qual for o cálculo ou terminologia que você usa, o custo de aquisição ou produção do produto nunca será o único custo efetivamente presente em cada transação de venda.

Figura 14.2 – Diagrama do Custo Real "**R**"

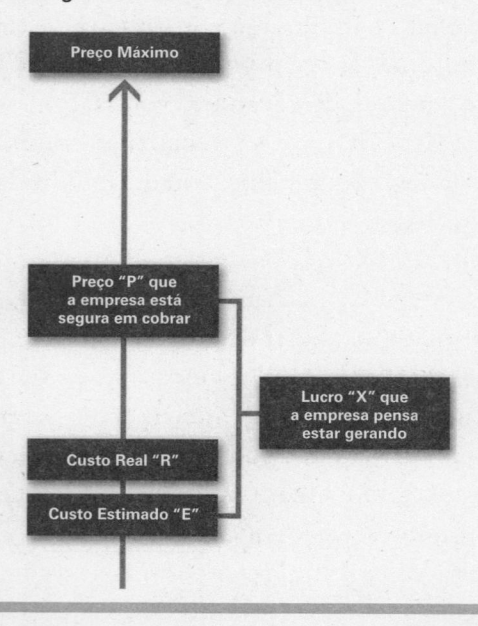

O diagrama agora mostra também o custo real "**R**", que normalmente é um pouco maior — mas às vezes pode ser bem maior —

que o custo estimado "**E**", que a empresa usava para calcular o lucro. Quando você conseguir calcular esse número, certamente encontrará produtos e clientes que dão prejuízo, cujas margens de contribuição são insuficientes para cobrir todos os custos. No exemplo anterior, concluiu-se que o custo real dos produtos era 5,8% mais alto do que o custo estimado, mas alguns vendedores estavam fechando negócios com margens de 5%, na crença de que ainda assim seriam lucrativos.

Saber com precisão o custo real do que você vende é um ponto de partida crucial para a sua estratégia de precificação.

É perfeitamente compreensível que empresas que não têm essas informações vendam a um preço que não reflete o custo real dos produtos. Se questionados por um cliente, os vendedores podem não ter a segurança necessária para se manterem firmes na negociação, pois pode parecer, tanto para o vendedor quanto para o cliente, que a empresa está lucrando mais do que realmente está.

O caminho para esse grupo de empresas que estão, equivocadamente, vendendo com prejuízo, é obter melhores informações financeiras para calcular o custo real e garantir que cada venda seja lucrativa. Atualmente, muitas empresas inserem em seus sistemas de gestão, além do custo real dos produtos, um acréscimo de 5% a 10% para cobrir os gastos periféricos, seja qual for o produto vendido. Essa é uma medida simples que você pode adotar imediatamente, sem muita dificuldade.

E as empresas que vendem com prejuízo deliberadamente?

Alguns empresários e gestores realmente acreditam que vender um produto A com prejuízo valeria a pena, pois resultaria no aumento da venda dos produtos B, C e D, por exemplo. Raramente isso ocorre de fato. Portanto, trata-se de uma estratégia que deve ser cuidadosamente avaliada antes de ser adotada.

No que tange ao diagrama, a questão fundamental é que o custo estimado muitas vezes é inferior ao custo real, o que levará a empresa a ter um lucro menor do que acredita estar gerando.

Falaremos mais sobre isso adiante, mas consideremos que a empresa está segura em relação aos preços que pretende cobrar.

Saber o preço cobrado por um produto deveria ser uma questão simples para as empresas, já que a maioria delas, pelo menos, sabe o que está cobrando de seus clientes. No entanto, tenho visto inúmeras empresas em que indago aos proprietários, CEOs, diretores ou gestores sobre quais são os preços de vários itens, e o entendimento deles diverge bastante da realidade! Raramente os preços haviam subido e os tomadores de decisão estavam desatualizados. Na maioria das vezes, os preços haviam sido corroídos pelo tempo e vários produtos e serviços estavam sendo vendidos por preços menores do que o esperado.

Contudo, normalmente há certa clareza de que a empresa tem preços que são compreendidos e usados, com base no que ela julga ser razoável praticar no mercado. Se você não tem essa clareza, precisará consegui-la. Se você tem um negócio em que ninguém sabe quais preços cobrar e, em função disso, estão usando *suposições*, *julgamentos*, *instinto* ou qualquer outro parâmetro aleatório, então realmente você precisa de mais estrutura e de mais controle.

O ponto chave a ser compreendido é o preço real cobrado. Capítulos anteriores exploraram com mais detalhes uma série de ajustes, como os descontos, por exemplo que reduzem o preço de tabela ou cotado, para o preço real alcançado "**A**".

Figura 14.3 – Diagrama do Preço Real Alcançado "**A**"

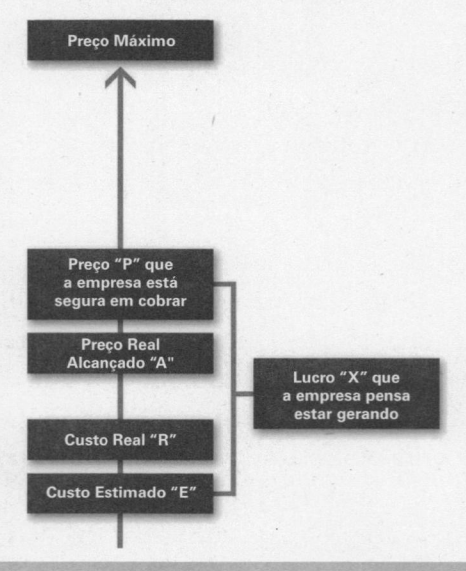

É aí que muitas empresas erram. Eles usam números que acreditam estar corretos, mas que na verdade não estão.

Uma empresa analisou o preço dos cerca de 5 mil produtos que vendia. Para cada item, levantaram o custo real e o desconto médio aplicado no ano anterior. Eles ficaram surpresos ao descobrir que mais de um quarto desses produtos estavam com descontos superiores à margem de contribuição, ou seja, estavam sendo vendidos com prejuízo.

O que você pode verificar depois de inserir os dados do custo real "**R**" e o preço real alcançado "**A**" no diagrama, é que a sua empresa não está gerando o lucro "**X**" que ela acredita. O lucro real gerado "**G**" é sempre menor do que a empresa espera.

Figura 14.4 – Diagrama do Lucro Real Gerado "**G**"

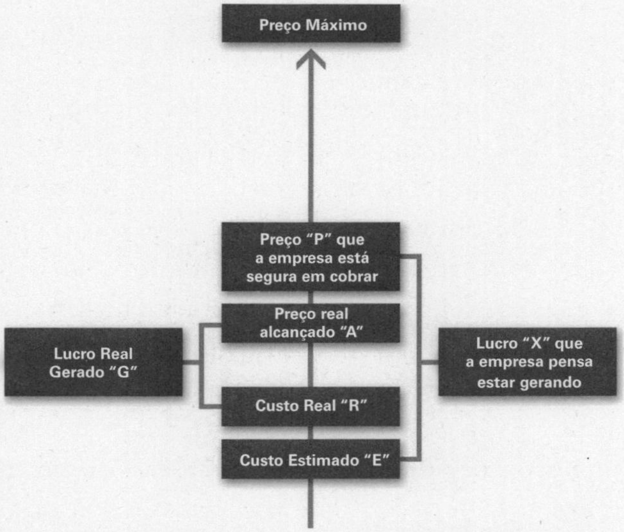

Vejamos um exemplo com números para deixar isso mais claro:

Custo Estimado "**E**"	£75
Custo Real "**R**"	£80
Preço "**P**" que a empresa está segura em cobrar	£100
Preço Real Alcançado "**A**"	£95

Usando esses números, vemos que a empresa acredita estar gerando um lucro "**X**" de £25 a cada £100 em vendas, e uma margem de contribuição de 25%, quando na verdade, só está gerando um lucro real "**G**" de £15 a cada £95 em vendas, ou seja, uma margem de contribuição de apenas 15,8%. Isso significa que a empresa está lucrando £10 a menos do que acreditava.

Em muitas empresas, a diferença entre o preço "**P**" que a empresa imagina que está praticando e o preço real alcançado "**A**", pode chegar facilmente a 20%. E a diferença entre o custo estimado "**E**" e o custo real "**R**" pode atingir 10%.

Logo, se você ganha 20% a menos do que pensava, e custa 10% a mais do que acreditava, então a diferença entre o lucro "**X**" que você acredita estar gerando e o lucro real gerado "**G**" pode ser enorme. Você precisa conhecer esses números.

Há outros aspectos a serem considerados.

Valor real

Ao longo do livro, falamos sobre a ideia de um preço cientificamente calculado, que refletisse o valor real que o cliente atribui a qualquer produto ou serviço. Seria uma combinação dos benefícios do produto percebidos pelo cliente, ofertas alternativas dos concorrentes, custo de produtos substitutos, etc. Digamos que seria o preço que você cobraria se fosse capaz de ler a mente do cliente e enxergar o quanto ele realmente estaria disposto a pagar.

Certamente não seria possível encontrar esse número em um livro, tampouco criar uma fórmula qualquer. A única maneira de estabelecer o valor real do que você entrega aos seus clientes é pelo processo de tentativa e erro, no qual você testará o preço até chegar em um ponto em que os clientes deixariam de comprar da sua empresa e comprariam na concorrência. Você pode até pedir aos seus clientes essa informação, e você receberá um bom feedback. Mas, dificilmente os clientes lhe dirão o preço máximo que estariam dispostos a pagar. Esse trabalho é seu ou da sua equipe de vendas, testando os preços, explorando os limites e lidando cuidadosamente com as situações em que você atinge o ponto em que os clientes reagem.

Existe, quase sempre, uma enorme lacuna entre o preço real alcançado "**A**" que uma empresa cobra e o valor real "**V**" que eles entregam aos clientes. Isso é mostrado no próximo diagrama como lacuna de confiança "**L**". Isso ocorre porque falta confiança à empresa para cobrar o preço máximo que poderia.

Os capítulos anteriores já trataram desse assunto, mas é basicamente o medo do que pode acontecer se a empresa aumentar muito os seus preços que as impede de testá-los e subi-los. Obviamente, cada centavo perdido nessa lacuna de confiança iria diretamente para a conta do lucro, pois não há custos associados à obtenção dessa receita adicional.

Uma boa estratégia é simplesmente tentar reduzir o impacto do aumento no preço por meio de pequenos incrementos, uma vez que essa iniciativa destruiria gradualmente a lacuna de confiança e, portanto, não teria grande impacto no volume de vendas, tampouco na satisfação dos clientes.

Figura 14.5 – Diagrama do Lucro Perdido ou Lacuna de Confiança "L"

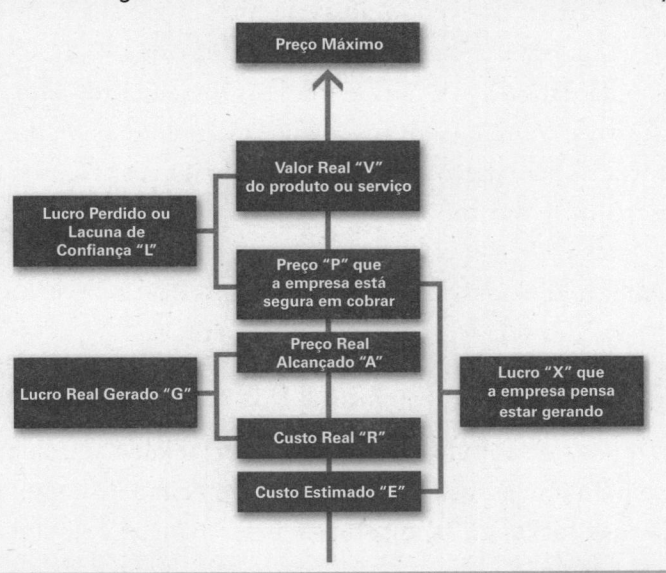

Preço máximo

É o fim da linha? Se eles conseguiram o preço mais próximo possível do valor real para o cliente, então esse é o limite que a empresa pode alcançar?

Não.

O estágio final é tentar aumentar, tanto quanto possível, o valor real do produto ou serviço, para alcançar o preço máximo possível.

A maioria das empresas ainda tem espaço para melhorar seus níveis de atendimento ao cliente. Se trabalharmos todos os pontos em que podemos melhorar, conseguiremos aumentar o valor percebido do que entregamos aos clientes. Isso pode incluir problemas no serviço, como o atendimento telefônico e a recepção dos clientes ao chegarem. Mas também pode se estender aos processos de pós-venda, como o atendimento do pessoal do financeiro e o tratamento de problemas com o produto ou serviço.

A minha ideia favorita nesse sentido é a do ingresso de *retorno grátis* que implementamos no parque de diversões. Grosso modo, aumentamos os preços dos ingressos em mais de 20% e queríamos adicionar algum valor para que justificasse essa mudança. Fizemos isso, em parte, oferecendo aos visitantes ingressos com retorno grátis, quantas vezes eles quisessem, durante os sete dias seguintes a partir da data da primeira entrada. Obviamente, aumentamos significativamente o valor real da oferta, em que o cliente recebia sete entradas pelo preço de uma, chegando o mais próximo possível do preço máximo que poderíamos alcançar. Em suas próximas visitas gratuitas, esses visitantes recorrentes gastavam dinheiro com alimentação, bebidas, sorvetes, lembrancinhas, etc., de modo que o gasto médio por pessoa também aumentava.

RESUMO

▶ O que este capítulo explorou foi o raciocínio básico de que, só pelo fato de vender por um preço acima do custo, você já terá lucro. CEOs, diretores, empresários e gestores já sabem disso.

- Ao considerar esse simples cálculo, também analisamos o problema que muitas empresas enfrentam trabalhando com informações imprecisas sobre seus custos e expectativas infladas sobre o preço real que conseguirão receber pelos seus produtos ou serviços. Com isso, você pôde observar como decisões equivocadas acerca do preço são tomadas.
- Chamemos a diferença entre o lucro "**X**" que a empresa pensa estar obtendo e o lucro real gerado "**G**" de *lacuna de expectativa*. No exemplo anterior, essa era a diferença entre o lucro esperado, de £25, e o lucro efetivamente gerado, de £15. De certa forma, isso é um alerta para explicar, a quem quiser saber, por que o lucro é menor do que o esperado. Portanto, assim que você identificar os motivos pelos quais os seus custos reais são mais altos do que os estimados, ou por que o preço real alcançado é menor do que o preço que você estava cobrando; você terá a chance de reduzir a lacuna de expectativa. Mais uma vez, o significado do conhecimento pode ser explicado pela afirmação:

O que você consegue medir, você é capaz gerenciar.
E o que você gerencia, você consegue melhorar!

- Você precisará de informações financeiras precisas para poder tomar decisões acertadas sobre precificação, assim como em todas as outras áreas da sua empresa.
- Mas, a coisa não é tão simples assim, pois também devemos considerar a lacuna entre o valor que esses tomadores de decisão dão aos produtos – o preço que cobram –, e o valor que os clientes atribuem a eles. Corrija isso e você terá condições de aumentar ainda mais os lucros. A subprecificação se deve à falta de coragem para cobrar do cliente o preço que o produto ou serviço realmente vale, e é por isso que se fala em lacuna de confiança.
- O que você precisa fazer é encontrar um jeito de saber o tamanho da lacuna de expectativa e da lacuna de confiança,

e usar os outros capítulos deste livro para identificar formas de reduzi-las.

▶ Só você é capaz de avaliar se tem competência suficiente para lidar com os números, ou se tem pessoas na sua equipe com essa habilidade. Mas, se não tiver nem uma coisa e nem outra, procure ajuda externa para conseguir a clareza e precisão necessárias.

▪ Colocando em prática

① Compartilhe os diagramas deste capítulo com a sua equipe de precificação. Certifique-se de que todos compreenderam as possíveis causas da lacuna de expectativas e da lacuna de confiança.

② Peça à equipe de precificação que faça uma revisão dos seus 10 principais produtos ou serviços, considerando os elementos do diagrama em relação a eles, ou seja:

- Qual é o custo estimado "**E**" para o item, e qual a diferença do custo real "**R**"?
- De onde vem os custos periféricos, como incorrem e são controlados?
- Meça a diferença entre o preço "**P**" cobrado e o preço real alcançado "**A**".
- Se os descontos praticados forem uma das principais causas, consulte as ações propostas no capítulo sobre esse tópico ou identifique outros fatores que geram essa discrepância.

③ Com base nas informações geradas no item 2, peça à equipe de precificação que desenvolva e implemente um plano para gerenciar e reduzir o impacto desses problemas no lucro.

④ Peça à equipe de precificação para fazer uma pesquisa com os clientes para tentar estabelecer uma ordem de grandeza para a lacuna de confiança. Isso pode incluir:

- Uma pesquisa de opinião com clientes selecionados, pedindo a eles que avaliem o valor que recebem, numa escala de 1 a 10. Pontuações de 7 ou mais indicam que a percepção de valor dos clientes é elevada e que, portanto, você poderia aumentar os preços.
- Crie e implemente um Conselho Consultivo de Clientes. Essa iniciativa coloca um grupo de clientes importantes numa sala, para discutir vários aspectos do que você faz e do que eles gostariam que você fizesse. Esse conselho pode dar feedback sobre o atendimento, variedade de produtos, bem como sobre o equilíbrio da balança de valor para eles atualmente.
- Teste algumas mudanças em clientes com os quais você se sinta confortável, que eventualmente possam te deixar, ou seja, aqueles abaixo do limite do economicamente viável.

⑤ Com base nas descobertas do item 4, peça à equipe de precificação que proponha alterações na sua estratégia atual de precificação para tentar fechar a lacuna de confiança.

⑥ Para ajudá-lo a se entusiasmar com este trabalho, calcule o impacto no resultado final oficial ao tratar essas questões; ou seja, qual seria o aumento no lucro líquido, se você conseguisse aumentar os preços e não perdesse nenhum cliente, aumentando, digamos, 1%, 2%, 5% ou 10%?

⑦ Usando o exemplo anterior, de uma empresa que fatura £500.000 e gera £25.000 de lucro, os efeitos seriam esses (Tab. 14.1):

Tabela 14.1 – Impacto do aumento do preço no lucro

Aumento do Preço (%)	Aumento do Lucro (£)	Crescimento do Lucro (%)
1%	£5.000	20%
2%	£10.000	40%
5%	£25.000	100%
10%	£50.000	200%

SEU PLANO DE AÇÃO

Há centenas de boas ideias neste livro, e elas funcionam! Existem outras milhares que você pode encontrar em outros livros ou simplesmente pesquisando no Google. Adquirir conhecimento sobre precificação é a etapa mais fácil.

Implementar as mudanças, porém, é a única coisa que fará o seu lucro aumentar.

Qualquer que seja a sua função – CEO, diretor, proprietário, gerente ou um funcionário que deseja se desenvolver e progredir na carreira –, é necessário desenvolver um plano de ação para a mudança e, em algum momento, você precisará promover o engajamento das outras pessoas que estão acima, abaixo ou ao seu lado na empresa.

Existem alguns passos fundamentais para se implementar mudanças em uma empresa. Este capítulo o ajudará a implementar as mudanças e melhorias necessárias nas questões relativas à precificação, mas muitos dos princípios apresentados a seguir se aplicam a qualquer processo de gestão de mudanças.

▶ Tenha uma visão para o futuro.

▶ Construa sua equipe e aloque os recursos.

▶ Defina metas SMART.

▶ Parta para a ação!

▶ Duas perguntas, com respostas.

Tenha uma visão para o futuro

Seja honesto: precificação é uma questão emocional, e você certamente encontrará alguma resistência a qualquer mudança que tentar fazer. Porém, é importante saber que essa resistência virá tanto de dentro da sua empresa quanto dos seus clientes.

Logo, é essencial ter pessoas-chave em sua organização comprometidas com o objetivo de aumentar os lucros por meio de melhores práticas de precificação. Um ótimo ponto de partida é quantificar as melhorias potenciais no lucro por meio de mudanças relativamente pequenas em áreas-chave.

Portanto, se você precisar de um empurrão para mudar, ou quiser incentivar outras pessoas na sua empresa, faça os cálculos e analise o impacto potencial no seu negócio. É normal conseguir pelo menos 1% ou 2% de melhoria nas margens de contribuição — algumas empresas chegam a alcançar incrementos de 5% a 10% na margem —, o que pode fazer com que o lucro chegue a dobrar. Projete qual será a sua lucratividade se você implementar essas mudanças da forma correta.

É, digamos, humano, que as pessoas precisem ser envolvidas e incentivadas para aderirem à mudança e, em alguns casos, "punidas" por resistirem a ela. É a velha história de se optar pelo amor ou pela dor. Uma vez calculados os números, por que não dividir um pouco dos ganhos potenciais com a equipe de precificação, como uma espécie de recompensa por terem feito a análise e a implementação, e com a equipe de vendas, que terá que adaptar-se à nova abordagem e também "comprar" a ideia da mudança? Pode ser um percentual fixo sobre o aumento no lucro, ou um valor fixo a ser distribuído se a margem de lucro melhorar em x%. Faça-os perceber o que irão ganhar, e será bem mais fácil mudar.

Agora, se tudo ficar por sua conta, por que não premiar-se com um bom período de férias no futuro, se você conseguir melhorar as margens em x% nos próximos seis meses?

A ideia é simples. Todos, inclusive você, são mais propensos a adotar ideias e se esforçar para alcançar melhores resultados quando há recompensas. Você precisa descrever claramente como será o futuro se o objetivo for atingido.

■ Construa sua equipe e aloque os recursos

Ao longo do livro, fiz referências à equipe de precificação. Se o seu negócio for grande o suficiente, isso deve incluir pessoas experientes em funções de gestão nas áreas de vendas e marketing, pois serão elas as responsáveis por comunicar as mudanças para os clientes e para o mercado, além de terem que divulgar as alterações nos preços que você decidir. Você também deve incluir pessoas do financeiro, para que haja alguém que não esteja na linha de frente e que possa fazer os cálculos das várias iniciativas e ideias que você tentará implementar.

Como muitos capítulos já discutiram, uma grande parte do problema para muitas empresas é que as pessoas encarregadas de elaborar os preços ou conceder descontos são as mesmas que têm medo das reações negativas dos clientes, ou que não têm conhecimento suficiente sobre finanças para compreender o impacto do que precisa mudar. Então, coloque pessoas que saibam lidar com finanças na equipe.

Independentemente do tamanho da sua empresa, as ideias contidas no livro também exigirão treinamento das pessoas afetadas pelas alterações, além do gerenciamento da mudança em si. As pessoas naturalmente temem a mudança, pois não têm certeza do que isso significará para elas e têm medo de errar. Se você tiver um departamento de RH na sua empresa, envolva-o para garantir que as pessoas se sintam mais confortáveis com o que está acontecendo, sejam orientadas durante a implementação das ideias e tenham uma forma de tratar suas preocupações, caso queiram. A equipe de RH também pode trabalhar no treinamento dos terceirizados ou na criação de treinamentos internos, que serão necessários tanto para a equipe de linha de frente como para outros departamentos.

Independentemente do tamanho da sua equipe, você precisa ter certeza de que eles tenham tempo e recursos para realizar o trabalho adequadamente. Isso significa alocar tempo para que eles se encontrem, debatam, analisem informações, tomem iniciativas, e realizem pesquisas durante o horário de trabalho, o que pode interferir em suas atividades usuais.

Em muitos projetos de gestão de mudanças, os fracassos resultam do fato de que responsabilidades e pressões são adicionadas à carga de trabalho de pessoas já muito ocupadas, e as coisas acabam não sendo feitas, ou são realizadas apressadamente e sem muita atenção.

Se você fez o que foi sugerido na primeira parte deste capítulo e calculou a melhoria potencial no lucro que a sua empresa pode ter, você deve garantir as condições necessárias para que esse trabalho esteja no topo da lista de prioridades da equipe de precificação e seja, de fato, implementado. Se isso for um problema, talvez seja preciso dar mais recursos a essas pessoas (como estagiários ou assistentes, por exemplo) para terem mais tempo de se dedicarem às questões de precificação.

Como acontece em todo tipo de equipe, é necessário haver liderança. Se você é o CEO ou o proprietário da empresa, talvez seja você a exercê-la ou poderá delegá-la a outra pessoa. O que às vezes pode ser um problema é ter alguém que esteja imerso nos detalhes e, ao mesmo tempo, liderando o projeto. Se for possível, tenha alguém que compreenda os objetivos e seja respeitado pela equipe, mas que mantenha uma certa distância das questões mais operacionais, para focar a liderança do projeto.

O último ponto sobre a formação de uma equipe adequada de precificação é considerar a inclusão de pessoas de fora da empresa. Inevitavelmente, quem está dentro da empresa tem uma perspectiva diferente de quem está fora dela. Sua equipe provavelmente estará mais emocionalmente envolvida com os problemas do que alguém que não tenha a responsabilidade de implementar as mudanças. Além disso, alguém de fora pode trazer outras habilidades e experiências de empresas semelhantes, e até mesmo de concorrentes.

Considere os seguintes membros para a sua equipe de precificação:

- ▶ Clientes, mesmo que participem apenas da discussão de alguns assuntos.
- ▶ Fornecedores.
- ▶ Empresas semelhantes, de áreas diferentes, com as quais você possa compartilhar conhecimento.
- ▶ A sua empresa de contabilidade ou o seu contador (se você tiver um internamente).
- ▶ Um parceiro de negócio ou contato.
- ▶ Consultores externos.
- ▶ Graduados ou estagiários da área de negócios ou de precificação.

◼ Defina metas SMART

Se você quiser implementar mudanças, então você precisa ter clareza sobre quais são as suas metas, como elas serão alcançadas e quando serão concluídas. Dizer apenas que "vamos melhorar o nosso lucro" não é o suficiente. Se fosse assim, bastaria olhar para trás, para qualquer melhoria feita e ela seria considerada um sucesso. Defina o quanto você quer que o lucro melhore e quando isso deve acontecer. Não importa se você errar. Você terá muito mais chances de atingir o resultado se estabelecer metas claras, em vez de ambíguas.

Qualquer que seja a iniciativa que você empreender, defina um prazo final para concluí-la e divida-a em etapas para que você possa mensurar o progresso e avaliar se está, ou não, no caminho certo.

Pode ser que você já conheça o método SMART, que ajuda na definição das metas. Mesmo que haja variações, e até outras metodologias disponíveis, ele o ajudará a estabelecer metas de forma mais precisa e objetiva. Então, vejamos o que quer dizer metas SMART:

S (*Specific*) – A meta deve ser específica, ou seja, clara para todos os envolvidos no projeto.

M (*Mesurable*) – A meta precisa ser mensurável. Por exemplo, "2% de aumento na margem de contribuição", em vez de apenas "melhorar a margem".

A (*Agreed*) – Você não atingirá as metas estabelecidas se membros da equipe não estiverem de acordo com o plano e resistirem.

R (*Realistic*) – As metas precisam ser realistas, considerando a disponibilidade de recursos e as limitações de tempo.

T (*Time based*) – As metas precisam ter prazos definidos para serem alcançadas.

Parta para a ação!

Escrever com paixão sobre precificação tem sido fácil, e me esforcei bastante para escrever os tópicos "Colocando em prática", no final de cada capítulo. No entanto, eles foram feitos para fazer você refletir sobre questões específicas dentro do assunto que estava sendo abordado. O que apresento a seguir é um pouco diferente. São 42 "Colocando em prática" apresentados de forma mais assertiva. Basta segui-los, começando agora.

A ordem não importa, com exceção do primeiro item (Aumente seus preços agora). Leia todos, escolha 14 deles e mãos à obra!

▶ Aumente em 5% todos os seus preços, de fato, no início do próximo mês.

▶ Desenvolva um treinamento curto, que mostre aos vendedores como lidar com as possíveis objeções dos clientes acerca do preço. Esse treinamento também deve ensiná-los a lidar com clientes que decidam parar de comprar de você, para que eles não falem mal da sua empresa no mercado.

▶ Se for estritamente necessário, inclua uma proteção para clientes particularmente difíceis, mas essenciais para o sucesso perene do seu negócio. Comece encontrando formas criativas de aumentar a percepção de valor do que você entrega. Conceder descontos deve ser o seu último recurso, e você ainda precisa tentar aumentar os preços desses clientes em, pelo menos, 2,5%.

▶ Para empresas maiores, com muitas filiais, você pode testar esse aumento de 5%, em caráter experimental, em uma única filial. Se esse for o seu caso, siga as orientações adiante para facilitar a mudança de cultura necessária:

(a) Escolha uma filial para ser o piloto. Ela deve ser a que tiver a melhor equipe de vendas.

(b) Peça a um fornecedor de treinamentos e ao gerente de vendas que desenvolvam a abordagem que será usada.

(c) Faça com que esses dois profissionais, em conjunto, treinem toda a equipe.

(d) Prepare os vendedores para implementarem o aumento de 5%, começando com os clientes de nível C, e depois avançando até os de nível A.

(e) Faça uma pequena pausa entre cada nível de cliente para avaliar e revisar os resultados.

(f) Assim que esse processo terminar, peça ao seu financeiro para fazer uma avaliação comparativa da lucratividade dessa filial, antes e depois da implementação do aumento.

(g) Adapte o treinamento para ser usado nas outras filiais.

(h) Prepare um programa de implementação do aumento do preço em 5% em todas as filiais.

(i) Peça ao gerente de vendas e aos vendedores da filial-piloto para treinarem as outras filiais.

2. CONHEÇA OS SEUS NÚMEROS

▶ Quais são os 10 clientes que mais contribuem para o faturamento?

▶ Quais são os 10 clientes que mais contribuem para o lucro?

▶ Quais são os 20 produtos que geram mais lucro bruto?

▶ Quais são os 20 produtos com o maior percentual de lucro bruto?

▶ Quem são os seus melhores vendedores?

▶ Quais são as filiais que geram mais lucro?

▶ Quais são os canais de vendas (varejo, on-line, etc.) que geram mais lucro?

Deixe que as outras pessoas na empresa cuidem dos relatórios detalhados. Mas, se você for quem está no comando, precisará de um *relatório geral dos lucros*, atualizado mensalmente. Manter essas informações sempre à mão é um sinal inequívoco de que você está bastante interessado nos lucros.

3. INVISTA TEMPO NO ASSUNTO

▶ Forme uma equipe pequena de precificação. É fundamental ter alguém do financeiro e um vendedor experiente, que atue na linha de frente.

▶ Eleja uma única pessoa para liderar essa equipe.

▶ Na sua primeira reunião com a equipe, encoraje-os a coletar dados, analisá-los, argumentar e debater, negociar pontos de vista e apresentar estratégias robustas de precificação e iniciativas que tenham impacto relevante nos negócios.

O primeiro trabalho dessa equipe demandará algum esforço e tempo, mas depois disso você poderá pedir a ela que prepare uma revisão trimestral dos preços.

4. NÃO DEIXE QUE SEUS VENDEDORES DEFINAM O PREÇO

- ▶ A equipe de precificação apresentará estratégias de precificação e políticas de desconto que protejam e aumentem os lucros. Não permita que o pessoal de vendas inviabilize isso.

- ▶ As estratégias e diretrizes elaboradas provavelmente serão complexas. Portanto, traduza-as em informações, procedimentos e treinamentos para a equipe de vendas. Se a sua empresa for grande, isso pode ser delegado à área de vendas; mas, se for pequena, a própria equipe de precificação pode fazer isso.

- ▶ Espere resistência por parte dos vendedores. Em empresas maiores, considere a contratação de um especialista em gestão de mudanças para ajudar nesse processo. Em negócios menores, deixe claro para o seu pessoal que você espera que eles levantem as questões adequadamente e aceitem as suas decisões.

5. NEM TODO CLIENTE VALE A PENA

- ▶ Classifique seus clientes por ordem decrescente de geração de lucro. Denomine os 10% dos clientes mais lucrativos como sendo de nível A, os próximos 60% como de nível B, e os 10% seguintes como nível C.

- ▶ Observe atentamente os últimos 20% dos clientes que ficaram no final da lista. Consulte informalmente os vendedores sobre quais desses clientes seriam mais "fáceis de lidar" e quais seriam um "problema".

- Tome uma atitude. Livre-se dos clientes que são "problema". Em relação aos outros clientes desse grupo, aumente os preços e tente levá-los para o nível C.

6. TREINE SEUS VENDEDORES PARA COMPREENDER A DINÂMICA FINANCEIRA DAS VENDAS

- Desenvolva um módulo de treinamento, que aborde o impacto negativo dos descontos e os ganhos que se pode ter perdendo-se alguns clientes, mas vendendo mais caro para outros (Capítulo 10). Isso pode ser ensinado internamente, se você tiver os recursos necessários, ou você pode contratar uma empresa de treinamento local.
- Treine primeiro seus gestores de vendas e depois faça com que eles repassem a informação aos vendedores. Essa é uma etapa importante para se alcançar a mudança cultural necessária.

7. LIMITE OS DESCONTOS

- Peça à equipe de precificação para estabelecer limites claros e pré-definidos para os descontos.
- Peça à equipe que estabeleça diretrizes para que os clientes com restrições de crédito não recebam descontos. Além disso, clientes que gastem menos do que um determinado valor por ano também não devem ter acesso a preços especiais.
- Peça aos vendedores para informar e justificar, mensalmente, todos os descontos que concederam aos clientes que estejam fora das diretrizes. Se, por exemplo, eles alegarem que o concorrente estava mais barato, insista para que apresentem evidências que comprovem isso, como uma cópia da proposta ou algo do gênero.

8. REGISTRE OS DESCONTOS

▶ Peça ao pessoal do seu financeiro que informe mensalmente as "perdas" de faturamento decorrentes da concessão de descontos aos clientes. O ideal é ter um relatório automático no sistema para que seja fácil obter essa informação.

9. GERENCIE OS DESCONTOS

▶ Monitore os descontos concedidos por cada vendedor e treine qualquer um que esteja desperdiçando o seu dinheiro.

▶ Monitore os descontos praticados em cada filial e trate dessa questão diretamente com o gerente daquela unidade.

▶ Monitore os descontos de cada produto, e avalie os motivos para percentuais de abatimento muito elevados e, até mesmo se esse produto deve continuar sendo vendido.

▶ Monitore os descontos praticados para cada cliente e verifique se a categorização dele (A, B ou C) está adequada. Se não estiver, revise a classificação desse cliente ou até a viabilidade de continuar a atendê-lo.

10. NÃO CONFIE EM EVIDÊNCIAS DUVIDOSAS SOBRE OS PREÇOS DA CONCORRÊNCIA

▶ Peça aos gestores de vendas que criem um arquivo com informações sobre os principais concorrentes, e incluam um arquivo sobre a própria filial que gerenciam.

▶ Esse arquivo deve conter folhetos, listas de preços ou qualquer evidência que possa sintetizar a proposta de valor oferecida por cada concorrente.

▶ Peça à equipe de precificação para analisar as informações — procurando por todas as oportunidades de aumento dos preços –, e depois lhe faça recomendações. Essas sugestões deverão incluir uma estimativa de impacto nos lucros.

▶ Implemente sistemas para que os gestores de vendas possam atualizar esses arquivos continuamente.

11. NÃO USE PREÇOS ARREDONDADOS

▶ Ajuste todos os seus preços para números que não sejam arredondados como, por exemplo, mudar o preço de um produto de £100,00 para, digamos, £101,87.

12. PREÇO "ISCA", OU "BOI DE PIRANHA", NÃO FUNCIONA

▶ Peça à equipe de precificação que trabalhe perto do(s) gerente(s) de vendas para listar todos os preços "isca" – os produtos ou serviços que estão sendo usados deliberadamente para atrair clientes.

▶ Peça ao pessoal do financeiro para calcular os números.

▶ Peça a eles para calcularem o impacto no lucro se todos os preços "isca" fossem elevados até o nível dos preços dos outros produtos.

▶ Aumente os preços "isca".

▶ Se a sua empresa tiver muitas filiais e você quiser fazer um piloto, escolha a unidade em que o gerente de vendas e os vendedores sejam, notoriamente, receptivos às mudanças. Mensure os resultados e prepare um estudo de caso para ajudar na implementação desse processo em todas as outras filiais.

13. NÃO DÊ NADA DE GRAÇA

▶ Estude os componentes da sua proposta de valor para os clientes e verifique se você está dando algo de graça. Pode ser uma consulta, serviço, treinamento, entrega, etc.

▶ Divulgue o preço desses componentes e, em seguida, crie uma forma do cliente ganhar esse valor "de graça". Veja os exemplos a seguir:

– "O preço do frete é £8,97, mas temos uma oferta especial para você/os primeiros 100 clientes/este mês; ele não será cobrado, e você economizará £8,97."

– "As consultas custam £242 por hora, mas não cobramos a primeira consulta de 1 hora."

14. REFORMULE AS DESCRIÇÕES DOS PREÇOS PARA AUMENTAR A PERCEPÇÃO DE VALOR

▶ Identifique todas as descrições "sem graça" dos preços, como por exemplo: o preço é £2.000.

▶ Reescreva essas descrições de forma que a percepção de valor seja enfatizada. Por exemplo:

– "O preço do quarto equipado é de £2.000."

– "Invista em um maravilhoso quarto novo, todo equipado, por apenas £2.000."

15. RELATIVIZE AS DESCRIÇÕES DE PREÇOS

▶ Identifique todas as etiquetas de preço "secas", como por exemplo: £102,48.

▶ Peça ao marketing da empresa que reformule todas as etiquetas de preço, banners, folhetos e catálogos de forma que a descrição do preço seja relativizada. Por exemplo:

– "Pague só a metade do preço: £102,48."

– "Oferta da semana: £102,48."

– "Liquidação de inverno: £102,48."

– "Oferta por tempo limitado: £102,48."

16. PREPARE SEUS VENDEDORES PARA DEFENDER OS PREÇOS COM CONVICÇÃO

▶ Monte uma força-tarefa com seus melhores vendedores e peça-lhes que desenvolvam um módulo de treinamento prático, sobre como um vendedor deveria responder à pergunta: "esse preço está caro, você pode me dar um desconto?".

▶ Garanta que todos os funcionários que lidem com clientes façam esse treinamento.

▶ Exija que esse treinamento seja concluído dentro de três meses, a partir de hoje.

17. EXPLORE FORMAS DE AGREGAR VALOR À SUA OFERTA

▶ Organize uma força-tarefa com os seus melhores profissionais de marketing e vendas. O ideal é que sejam funcionários recém-chegados, que trabalharam em funções semelhantes em outros setores.

▶ Peça-lhes que desenvolvam novas formas de agregar valor à sua oferta. Os arquivos sobre seus concorrentes, já mencionados anteriormente, seriam uma fonte possível. Se você conseguir adaptar e implementar uma boa ideia de cada um dos seus cinco principais concorrentes, sua empresa irá superar todos eles.

▶ Seus funcionários também deveriam discutir as novas ideias com alguém de fora da empresa, como um consultor externo, por exemplo.

▶ Aceite as recomendações e peça à equipe de precificação para elaborar um plano de implementação, com os materiais de apoio necessários — como folhetos, por exemplo —, e uma estratégia de treinamento que desenvolva, nos vendedores, a habilidade de comunicar aos clientes o valor que foi agregado.

18. ESTABELEÇA PARCERIAS COM OUTRAS EMPRESAS

▶ Organize uma força-tarefa com as pessoas de vendas e marketing mais bem relacionadas que você tiver, e peça-lhes para investigar potenciais acordos de parceria de benefício mútuo, como por exemplo:

– Um fotógrafo especializado em casamentos pode promover os produtos e serviços de uma flora, e vice-versa.

– Uma arquiteta pode trabalhar em parceria com um paisagista.

19. PROVOQUE UM CONTATO FUTURO A PARTIR DA VENDA ATUAL

▶ Monte uma força-tarefa com as pessoas mais entusiasmadas que você tiver nas suas áreas de marketing e vendas, para encontrar maneiras de fazer os clientes voltarem, como por exemplo:

– Uma concessionária de automóveis poderia convidar os clientes para retornarem à loja no mês de dezembro, para buscarem um brinde, como um calendário ou uma caneta.

– Uma livraria convidaria os clientes para uma noite de "loja fechada", para um bate-papo com um autor e ainda anteciparia, em dois dias, a promoção para a compra de livros só para esses convidados.

– Um instalador de equipamentos poderia oferecer aos clientes uma visita de retorno, após seis semanas, para limpar o equipamento.

▶ Assegure que cada alternativa de novo contato seja uma oportunidade para que o cliente perceba algo de valor.

20. PERGUNTE À SUA EQUIPE DE VENDAS E AO PESSOAL DO SUPORTE TÉCNICO QUANTO VALEM OS SEUS PRODUTOS E SERVIÇOS

▶ Peça à equipe de precificação que colete evidências informais e consistentes sobre os seus preços, sobre o valor fornecido e quais as comparações que os clientes estão fazendo dos seus produtos ou serviços com a concorrência.

▶ Tenha o cuidado de investigar qualquer boato, antes de decidir cegamente tomar uma ação.

21. TENHA SEMPRE UMA VERSÃO MUITO SUPERIOR DO SEU PRODUTO OU SERVIÇO, QUE SEJA BEM MAIS CARA DO QUE AS OUTRAS

▶ Monte uma força-tarefa para analisar a sua alternativa mais cara atualmente, e elaborar uma opção ainda melhor e que seja, pelo menos, 50% mais cara. Lembre-se de que o propósito disso não é, necessariamente, vender; mas sim mudar a percepção de valor dos clientes sobre as outras opções. Poderiam ser consideradas as seguintes opções, por exemplo:

– Aumente a rapidez das entregas, trabalhando 24 horas por dia, 7 dias por semana, etc.

– Aumente de forma significativa o suporte pós-vendas, oferecendo revisões semanais no primeiro mês após a instalação, e mensais nos cinco meses subsequentes.

– Ofereça um serviço adicional se você perceber que os clientes estão sem tempo. Por exemplo, oferecer aos clientes fotos profissionais que você tirou para que eles possam usar em um catálogo ou site.

22. PEÇA PERMISSÃO AOS CLIENTES PARA AUMENTAR OS PREÇOS

▶ Visite pessoalmente 10 dos seus clientes mais antigos e converse informalmente com eles sobre um iminente aumento dos preços. Desenvolva um *script* da sua argumentação e teste-o primeiro com um cliente de nível C. Veja o exemplo a seguir:

- — "Meu contador andou analisando o aumento dos nossos custos e verificou que temos absorvido parte deles muitas vezes, como você já deve ter percebido. Estamos pensando em um aumento geral de 10%, então fiz questão de vir lhe dizer isso pessoalmente."

▶ É possível antecipar uma das três reações a seguir:

- — A maioria dos clientes perguntará se você pode negociar um meio termo, ou seja, algo em torno de 5% de aumento.

- — Um número menor de clientes concordará com o aumento, porque apreciam o valor que você agrega, mesmo com o aumento do preço.

- — Alguns reagirão de forma agressiva e, relutantes, tentarão postergar o início da cobrança do novo preço para, digamos, uns três meses; ou talvez tentem evitar o aumento em troca de uma redução nos prazos que eles lhe pagam.

- — Para qualquer cliente de nível C, ou abaixo, que não concordar com o aumento, simplesmente deixe-o ir embora.

23. DESENVOLVA UMA ESTRATÉGIA DE VALOR PARA QUALQUER DISCORDÂNCIA SOBRE O PREÇO

▶ Espere discordâncias em relação aos preços e impeça que os seus vendedores optem pelo caminho mais fácil, o de baixar os preços dando descontos. Treine os seus vendedores para que sejam capazes de desviar o foco da discussão com o cliente de preço para valor.

▶ Certifique-se de que seus vendedores saibam exatamente qual o valor de cada produto ou serviço oferecido, e como ele se compara às ofertas concorrentes.

▶ Se eles não fecharem a venda, você perde.

▶ Se eles derem desconto no preço, você também perde.

▶ Se eles insistirem no preço, confiantes do valor entregue, e oferecerem algum bônus para garantir a venda, então você terá mais chance de impressionar e reter o cliente. Na maioria das vezes o cliente fica encantado por receber um bônus. Você pode oferecer, por exemplo, frete grátis, assistência técnica, extensão do prazo de garantia, descontos em peças de reposição, etc.

▶ Peça à equipe de precificação para desenvolver um conjunto de alternativas para se agregar valor, que serão apresentadas aos clientes, se necessário, priorizando-se as que tiverem menor impacto no seu lucro. A equipe de vendas deve ser treinada para selecionar a melhor alternativa para não perder a venda.

24. REVISE A SUA TABELA DE PREÇOS PARA QUE MOSTRE, PRIMEIRAMENTE, OS ATRIBUTOS DE VALOR

▶ O preço é apenas um dos elementos na tomada de decisão de compra dos clientes. Por isso, é mais interessante focar outros aspectos, ou seja, mostre o valor da sua oferta. Por exemplo:

– A conveniência da sua localização para a realização de reuniões pré-venda, suporte no pós-venda, ou entrega de peças.

– A qualidade dos seus produtos e serviços.

– A capacitação técnica dos seus funcionários.

– A reputação da sua empresa. Por exemplo, ter um bom histórico de desenvolvimento de novos produtos e patentes, premiações recebidas, etc.

– Os custos de uso e manutenção do produto, ou seja, o preço de compra em relação à vida útil do produto.

– Atributos ou benefícios especiais, destacando-se aqueles que a concorrência não oferece.

– Qualquer outra característica que evidencie o valor superior dos seus produtos e serviços em relação à concorrência.

25. OFEREÇA FORMAS DE PAGAMENTO QUE ATENUEM O IMPACTO DE UM PREÇO ELEVADO

▶ Ofereça formas de pagamento que permitam aos seus clientes comprar os produtos e serviços mais lucrativos, por meio de planos de pagamento facilitados. A forma de pagamento tem enorme impacto na percepção dos clientes sobre o preço.

– O jeito mais fácil é parcelar os pagamentos por, digamos, 36 meses; embora isso aumente o risco de inadimplência.

– Outro método é o cartão de crédito, que posterga o pagamento da compra pelo cliente de quatro a seis semanas, ou seja, pode levar mais de um mês para que o cliente perceba o impacto do preço elevado.

– Já o pagamento com cartão de débito implica que a compra só aparecerá no extrato bancário numa data futura. Digitar uma senha na máquina de cartão significa que o preço elevado não será visto pelo cliente no momento da compra.

▶ Leve em consideração as características demográficas da sua base de clientes. Pensionistas, estudantes, pessoas de alta renda, entre outros grupos socioeconômicos, têm comportamentos e atitudes específicos em relação ao preço. Elabore formas de pagamento apropriadas para cada um desses segmentos, para os seus vendedores oferecerem a eles.

26. COMECE COM UMA ABORDAGEM SIMPLES

▶ A seguir, estão algumas diretrizes para garantir que você faça as coisas, sem se preocupar em fazer tudo. As limitações da sua empresa são especialmente importantes para você montar uma equipe de precificação, caso contrário, eles ficarão sobrecarregados logo de início.

– Ao pensar nos seus produtos, serviços e pacotes, comece com ofertas ouro, prata e bronze. A opção *platinum* pode ser acrescentada mais tarde.

– Agrupe os seus clientes em níveis de importância A, B e C, com base no lucro bruto total que eles geram para a sua empresa. As estratégias de precificação devem focar os clientes de nível A, e não os de nível C.

– Teste as novas estratégias, primeiramente em uma filial, usando-a como piloto. Em seguida, faça os ajustes necessários e replique a estratégia nas demais unidades. Assim, fica bem mais fácil implementar as mudanças.

– Ao fazer análises estatísticas, foque numa amostra pequena, mas com grande impacto. Isso significa escolher os 10 principais clientes (em vez de 200), ou os 20 produtos e serviços mais vendidos (em vez de 500). Em geral, é mais rápido obter esses dados, e qualquer imprecisão dos números tem baixo impacto nas decisões. As estratégias que se mostrarem efetivas nessas pequenas amostras poderão, a partir daí, serem implementadas nos clientes menores, e nos produtos e serviços menos importantes.

▶ Observe atentamente o que a equipe de precificação está fazendo (ou contrate um consultor externo para isso), para que eles mantenham o foco. As primeiras recomendações feitas pela equipe devem acontecer no prazo de quatro semanas, desde a data de início; e o primeiro relatório de análise do impacto no lucro, em oito semanas.

27. ACRESCENTE SERVIÇOS AOS SEUS PRODUTOS

▶ Monte uma força-tarefa com três pessoas: dois vendedores experientes e alguém que "pense fora da caixa". Peça-lhes para preparar uma lista com sugestões de serviços que complementem os produtos, e contribuam para reforçar o relacionamento com os clientes. Essas sugestões devem incluir uma análise do impacto no lucro, que servirá para classificá-las por ordem de atratividade. Vejamos alguns exemplos:

– Vender um cortador de grama e fornecer um tutorial básico de manutenção, seis meses após a compra, e um tutorial avançado ao completar 1 ano. O preço do serviço é £75, mas o cliente só pagará £10.

– Oferecer uma promoção do tipo "leve 2, pague 1", na compra de lâminas descartáveis, velas de ignição ou filtros de ar.

28. "PRODUTIZE" OS SEUS SERVIÇOS

▶ Organize uma força tarefa com três pessoas: dois vendedores experientes e alguém que "pense fora da caixa". Peça-lhes que preparem uma lista com sugestões de produtos que complementem os seus serviços, e que contribuam para reforçar o relacionamento com os clientes. Essas sugestões devem incluir uma análise do impacto no lucro, que servirá para classificá-las por ordem de atratividade. Vejamos alguns exemplos:

– Uma construtora poderia oferecer dois pacotes de serviços recorrentes aos clientes nos meses de movimento mais fraco, como um "check-up de natal", que inclua conserto de portas e janelas, limpeza das janelas, substituição de lâmpadas em locais de difícil acesso, etc. Ou "reparos de janeiro", incluindo troca de buchas das torneiras, retoques em móveis, substituição de telhas quebradas, etc.

– Um escritório de advocacia poderia oferecer um pacote de serviços para recém-casados – redação de testamentos, análise de contratos de locação, verificação de contratos de hipoteca, seguro de vida para o casal, entre outros. Nesse exemplo, o escritório de advocacia poderia entregar ao casal um talão com cupons, em cores vivas, com serviços que poderiam ser usados pelo casal no futuro.

29. A INCERTEZA E A IMPRECISÃO NÃO FAZEM NEGÓCIO JUNTAS

▶ Encontre alguém que tenha habilidades de comunicação e peça-lhe que "acompanhe" alguns dos seus vendedores (inclua operadores de televendas). A ideia é que essa pessoa colete exemplos de imprecisão quando os vendedores estiverem argumentando com os clientes. Veja os exemplos a seguir:

– "Eu não sei qual será o valor do frete, então vou ter que checar pra te falar. Mas deve ficar em torno de £3.000 a £5.000. Depende."

– "Eu sei que o produto é muito frágil, mas acredito que, em alguns casos, incluímos uma cobertura adicional no seguro, ou talvez tenha sido o próprio cliente que o fez."

– "Essa cor existe, mas se o nosso fornecedor tem estoque disponível é outra questão."

▶ Em seguida, crie uma força-tarefa que prepare pequenos módulos de treinamento para a sua equipe de vendas, de forma que eles sejam capazes de lidar com todas essas situações com firmeza e transmitam segurança aos clientes, por exemplo, respondendo assim: "normalmente há uma taxa de entrega, mas vou verificar agora mesmo e ver o que posso fazer por você". O treinamento deve ser implementado para todos os vendedores.

▶ Como um segundo exercício, escolha uma pessoa que seja muito atenta a detalhes (que não necessariamente trabalhe em vendas) para revisar cada folheto impresso, o seu site e as apresentações de vendas que o seu pessoal costuma usar. A tarefa dessa pessoa será analisar todo o material de vendas na perspectiva do cliente, e destacar qualquer aspecto que pareça vago, impreciso ou aberto à interpretação. O que for identificado deverá, então, ser corrigido por outra pessoa.

30. PROPOSTAS SÃO GANHAS COM *FOLLOW-UP*, NÃO COM O PREÇO

▶ Nota: Essa ação não é especificamente sobre precificação. No entanto, ela afeta diretamente o seu volume de trabalho e, consequentemente, a sua lucratividade. Se possível, peça a uma pessoa do seu financeiro que meça o impacto nos resultados.

▶ Organize um workshop com as pessoas da sua empresa que elaboram as propostas ou orçamentos. Peça que uma delas traga o fluxograma do processo de cotação, desenhado à mão, em tamanho grande.

▶ Percorra o processo e identifique cada etapa em que o controle é passado para o cliente (e, por inferência, a sua equipe não participa).

▶ Agora, insira uma etapa de checagem imediatamente após cada uma das situações em que o cliente tem o controle, e exija que o vendedor faça um acompanhamento; por exemplo, ligando depois de três dias para fazer o *follow-up*.

▶ Concluindo, certifique-se de que os procedimentos operacionais padrão, os chamados POPs, e os módulos de treinamento estejam sempre atualizados para refletirem o processo corrigido e, ainda, que as responsabilidades das pessoas-chave estejam bem definidas.

31. SÓ HÁ UM JEITO DE FAZER A SUA EMPRESA CRESCER COM UM MÍNIMO DE ESFORÇO

▶ A partir do seu próprio comportamento, construa uma cultura de precificação sempre fazendo perguntas específicas. O que mais acontece são os gerentes de vendas e marketing proporem ações genéricas, como:

– Um projeto para conquistar mais clientes.

– Um projeto para evitar a perda de clientes.

– Um projeto para aumentar a frequência de interações da empresa com os clientes.

– Um projeto para reduzir custos ou aumentar a produtividade.

– Um projeto para a compra de tecnologia para a equipe de vendas.

▶ A sua resposta padrão deverá ser sempre: "por favor, vá e faça uma análise com o pessoal do financeiro que mostre o impacto na lucratividade se nós simplesmente aumentarmos os preços em 5%. Faça o mesmo para o seu projeto, e depois retorne, que eu aprovarei o que tiver maior impacto sobre o lucro".

32. NÃO DEIXE QUE UMA ÚNICA EXPERIÊNCIA RUIM ATRAPALHE O SEU JULGAMENTO

▶ Encontre uma pessoa com habilidades de comunicação para entrevistar todos os seus vendedores, identificar suas melhores e piores experiências, e indagar-lhes sobre o efeito que essas experiências tiveram na confiança deles.

▶ Registre essas experiências em estudos de caso, no seguinte formato:

– **Situação**: o que aconteceu.

- **Efeito**: como o vendedor se sentiu e por quanto tempo isso impactou sua confiança.

- **A alternativa** "e se...": o que poderia ter sido feito, de forma que a confiança do vendedor fosse restaurada rapidamente.

▶ Garanta que essas situações levem em consideração toda experiência do vendedor, ou seja, quantas foram experiências ruins em relação ao total de atendimentos.

33. MUDE A CULTURA DE QUE "TEMOS QUE AGRADAR O CLIENTE"

▶ Para realizar esta ação, você precisará ser muito claro. O problema do "temos que agradar o cliente" está implícito: "...não importa quanto iremos gastar para agradá-lo". A versão mais adequada dessa afirmação seria: "temos que agradar o cliente, oferecendo valor alinhado ao preço". Desta forma, seus vendedores verão o desconto como o último recurso a ser usado, e só depois de esgotar todas as alternativas de oferta de valor.

▶ Peça a alguém da área de treinamento (ou o responsável por ele) que inclua esse tema no módulo mais apropriado e, sempre que possível, inclua exercícios práticos.

▶ Altere o processo de concessão de descontos de forma que ele nunca seja dado na hora, na presença do cliente. Demorar pelo menos 24 horas para aprovar um desconto ajudará a manter os vendedores focados em usar alternativas de oferta de valor que, de qualquer forma, também são boas para o cliente.

34. PROPORCIONAR SEGURANÇA CRIA VALOR E POSSIBILITA COBRAR MAIS CARO

▶ Peça à equipe de precificação que identifique situações ou pontos que deixem os clientes inseguros, e sugira estratégias para aumentar o grau de segurança, por um determinado acréscimo no preço. O melhor exemplo disso é a garantia estendida oferecida na compra de eletrodomésticos. Os consumidores conseguem esticar os prazos de garantia por até cinco anos, dependendo do produto.

▶ Você também pode incluir garantias do tipo "mudei de ideia", que garante a devolução do dinheiro (*cashback*), ou a garantia do menor preço: "se encontrar o mesmo produto mais barato na concorrência, devolvemos a diferença".

35. CLIENTES HABITUAIS SÃO MUITO MAIS VALIOSOS DO QUE OS EVENTUAIS

▶ Seja qual for o seu negócio, crie mecanismos que assegurem que os clientes habituais sejam identificados ao retornarem. Delegue essa tarefa para um pequeno grupo de vendedores e, se possível, com o apoio de alguém da área de TI. Vejamos alguns exemplos que funcionam:

– **Memória humana**: um barman de alto nível em Nova York é capaz de gravar até três mil nomes de pessoas e suas preferências de bebidas.

– **Sistemas de computador**: o sistema para smartphones chamado Vend alerta a equipe de vendas no varejo quando um cliente entra na loja. Então, os monitores dos computadores mostram a cara do cliente (o avatar) e uma lista de palavras-chave referentes a ele.

– **Programas de fidelidade**: programas de compradores frequentes podem operar internacionalmente e exigir que o associado pague uma taxa anual, ou, na forma mais simples, pode ser apenas um cartão onde é registrado o número de vezes que o cliente retorna ao estabelecimento.

Garanta que em todas as suas campanhas de vendas e marketing, as ofertas especiais sejam apresentadas primeiramente aos clientes atuais, antes dos novos.

36. CONSIGA UMA PERSPECTIVA DE FORA DA EMPRESA

▶ Identifique quinze donos de empresa, que atuem em setores distintos do seu, e não sejam seus concorrentes. Usando referências, reduza esse número para oito pessoas, dando preferência às que têm mais experiência em negócios e cujas empresas operem com lucro há pelo menos cinco anos. Convide-os para um workshop de um dia para discutirem estratégias de precificação que beneficiarão a todos.

▶ Peça às pessoas que participem ativamente do evento, como pode ser verificado a seguir:

(a) Boas-vindas e propósito do encontro (desenvolver melhores estratégias de precificação): você (10 min.).

(b) Apresentação dos participantes (visão geral da empresa, principais produtos ou serviços, resumo sobre os principais clientes): cada participante (5 min. cada).

(c) Apresentações das abordagens de formação de preços e resumo da estratégia de precificação: cada participante (30 min. cada).

(d) Desenvolver uma estratégia de preços conjunta, usando as melhores práticas de cada negócio.

(e) Jantar de confraternização.

▶ Notas:

– Considere usar um facilitador/consultor externo.

– Se houver interesse, o grupo pode combinar de tornar os encontros regulares, abordando outros temas.

37. ADAPTE E ADOTE AS MELHORES PRÁTICAS DOS SEUS CONCORRENTES

▶ Observe a concorrência ao seu redor, pergunte aos seus clientes, indague a todos que puder: "o que a empresa XYZ faz bem feito?". Escute com a mente aberta, e verifique o que pode ser adaptado e usado no seu próprio negócio. Dica: simplesmente copiar os seus concorrentes faz com que você seja apenas igual a eles — vá além.

38. ELIMINE DEFINITIVAMENTE A ESTRATÉGIA DO "CUSTO MAIS MARGEM"

▶ Delegue essa tarefa à equipe de precificação e elimine a estratégia do custo mais margem em, no máximo, seis semanas.

39. ORIENTE A SUA EQUIPE DE VENDAS PARA VALOR, E NÃO PARA CUSTO

▶ Elimine todas as informações sobre o custo de materiais e mercadorias que os vendedores têm acesso. Inclua também uma revisão dos módulos de treinamento.

▶ Depois, trabalhe com um profissional de treinamento para desenvolver novos materiais de vendas com foco no valor. A cultura que você pretende criar é aquela em que os vendedores farão suas apresentações de vendas até alcançarem o valor do item, em vez de desvalorizarem o produto até chegarem no custo.

▶ Finalmente, os gestores de vendas deverão treinar suas equipes de vendas nesses módulos.

40. TODA VENDA É UM PROCESSO DE RENÚNCIA

▶ Releia o triângulo do Capítulo 5 e peça a um profissional de treinamento que o inclua no processo de abordagem de vendas da sua empresa.

▶ Treine os vendedores para saberem usar essa ferramenta.

41. O VALOR SE DISSIPA COM O TEMPO

▶ Para produtos e serviços aos quais você deu o melhor de si para agregar valor para o cliente, envie sua cobrança no momento em que ele mais percebe e aprecia o valor. Para uma empresa de serviços profissionais, esse momento é, invariavelmente, no dia em que o trabalho é concluído.

▶ Adeque o seu sistema de contabilidade para que isso seja possível.

42. SEMPRE OFEREÇA UMA ALTERNATIVA "UM NÍVEL ACIMA"

▶ Apresentar aos clientes uma única opção equivale a dizer "é pegar ou largar", e não é isso que você deseja. Caso o cliente esteja comprando um único produto, peça ao seu vendedor que ofereça a ele uma alternativa "um nível acima". Em alguns casos, o cliente pode até comprar a segunda opção, mas o mais provável é que ele compre a primeira oferta, simplesmente porque ela lhe parece relativamente mais barata.

▶ Além disso, faça com que a equipe de precificação agrupe os produtos ou serviços mais populares ou lucrativos em "categorias", por exemplo:

– Ouro, prata e bronze.

– Grande, médio e pequeno.

– Pesado, normal e leve.

– Luxo, normal e barato.

Duas perguntas, com respostas

Por onde começar? Qual é o ritmo indicado?

① Hoje: Prepare-se para implementar o aumento de 5% no preço. Reúna os seus gestores amanhã pela manhã.

② Amanhã: Faça o anúncio sem abrir para debate, depois discuta e acorde a data efetiva. Os clientes precisarão ser notificados, então o primeiro dia do mês seguinte deve ser o seu alvo.

③ No dia seguinte: Escolha 14 ações das 42 sugeridas. Crie um projeto para implementá-las nos próximos seis meses.

④ No próximo semestre: Escolha outras 14 ações e implemente-as.

⑤ No semestre seguinte: Implemente as 14 ações restantes.

⑥ Quando você tiver implementado todas as 42 ações, comece de novo e expanda os limites ainda mais.

ESSA COISA FUNCIONA! ●

16

UMA PALAVRA FINAL

Existem muitas formas pelas quais uma empresa pode melhorar sua lucratividade. A maioria seguirá os meios tradicionais e tentará aumentar as vendas ou reduzir os custos, mas a verdade é que o jeito mais fácil e rápido para se aumentar os lucros de qualquer negócio é ter a precificação correta.

A decisão de adotar e adaptar as ideias deste livro é sua. Embora alguns assuntos tratados tenham um grau de complexidade maior, e demandarão alguma pesquisa e estudo, no fundo é muito simples. Você só precisa decidir cobrar mais.

Contudo, é importante que você saiba que, ao fazer isso, estará criando algum desconforto por desafiar ideias e certezas impregnadas na cultura da empresa ou de algumas pessoas com quem você que trabalha. Argumentar e debater será bastante útil, pois ajudará a desenvolver abordagens mais equilibradas e consistentes para quaisquer mudanças propostas. No entanto, é imperativo que esse debate seja aberto e baseado em fatos e evidências, e não em crenças e opiniões infundadas. Se alguém na empresa, em qualquer posição, resistir às ideias que você quer implementar, peça-lhes que expliquem seus pontos de vista, em vez de simplesmente usá-los como desculpa para evitar as mudanças.

Muitas empresas aplicaram as ideias e conceitos abordados neste livro – algumas das quais não estariam em operação hoje se não o tivessem feito –, além de outra tantas que tiveram aumentos significativos nos seus lucros, o que lhes proporcionou mais estabilidade financeira e prosperidade no futuro.

Os primeiros capítulos explicaram a matemática por trás da precificação e demonstraram que o efeito de uma pequena mudança no preço tem impacto muito maior do que mudanças semelhantes na conquista de clientes, no aumento das vendas, ou qualquer outra estratégia adotada na intenção de se aumentar a lucratividade da sua empresa.

A lógica do livro resume-se a uma premissa muito simples:

(1) O aumento dos preços aumentará o volume de vendas e, consequentemente, a rentabilidade do negócio.

(2) O aumento dos preços pode fazer com que alguns clientes parem de comprar.

O caminho para qualquer empresa que deseja melhorar o lucro é assegurar que o benefício do item 1 seja maior que a consequência do item 2.

Neste livro, concentrei-me em dois aspectos principais. O primeiro foi dar a você a confiança de que os efeitos positivos do item 1 são imensamente maiores do que as eventuais desvantagens do item 2, na grande maioria das empresas. De fato, em muitos casos o impacto da perda de clientes (item 2) foi irrelevante, e somente em umas poucas situações é que esse efeito superou o aumento tanto nas vendas quanto no lucro.

O segundo aspecto foi oferecer técnicas e ideias sobre como você pode aumentar o preço sem que os seus clientes, necessariamente, percebam. Apresentar o preço de forma mais elaborada, melhorar o agrupamento de produtos e serviços em pacotes que direcionem a atenção dos clientes para perceberem o valor que você entrega, e não o preço que você cobra. Olhar mais atentamente os descontos praticados e identificar os clientes mais lucrativos, tudo isso ajudará a manter o foco onde os lucros são gerados e onde eles são perdidos.

Depois de ler o livro, você escolherá se trabalha com cada um dos "Colocando em prática" dos capítulos, priorizando alguns pontos e os desenvolvendo por meio de um projeto de melhoria gradual, ou se usará cada uma das ideias do Capítulo 15 e as implementará conforme sugerido. De qualquer forma, será necessário que você decida investir mais tempo e esforço nesse tema crucial para os negócios.

Então, o que você deveria fazer agora?

Na grande maioria dos projetos de melhoria da lucratividade que tenho visto, tempo e esforço significativos foram perdidos elaborando-se cenários hipotéticos. Há um bom número de ideias neste livro que são puro senso comum, como a necessidade de se controlar mais os descontos.

O melhor a se fazer é, portanto, pegar duas ou três ideias que lhe pareçam mais relevantes para o seu negócio e testá-las para ver se consegue algum resultado imediato. Não gaste muito tempo pensando, apenas faça algo simples, imediatamente.

Talvez o passo mais importante seja você mudar o jeito como aborda a questão da precificação. Você precisa garantir que a precificação seja vista uma habilidade a ser aprendida, desenvolvida e implementada no seu negócio, e que ela precisa de atenção permanente, assim como revisões e ajustes constantes.

Muitos dos tópicos "Colocando em prática" ao final dos capítulos mencionaram uma "equipe de precificação", composta por pessoas-chave da empresa e a partir de um equilíbrio de habilidades, desde a percepção dos vendedores, passando pela análise dos clientes, análise financeira e perícia contábil para controlar os números, habilidades de RH para ajudar os envolvidos a se engajarem nas mudanças e institucionalizar as mudanças positivas necessárias. Agregue pessoas ao seu redor que se sintam confortáveis com o tema da precificação, que busquem experiências e conhecimentos para ajudar a promover a mudança.

Mas, se você quiser uma resposta simples, e não tiver tempo ou recursos para lidar com a precificação de forma tão estruturada, basta aumentar os preços dos seus produtos ou serviços. Os clientes ou vendas que você perde por conta do aumento, provavelmente, já não dariam nenhum lucro e, mesmo que dessem, seria menos do que o lucro extra que você ganha com a maioria dos clientes satisfeitos que continuará aceitando e tratando de forma justa o valor que você já entrega.

Boa sorte! ●

ÍNDICE REMISSIVO

Nota: números de páginas em *itálico* indicam figuras, quadros ou tabelas.

Este livro foi composto com tipografia Bembo Std
e impresso em papel Off-white 80g/m² na Formato Artes Gráficas.